WORKBOOK/LABORATORY MANUAL
TO ACCOMPANY

En avant!
BEGINNING FRENCH

Second Edition

Bruce Anderson
The Johns Hopkins University

Annabelle Dolidon
Portland State University

CONTRIBUTOR:
Peter Golato
Texas State University

Mc Graw Hill Education

WORKBOOK/LABORATORY MANUAL TO ACCOMPANY EN AVANT! BEGINNING FRENCH, SECOND EDITION

Published by McGraw-Hill Education, 2 Penn Plaza, New York, NY 10121. Copyright © 2016 by McGraw-Hill Education. All rights reserved. Printed in the United States of America. Previous edition © 2012. No part of this publication may be reproduced or distributed in any form or by any means, or stored in a database or retrieval system, without the prior written consent of McGraw-Hill Education, including, but not limited to, in any network or other electronic storage or transmission, or broadcast for distance learning.

Some ancillaries, including electronic and print components, may not be available to customers outside the United States.

This book is printed on acid-free paper.

1 2 3 4 5 6 7 8 9 0 QVS/QVS 1 0 9 8 7 6 5

Student Edition

ISBN: 978-1-259-27884-6
MHID: 1-259-27884-0

Senior Vice President, Products & Markets: *Kurt L. Strand*
Vice President, General Manager, Products & Markets: *Michael Ryan*
Vice President, Content Design & Delivery: *Kimberly Meriwether David*
Managing Director: *Katie Stevens*
Senior Brand Manager: *Katherine K. Crouch*
Director, Product Development: *Meghan Campbell*
Senior Product Developer: *Susan Blatty*
Executive Marketing Manager: *Craig Gill*
Senior Faculty Development Manager: *Jorge Arbujas*
Marketing Manager: *Chris Brown*
Marketing Specialist: *Leslie Briggs*
Senior Market Development Manager: *Helen Greenlea*
Product Development Coordinator: *Caitlin Bahrey*
Senior Director of Digital Content: *Janet Banhidi*
Digital Product Analyst: *Sarah Carey*
Senior Digital Product Developer: *Laura Ciporen*
Director, Content Design & Delivery: *Terri Schiesl*
Program Manager: *Kelly Heinrichs*
Content Project Managers: *Erin Melloy / Amber Bettcher*
Buyer: *Susan K. Culbertson*
Design: *Tara McDermott*
Content Licensing Specialists: *Shawntel Schmitt / Rita Hingtgen*
Cover Image: © *John Hicks/Corbis*
Compositor: *Lumina Datamatics, Inc.*
Printer: *R. R. Donnelley*

The Internet addresses listed in the text were accurate at the time of publication. The inclusion of a website does not indicate an endorsement by the authors or McGraw-Hill Education, and McGraw-Hill Education does not guarantee the accuracy of the information presented at these sites.

Contents

Preface

General Description

The *Workbook / Laboratory Manual* provides more conventional practice of the **Communication en direct, Vocabulaire interactif,** and **Grammaire interactive** material in the textbook using a variety of written and audio activities. In addition, each chapter includes a **Prononcez bien!** section in which students focus on and practice the correspondence between sound and spelling in French and a **Culture en direct** section that offers an additional culture reading and reading strategy instruction (**Le coin lecture**); a review of the cultural material presented in feature boxes in the textbook (**Chez les Français / Chez les francophones**); and an additional writing activity, writing strategy instruction, and proofreading checklist (**Le coin écriture**).

The *Workbook / Laboratory Manual* also contains the following sections:

- **Par la suite** practice activities: These activities are intended for instructors who wish to cover more grammar in their curriculum. The audio files for these activities are available online as part of the Audio Program.
- The **Answer Key** includes the answers to all written activities. The correct responses for the audio activities are given as part of the activities themselves on the *Audio Program* unless otherwise indicated by the symbol ♦ preceding a given activity, in which case they appear in the Answer Key.

Audio Program

The *Audio Program* includes all audio activities from the *Workbook / Laboratory Manual* and the textbook audio, which contains the oral input activities marked with a headphones icon in the book and the end-of-chapter vocabulary for each chapter. The *Audio Program* is provided online at **Connect French** for those schools using the print *Workbook / Laboratory Manual*.

Acknowledgments

We would like to acknowledge, once again, the dedicated team of scholar-teachers who contributed to the first edition of this *Workbook / Laboratory Manual*: Rachel Thyre Anderson, Géraldine Blattner, Melanie Hackney, Elizabeth Martin, Lori McMann, Kimberley Swanson, Françoise Santore, and Valérie Thiers-Thiam. Their excellent work on the first edition made our work on the second edition a much simpler task. On the editorial side, many thanks to Susan Blatty, Katie Crouch, and Katie Stevens for their enthusiastic support of our project. We also wish to thank our production editors, Erin Melloy and Kelly Heinrichs; our photo editors, Shawntel Schmitt and Steve Rouben; and our permissions editors, Rita Hingtgen and Sylvie Pittet, for their guidance during the production phase.

WORKBOOK/LABORATORY MANUAL
TO ACCOMPANY

En avant!
BEGINNING FRENCH

CHAPITRE 1

Pour commencer

Communication en direct

A. Bonjour! Salut! Bonsoir! Match the most appropriate greeting to each numbered situation.

a. Bonjour, mademoiselle.
b. Salut, Olivier!
c. Bonjour, monsieur.
d. Bonjour, messieurs.
e. Bonjour, madame.
f. Bonsoir, madame.

1. _____ You greet your server in a restaurant (a teenaged girl).

2. _____ You see your mail carrier (a woman) in the morning.

3. _____ You meet a group of visiting male executives from a Swiss company.

4. _____ You are introduced to your roommate's grandmother after dinner.

5. _____ You are introduced to a visiting professor (a man) from France.

6. _____ You see a friend of your roommate's on campus.

B. Questions. Match each question or greeting in column A with the appropriate response in column B. The first item has been done for you.

A

1. Ça va, Marie? _*b*_

2. Comment vous appelez-vous? _____

3. Comment allez-vous, madame? _____

4. Salut, Fouad! _____

5. Ciao, Alice! _____

B

a. Je vais très bien, merci. Et vous-même?

b. Pas mal. Et toi?

c. Je m'appelle Monsieur Delacourt. Et vous?

d. À plus tard, Taki!

e. Salut, Gilles. Comment vas-tu?

C. Conversations. You will hear a series of very brief conversations. After each one, decide which person would have said it. Choose the best answer. At the end of the activity, listen to verify your answers.

EXAMPLE: *You hear:* Salut! Je m'appelle Juliette. Et toi?

Je m'appelle Saïd. Comment ça va?

You see: a. Two students meeting for the first time.
b. A student and professor meeting for the first time.

You choose: a. Two students meeting for the first time.

1. a. A son is greeting his father after school.
   b. A professor is greeting a guest lecturer.

2. a. A professor is asking an older student what his name is.
   b. A student is asking another student what his name is.

3. a. Two cousins are asking each other how they are.
   b. A store clerk is asking a regular customer how she is.

4. a. Your roommate is leaving for the day.
   b. Your roommate is leaving to do a short errand.

5. a. A student is meeting a friend after class.
   b. A student is meeting another student for the first time in a new class.

Vocabulaire interactif

L'alphabet The French alphabet

♦* **A. La première lettre.** You will hear a letter of the alphabet followed by a word beginning with that letter. You will hear each combination twice. Write the letter and word that you hear beneath the corresponding illustration.

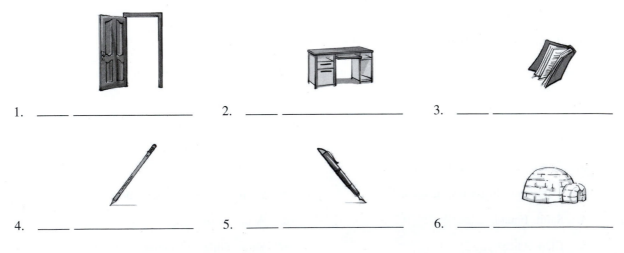

1. _____ _____

2. _____ _____

3. _____ _____

4. _____ _____

5. _____ _____

6. _____ _____

---

*The answers to most listening and speaking activities are given as part of the recording. Listening and speaking activities with written answers are marked with a ♦. Those answers appear in the Answer Key at the back of the *Workbook / Laboratory Manual.*

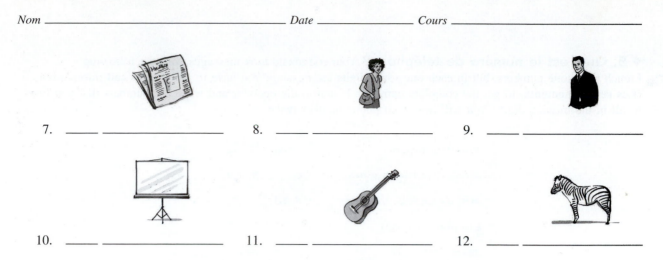

7. ___ _____   8. ___ _____   9. ___ _____

10. ___ _____   11. ___ _____   12. ___ _____

♦ **B. Ici on parle français.** (*French is spoken here.*) French is a major language or an official language in many places in the world. Write the name of each French-speaking country, territory, province, or city that you hear. You will hear each name spelled twice.

1. la ___ ___ ___ ___ ___ ___ ___
2. la ___ ___ ___ ___ ___ ___
3. le ___ ___ ___ ___ ___
4. le ___ ___ ___ ___ ___ ___
5. le ___ ___ ___ ___
6. ___ ___ ___ ___ ___
7. la ___ ___ ___ ___ ___ ___ ___ ___
8. la ___ ___ ___ ___ ___ ___ ___ ___ ___
9. ___ ___ ___ ___ ___ ___
10. ___ ___ ___ ___ ___ ___ ___ ___

Les nombres de 0 à 69 Numbers from 0 to 69

♦ **A. C'est quel numéro?** (*What number is it?*) You will hear a series of numbers. Listen, then check (✓) the number that you hear. You will hear each number twice.

1. 4 ☐   44 ☐   14 ☐
2. 55 ☐   15 ☐   5 ☐
3. 6 ☐   18 ☐   66 ☐
4. 12 ☐   2 ☐   10 ☐
5. 18 ☐   28 ☐   26 ☐
6. 16 ☐   13 ☐   14 ☐
7. 57 ☐   15 ☐   66 ☐
8. 35 ☐   45 ☐   49 ☐

♦ B. Quel est le numéro de téléphone? Your roommate took messages with the following French telephone numbers, but in each one some digits are missing! You have to dial 118 to call information (**Les renseignements**) to get the complete numbers. Listen to the operator and write the numbers that you hear to fill in the missing digits. You will hear each phone number twice.

Paul Rachman	01.64._____.55._____
Anne-Sophie Dupont	06._____.31.67._____
Anouk Lefèbre	04.28._____._____.43
Lucille Lambert	05.32.45._____._____
Ileana Moreau	_____.41.39.24._____
Nao Takahashi	03.16.48._____._____
Salma Robin	01._____._____.50.51

C. Ça s'écrit comment? Write out the following numbers in words.

1. 2 _____
   12 _____
   21 _____
2. 3 _____
   13 _____
   32 _____
3. 4 _____
   14 _____
   43 _____

4. 5 _____
   15 _____
   54 _____
5. 6 _____
   16 _____
   65 _____

Sur le calendrier   Months of the year and days of the week

A. Les jours de la semaine. Number the days listed below in order from 1–7. **Attention!** In French, Monday—not Sunday—is considered the first day of the week.

mardi _____

dimanche _____

mercredi _____

vendredi _____

lundi _1_

jeudi _____

samedi _____

◆ B. Quel jour sommes-nous aujourd'hui?

Première étape. Pascale's grandfather is a little confused and can't remember what day it is. Listen as Pascale answers his questions. Based on what she says, check (✓) **oui** (*yes*) or **non** (*no*). You will hear each question and answer twice.

EXEMPLE: *You see and hear:*   Est-ce que nous sommes mercredi?

             You hear: Non, nous sommes mardi.

             You choose: **oui**   **non**

                                   ☐   ☑

		OUI	NON
1.	Est-ce que nous sommes vendredi?	☐	☐
2.	Est-ce qu'on est samedi?	☐	☐
3.	Est-ce que nous sommes lundi?	☐	☐
4.	Est-ce que nous sommes dimanche?	☐	☐
5.	Est-ce qu'on est jeudi?	☐	☐
6.	Est-ce que nous sommes mardi?	☐	☐

◆ **Deuxième étape.** Now, listen to the questions and answers again and this time, write the answers.

C. Les mois et les saisons.

Première étape. Check (✓) the season that corresponds to each month below.

		LE PRINTEMPS	L'ÉTÉ	L'AUTOMNE	L'HIVER
1.	juillet	☐	☐	☐	☐
2.	février	☐	☐	☐	☐
3.	octobre	☐	☐	☐	☐
4.	août	☐	☐	☐	☐
5.	janvier	☐	☐	☐	☐
6.	avril	☐	☐	☐	☐
7.	novembre	☐	☐	☐	☐
8.	mai	☐	☐	☐	☐

Deuxième étape. Complete each sentence by indicating the month in which each season begins.

1. Le printemps commence au mois de _____.

2. L'été commence au mois de _____.

3. L'automne commence au mois de _____.

4. L'hiver commence au mois de _____.

D. C'est quand, la fête? *(When is the holiday?)* For each American holiday below, indicate in which season it occurs using the correct preposition (**au** or **en**), then the month in which it occurs. Follow the model.

EXEMPLE: *Halloween:* C'est *en automne*, au mois d' *octobre* .

1. la fête de Saint-Patrick: C'est _____, au mois de _____.

2. la fête de l'Indépendance: C'est _____, au mois de _____.

3. la Saint-Valentin: C'est _____, au mois de _____.

4. la fête des Mères (*Mothers*): C'est _____, au mois de _____.

5. Thanksgiving: C'est _____, au mois de _____.

6. la journée Martin Luther King: C'est _____, au mois de _____.

E. Quelques dates. Write out the following dates in numbers and words.

EXEMPLE: 04.08 → *le 4 août*

1. 07.03 _____
2. 06.01 _____
3. 25.07 _____
4. 14.02 _____
5. 09.08 _____
6. 30.09 _____

Prononcez bien!

L'accent tonique *(Tonic stress)*   *C'est a-mu-SANT!*

> In English, each word has a "prominent" syllable—the syllable receiving tonic stress—and it may fall on practically any syllable of the word (first, last, etc.). In French, by contrast, all the syllables of a word carry equal weight, with only a *slight* tonic stress (**accent tonique**) that always falls on the final syllable. Compare the stress patterns in the following pairs of words.
>
> | **anglais** | **français** |
> |---|---|
> | *AU* \| tumn | au \| *tomne* |
> | *STU* \| dent | é \| tu \| *diant* |
> | ad \| *VANCE* | a \| *vance* |
> | *SYM* \| pa \| thy | sym \| pa \| *thie* |
> | pro \| *FES* \| sor | pro \| fe \| *sseur* |
> | sci \| en \| *TIF* \| ic | scien \| ti \| *fique* |

A. Essayons! *(Let's try!)*

♦ **Première étape.** Listen to the following words in English. You will hear each word twice. Underline the syllable that receives tonic stress.

1. Par \| is
2. gar \| den
3. Oc \| to \| ber
4. tel \| e \| phone
5. cal \| cu \| la \| tor
6. an \| ni \| ver \| sa \| ry
7. bal \| let
8. e \| qual \| i \| ty

Deuxième étape. Now listen to the French equivalent of each word from the **Première étape.** You will hear each word twice. Repeat the word you hear both times, being sure to give the syllables equal weight, with only a *slight* **accent tonique** on the last.

1. Pa | *ris*
2. jar | *din*
3. oc | *tobre*
4. té | lé | *phone*
5. cal | cu | la | *trice*
6. an | ni | ver | *saire*
7. ba | *llet*
8. é | ga | li | *té*

B. Un pas en avant. (*A step forward.*)

You will hear eight French words. Each one will be pronounced twice. Write the letter of each word next to its written form. At the end of the activity, listen to verify your answers, then repeat each word while slightly stressing the final syllable.

EXEMPLE: *You hear:* a. économique
You write: 1. __*a*__ économique

1. __*a*__ économique
2. _____ émotion
3. _____ éducation
4. _____ énergie
5. _____ écologiste
6. _____ été
7. _____ Émilie
8. _____ étudiant

Pour bien prononcer

In English, individual words maintain their tonic stress in phrases and sentences; in French, however, phrases (and even some short sentences) can sound like one long word. This is because a phrase in French is stressed like a word: All the syllables carry equal weight (that is, they are pronounced equally), except that an **accent tonique** falls on the *final syllable of the phrase.*

Je m'appelle Monique.   je | m'a | ppelle | mo | *nique*

In Activity C, you will have a chance to hear and pronounce short sentences in French, so make sure to place the **accent tonique** *only* at the end of each one!

♦ **C. Dictée.**

Première étape. Listen and complete the following sentences with the word or words you hear. Each sentence will be repeated twice.

1. Comment _____?
2. Je vais _____.
3. C'est quand, ton _____?
4. C'est le 21 _____.
5. Nous sommes _____.

Attention! Before beginning the **Deuxième étape,** check your answers in the Answer Key at the back of the *Workbook / Laboratory Manual.*

Deuxième étape. Now, listen and repeat each sentence, being sure to place the **accent tonique** at the end.

Grammaire interactive

1.1 Une salle de classe Singular indefinite articles **un** and **une** and the gender of nouns

A. Dans mon sac à dos. (*In my backpack.*) Listen as a student recites the contents of her backpack. For each item you hear, check (✓) whether you hear the indefinite article **un** or **une.** You will hear each word twice. At the end of the activity, listen to verify your answers.

	UN	UNE
1.	☐	☐
2.	☐	☐
3.	☐	☐
4.	☐	☐
5.	☐	☐
6.	☐	☐
7.	☐	☐

B. Qu'est-ce que c'est? You will hear the question **Qu'est-ce que c'est?** and the name of a classroom object without its indefinite article. Answer the question with **C'est,** and include the correct indefinite article, **un** or **une.** After a brief pause, listen to verify your answer, then repeat what you hear. Follow the model.

> EXEMPLE: *You hear:*   Qu'est-ce que c'est? / livre
>
> *You say:*   C'est un livre.
>
> *You hear:*   C'est un livre.
>
> *You repeat:*   C'est un livre.

1. …   2. …   3. …   4. …   5. …   6. …   7. …

C. Pour étudier. (*For studying.*)

Première étape. Jean-Pierre studies in his room, so certain items are essential for him to have. Write the correct article, **un** or **une,** before each noun.

1. _____ ordinateur portable

2. _____ chaise

3. _____ bureau

4. _____ cahier

5. _____ stylo

6. _____ calculatrice

Deuxième étape Which three items are essential for *you* to have in order to study? You can use items from numbers 1–6 from the **Première étape** and/or other items you know how to say in French.

1. _____

2. _____

3. _____

♦ **D. Masculin ou féminin?** Listen and write each word you hear including the correct indefinite article, **un** or **une.** Then, check (✓) to indicate whether the noun is masculine (**masculin**) or feminine (**féminin**). **Attention!** If you don't know the gender of a word, check your textbook.

		MASCULIN	FÉMININ
1.	_____	☐	☐
2.	_____	☐	☐
3.	_____	☐	☐
4.	_____	☐	☐
5.	_____	☐	☐
6.	_____	☐	☐
7.	_____	☐	☐
8.	_____	☐	☐
9.	_____	☐	☐

E. Quelle est la différence? If you look closely at the two illustrations of the same classroom, you'll notice that some things disappeared over the weekend and other things were added! Under **vendredi,** write four items that are there on Friday but not on Monday, and under **lundi,** write four items that were there on Monday but not on Friday.

VENDREDI		LUNDI	
1. _____		1. _____	
2. _____		2. _____	
3. _____		3. _____	
4. _____		4. _____	

1.2 Un crayon, deux crayons   Plural nouns and the plural indefinite article **des**

A. Un seul ou plusieurs? (*Only one or several?*) You will hear a series of nouns. Listen carefully, paying close attention to the indefinite articles **un, une, des.** Check (✓) to indicate whether each noun is singular (**singulier**) or plural (**pluriel**). You will hear each noun twice. At the end of the activity, listen to verify your answers.

	SINGULIER	PLURIEL
1.	☐	☐
2.	☐	☐
3.	☐	☐
4.	☐	☐
5.	☐	☐
6.	☐	☐
7.	☐	☐
8.	☐	☐

B. Singulier, pluriel ou les deux? Decide whether the form of each word below is **singulier** (*singular*) or **pluriel** (*plural*), or if it could be either: **singulier OU pluriel.**

		SINGULIER	PLURIEL	SINGULIER OU PLURIEL
1.	tableaux	☐	☐	☐
2.	chaise	☐	☐	☐
3.	stylos	☐	☐	☐
4.	bureau	☐	☐	☐
5.	mois	☐	☐	☐
6.	hôtel	☐	☐	☐
7.	nez	☐	☐	☐
8.	hôpitaux	☐	☐	☐

◆ **C. Au pluriel.** Write the plural form of the words you hear. You will hear each word twice.

> EXEMPLE: *You hear:* une semaine
> *You write:* <u>des semaines</u>

1. _____
2. _____
3. _____
4. _____
5. _____
6. _____
7. _____
8. _____

D. La rentrée! *(Back to school!)*

Première étape. Cécile is buying school supplies for **la rentrée des classes.** Look at the illustration and make a list of five things that she needs to buy. Be sure to use the indefinite article or a number and the singular or plural form of the words as needed.

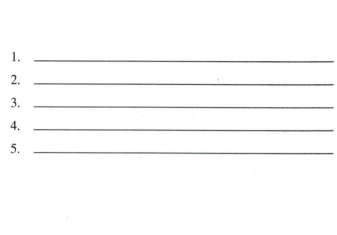

1. _____

2. _____

3. _____

4. _____

5. _____

Deuxième étape. Now complete each description of the illustration by checking (✓) the appropriate preposition of location.

1. Il y a une affiche _____ **dans** / _____ **derrière** le sac à dos.

2. Il y a des cahiers _____ **devant** / _____ **derrière** le livre de psychologie.

3. Il y a un sac à dos _____ **devant** / _____ **derrière** l'ordinateur.

4. Il y a une calculatrice _____ **sur** / _____ **sous** le livre de maths.

5. Le livre de maths est _____ **sur** / _____ **sous** la calculatrice.

1.3 Nous sommes étudiants   Subject pronouns and the verb **être**

A. Identifications. You will hear the question **Qu'est-ce que c'est?** followed by a classroom object or the question **Qui est-ce?** followed by a noun referring to a person. Identify each object or person using **C'est** or **Ce sont,** depending on whether the noun is singular or plural. After a brief pause, listen to verify your answer, then repeat what you hear. Follow the model.

EXEMPLE: *You hear:*   Qu'est-ce que c'est? / des cahiers
You say: Ce sont des cahiers.
You hear: Ce sont des cahiers.
You repeat: Ce sont des cahiers.

1. ...   2. ...   3. ...   4. ...   5. ...   6. ...   7. ...

B. Qui est étudiant?

Première étape. Complete each sentence with the correct form of the verb **être** followed by the correct form of the noun **étudiant(e)(s),** depending on whether the subject of the sentence is masculine or feminine, singular or plural.

1. Jacques ＿＿＿＿＿ ＿＿＿＿＿＿＿ à l'Université Paris 3 Sorbonne Nouvelle.

2. Annabelle ＿＿＿＿＿ ＿＿＿＿＿＿＿ à l'Université de Lille.

3. [*asking Laura*]: Tu ＿＿＿＿＿ ＿＿＿＿＿＿＿ ici (*here*)?

4. [*asking Philippe and Amir*]: Vous ＿＿＿＿＿ ＿＿＿＿＿＿＿ ici?

5. Annabelle et Laura ＿＿＿＿＿ ＿＿＿＿＿＿＿.

6. Jacques, Philippe et Amir ＿＿＿＿＿ ＿＿＿＿＿＿＿.

7. Je ＿＿＿＿＿ aussi (*also*) ＿＿＿＿＿＿＿.

8. Nous ＿＿＿＿＿ tous (*all*) ＿＿＿＿＿＿＿!

Deuxième étape. Which subject pronoun (**il, elle, ils,** or **elles**) would be used to replace each of the following names?

1. ＿＿＿＿＿ = Jacques   3. ＿＿＿＿＿ = Annabelle et Laura

2. ＿＿＿＿＿ = Annabelle   4. ＿＿＿＿＿ = Jacques, Philippe et Amir

C. Évitons la répétition. (*Let's avoid repetition.*) Read the passage below about Éric and his friends, then, complete the second paragraph, replacing the boldfaced names with the subject pronouns **il, elle, ils,** and **elles** to avoid repetition.

EXEMPLE: Éric est mon ami. **Éric** est de Québec.

Éric est mon ami. _Il_ est de Québec.

Mon ami Éric étudie (*is studying*) l'histoire moderne. **Éric** est sympathique et **Éric** adore l'histoire. Son (*His*) amie Charlotte est étudiante en médecine et **Charlotte** est aussi sympathique. **Éric et Charlotte** sont souvent ensemble (*often together*). Les amies de Charlotte, Anne et Sophie, sont étudiantes aussi. **Anne et Sophie** étudient de temps en temps (*once in a while*) avec Éric et Charlotte.

Mon ami Éric étudie l'histoire moderne. ＿＿＿＿＿＿＿[1] est sympathique et ＿＿＿＿＿＿＿[2] adore

l'histoire. Son amie Charlotte est étudiante en médecine et ＿＿＿＿＿＿＿[3] est aussi sympathique.

＿＿＿＿＿＿＿[4] sont souvent ensemble. Les amies de Charlotte, Anne et Sophie, sont étudiantes aussi.

＿＿＿＿＿＿＿[5] étudient de temps en temps avec Éric et Charlotte.

D. Christophe se présente. (*Christopher introduces himself.*)

Première étape. Complete the following passage with correct forms of the verb **être.**

Moi, je ＿＿＿＿＿＿＿[1] Christophe Moisset. Mes amis et moi, nous ＿＿＿＿＿＿＿[2] étudiants en

biologie. En général, nos profs ＿＿＿＿＿＿＿[3] intelligents et intéressants. La prof de ce cours,

c'＿＿＿＿＿＿＿[4] Madame Legrand. Avec elle comme (*as*) prof, la biologie ＿＿＿＿＿＿＿[5]

facile (*easy*)! Et toi, tu ＿＿＿＿＿＿＿[6] aussi étudiant(e) en biologie?

Deuxième étape. Use forms of the verb **être** to complete these sentences about yourself and your French class. Use the paragraph in the **Première étape** as a model.

1. Moi, je _____.

2. Mes camarades (*classmates*) et moi, nous _____ en première année de français.

3. Le/La prof de mon (*my*) cours de français, c'_____.

4. Pour moi, le français _____ facile/difficile!

1.4 La précision   Use of the definite articles **le, la, l',** and **les**

A. Singulier ou pluriel? You will hear a series of words. Check (✓) whether the word is singular or plural based on the form of the definite article that you hear. You will hear each word twice. At the end of the activity, listen to verify your answers.

	SINGULIER	PLURIEL			SINGULIER	PLURIEL
1.	☐	☐		5.	☐	☐
2.	☐	☐		6.	☐	☐
3.	☐	☐		7.	☐	☐
4.	☐	☐		8.	☐	☐

B. À qui est-ce? (*Whose is it?*) You will hear a sentence identifying an item. You will see the name of the person to whom the item belongs. Using the correct *definite* article in a new sentence, say that the item belongs to that person. After a brief pause, listen to verify your answer, then repeat what you hear. Follow the model.

EXEMPLE: *You hear:*   C'est un livre.
You see: Antoine
You say: C'est le livre d'Antoine
You hear: C'est le livre d'Antoine.
You repeat: C'est le livre d Antoine.

1.	Claudine	3.	Sabine	5.	Monsieur Lefèvre	7.	Gabrielle
2.	Mme Moreau	4.	David	6.	Alexis	8.	Benjamin

C. La chambre de Pao. (*Pao's room.*)

Première étape. Complete the description of Pao's room with the correct definite articles.

Dans ___*la*___ chambre de Pao, _____¹ bureau est sous _____² fenêtre. _____³ livres de Pao et son ordinateur sont sur _____⁴ bureau. _____⁵ chaise est devant _____⁶ bureau. _____⁷ stylos, _____⁸ crayons, _____⁹ dictionnaire et _____¹⁰ calculatrice sont dans _____¹¹ sac à dos sur _____¹² chaise!

Deuxième étape. Write three sentences describing where things are in your room using the description of Pao's room as a model.

DANS MA CHAMBRE...

1. _____

2. _____

3. _____

You will hear a series of sentences about the geography of France. Each sentence will be repeated twice. The first time, write the form of the definite article that you hear. The second time, check (✓) whether the geographical entity is a region (**une région**), river (**un fleuve**), or mountain range (**des montagnes**).

		UNE RÉGION	UN FLEUVE	DES MONTAGNES
1.	_____ Alpes	☐	☐	☐
2.	_____ Alsace	☐	☐	☐
3.	_____ Île-de-France	☐	☐	☐
4.	_____ Loire	☐	☐	☐
5.	_____ Vosges	☐	☐	☐
6.	_____ Normandie	☐	☐	☐
7.	_____ Pyrénées	☐	☐	☐
8.	_____ Rhône	☐	☐	☐
9.	_____ Seine	☐	☐	☐

E. Les matières.

Première étape. Based on the list of the nouns in column A, complete the sentences in column B with the name of the appropriate academic subject from the list below. **Attention!** Remember to use a definite article that agrees in gender and number with each academic subject.

géographie	photographie
histoire de l'art	psychologie
littérature	sciences politiques
mathématiques	

	A	**B**
1.	un appareil photo (*camera*)	J'étudie _____.
2.	une carte	J'étudie _____.
3.	une calculatrice	J'étudie _____.
4.	des gouvernements	J'étudie _____.
5.	un livre de Freud	J'étudie _____.
6.	des poèmes	J'étudie _____.
7.	la sculpture	J'étudie _____.

Deuxième étape. Now complete the following sentences about yourself with the names of school subjects.

1. J'étudie _____, _____ et _____.

2. J'aime _____ le plus (*the most*).

Culture en direct

Le coin lecture
Le Relais des Calèches

> **Stratégie de lecture**   Making use of cognates
>
> As you have noticed by now, French and English share many **mots apparentés.** These are words that have similar spellings and meanings in both English and French and that enable you to read French more easily. As you read the brochure on the next page, focus on the **mots apparentés** in it, along with the French words you've learned in this chapter.

Avant de lire

Commençons par le début! You are going to read some information about a restaurant, *Le Relais des Calèches* in the Rhône-Alpes region of France, where tourists traveling in horse-drawn carriages, called **calèches,** can stop for lunch or dinner.

Première étape. Scan the brochure to find the seven French words that are identical in spelling and meaning to their English equivalents.

1. _____
2. _____
3. _____
4. _____
5. _____
6. _____
7. _____

Deuxième étape. Some words in the text are not exactly **mots apparentés,** but are still quite similar to English words. Can you match the French words in column A with their English equivalents in column B?

	A		B
1.	_____ stade	a.	enchanting
2.	_____ enchanteur	b.	stadium
3.	_____ délicate	c.	center
4.	_____ centre	d.	delicate

Lecture

Now you are ready to read the brochure in its entirety.

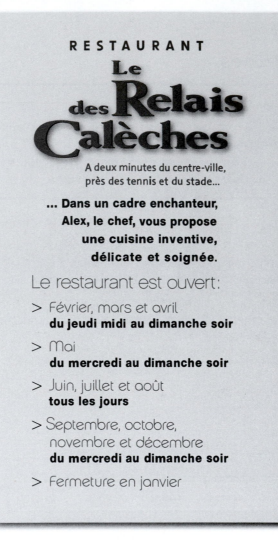

RESTAURANT

Le des Relais Calèches

A deux minutes du centre-ville,
près des tennis et du stade...

**... Dans un cadre enchanteur,
Alex, le chef, vous propose
une cuisine inventive,
délicate et soignée.**

Le restaurant est ouvert:

> Février, mars et avril
  du jeudi midi au dimanche soir

> Mai
  du mercredi au dimanche soir

> Juin, juillet et août
  tous les jours

> Septembre, octobre,
  novembre et décembre
  du mercredi au dimanche soir

> Fermeture en janvier

Après la lecture

A. Avez-vous compris? (*Did you understand?*) Answer each question based on the information you read in the text.

1. Where is the restaurant located?
   a. very close to the center of town
   b. in the center of town
   c. on the outskirts of town

2. What type of cuisine does the restaurant serve?
   a. exotic dishes
   b. traditional French cooking
   c. modern and elegant cuisine

3. During which season is the restaurant open every day?
   a. winter
   b. summer
   c. spring

4. Given the other information provided in the ad about the restaurant's hours, what do you think **Fermeture en janvier** means?
   a. Open in January.
   b. Closed in January.
   c. At the farm in January.

B. Pour aller plus loin. Which three attributes of **Le Relais des Calèches** do you find the most appealing? Cite them from the brochure.

1. _____

2. _____

3. _____

Chez les Français / Chez les francophones

Using the information from the **Chez les Français** et **Chez les francophones** sections in your book, decide whether the following statements are true (**vrai**) or false (**faux**). If a statement is false, correct it by replacing the underlined words to make it true.

		VRAI	FAUX
1.	**La bise** or **le bisou** is the small kiss on both cheeks <u>reserved for family members and friends</u>.	☐	☐
2.	The French typically greet people they know less well by <u>hugging them</u>.	☐	☐
3.	<u>Toll-free numbers</u> in France are called **numéros verts,** or "green numbers."	☐	☐
4.	Most days on **le calendrier des fêtes** are associated with the name of a <u>famous political figure</u>.	☐	☐
5.	Prior to 1993 in France, there were restrictions on what sort of <u>first name</u> parents could give their child.	☐	☐
6.	France is affectionately referred to as **l'Octagone** because of its geographic shape.	☐	☐

7. Mainland France is divided into 22 **régions administratives** which are further divided into two or more **départements** each. ☐ ☐

_____

8. You can tell what **département** someone is from by looking at his/her <u>zip code</u>. ☐ ☐

_____

Le coin écriture

Stratégie d'écriture Keep it simple: Use the French you know to avoid translation

Writing in a foreign language is easier than you might think. Instead of translating from your native language, try writing directly in French. Begin by using words and expressions introduced in your textbook or in class. Sticking to simple French phrases that are familiar to you will provide a basis for developing your writing skills, and will help you avoid using English idioms and slang that do not necessarily translate word-for-word into French. To find key words and phrases that you can use to express yourself, scan the **Chapitre 1** vocabulary list in your textbook.

Genre: E-mail

Thème: On a separate sheet of paper, compose an e-mail message to a French-speaking exchange student who will soon be arriving on your campus. When you have finished your e-mail, check your work by using the **Vérifions** checklist.

1. Begin with a simple greeting, and ask how the exchange student is doing.
2. Introduce yourself, indicating your name and where you are a student.
3. Indicate which courses you are studying this semester (**J'étudie… ce semestre**) and/or which subjects you like (**J'aime…**)
4. Indicate the name of your French instructor (**Le/la prof de français s'appelle…**) and how many students there are in the course.
5. Wish the student a pleasant trip: **Bon voyage!**
6. Sign your e-mail message!

Vérifions!

I have used:
☐ the **Stratégie d'écriture** for this activity.
☐ relevant vocabulary and expressions from **Chapitre 1** of the textbook.

I have proofread my writing and checked:
☐ for spelling errors, including accent marks.
☐ that all articles (definite and indefinite) agree in gender and number with the nouns.
☐ that I have used **l'** instead of **le** and **la** before a word beginning with a vowel or **h.**
☐ for subject-verb agreement with the verb **être.**
☐ that all subject pronouns agree with the gender and number of the people that they refer to.

CHAPITRE 4

En famille

Communication en direct

A. Révisons! You are visiting your French friend Serge, who brings you along to a gathering of his extended family. Below are excerpts of the conversations you have while getting to know them. Complete each conversation using the words provided to help you. **Attention!** Be sure to use **tu** and **vous** appropriately in your questions.

1. You meet his female cousin, Chloé, who appears to be about your age.

    VOUS: Salut! _____?

    CHLOÉ: Bonjour! _____ Chloé. Et toi?

    VOUS: _____.

    CHLOÉ: _____?

    VOUS: _____ ans.

    CHLOÉ: _____ d'où?

    VOUS: _____.

2. You are introduced to your friend's elderly aunt, from Deauville, a city in Normandy.

    VOUS: Bonjour, madame. _____?

    MADAME LECLERC: _____ très bien, merci.

    VOUS: _____?

    MADAME LECLERC: _____ de Deauville.

3. You meet your friend's uncle, Robert, and his wife, Magali. His uncle is an artist and his aunt is a doctor.

    VOUS: Bonjour, _____.

    ROBERT: _____.

    VOUS: Comment _____?

    MAGALI: Je _____ Magali Gauthier.

    ROBERT: Et moi, je _____.

VOUS: _____ dans la vie?

MAGALI: Moi, je _____ .

ROBERT: Et moi, je _____ .

B. Quelle est ma profession?

Première étape. Complete each of the following sentences with the correct profession from the list.

> coiffeur   informaticien
>
> comptable   médecin
>
> homme d'affaires   père au foyer

1. Marc: «Je travaille dans un hôpital. Je suis _____ .»

2. Paul: «Je travaille pour une grande banque multinationale. Je suis _____ .»

3. Marc: «Je ne travaille pas. Je suis à la maison avec mes trois enfants. Je suis _____

   _____ .»

4. Arnaud: «Je travaille dans un institut de beauté. Je suis _____ .»

5. Yann: «Je prépare les déclarations d'impôts (*taxes*). Je suis _____ .»

6. Gilles: «Je travaille avec les ordinateurs. Je suis _____ .»

Attention! Before beginning the **Deuxième étape,** check your answers in the Answer Key at the back of the *Workbook / Laboratory Manual.*

Deuxième étape. Now complete the same sentences, this time with a woman speaking. Make all necessary changes.

1. Moi aussi, je suis _____ .

2. Moi aussi, je suis _____ .

3. Moi aussi, je suis _____ .

4. Moi aussi, je suis _____ .

5. Moi aussi, je suis _____ .

6. Moi aussi, je suis _____ .

C. Les parents d'Hélène. You are on the phone with Hélène, whose family you will be living with during your summer study abroad program in Tours. During your phone conversation, take notes about what she tells you about her parents, whom you have never met. Listen and complete the missing information in the chart. You will hear the passage twice.

Qui est-ce?	Il/Elle est...	Il/Elle aime...	Sa profession...	Pendant son temps libre, il/elle aime...
_____ (père d'Hélène)	_____ *drôle* _____	_____ *les galeries d'art* _____	_____	faire du vélo
Élodie (mère d'Hélène)	*calme* _____	voyager	architecte	_____ _____

Vocabulaire interactif

En famille   Family members and pets

A. Les membres de la famille. Match each definition in column A with a family member term in Column B.

A	B
1. _____ la femme de mon oncle	a. mon neveu
2. _____ la mère de ma mère	b. mes petits-enfants
3. _____ le mari de ma grand-mère	c. ma nièce
4. _____ le frère de ma mère ou de mon père	d. mon oncle
5. _____ la fille de mon oncle et ma tante	e. mon grand-père
6. _____ le fils de ma sœur ou de mon frère	f. ma grand-mère
7. _____ les enfants de mes enfants	g. ma tante
8. _____ la fille de ma sœur ou de mon frère	h. ma cousine

B. Des questions sur la famille. You will hear a series of questions about Camille's family. For each one, choose the logical response. You will hear each question twice. Follow the model. At the end of the activity, listen to verify your answers.

EXEMPLE: *You hear:*   Sa mère s'appelle comment?
   You see: a.   Sa mère s'appelle Virginie.
      b.   Sa grand-mère s'appelle Véronique.
   You choose: a.   Sa mère s'appelle Virginie.

1. a. Elle a une fille et deux fils.
   b. Elle a des cousins au Canada.

2. a. Son mari est enseignant.
   b. Son frère travaille dans le marketing.

3. a. Non, ses parents sont divorcés.
   b. Non, ses enfants habitent à Nice maintenant.

4. a. Son neveu s'appelle Benjamin.
   b. Il y a cinq petits-enfants dans la famille.

5. a. Son frère s'appelle Julien et sa sœur s'appelle Rose-Marie.
   b. Il s'appelle Martin.

6. a. Ses grands-parents sont italiens.
   b. Ses cousins sont canadiens.

7. a. Non, sa grand-mère et son grand-père habitent près d'elle.
   b. Oui, sa sœur est infirmière.

C. La famille de Simone. Look at Simone's family portrait and decide whether the statements she makes are **vrai** or **faux.** If the statement is false, correct it to make it true. Use complete sentences.

		VRAI	FAUX
1.	J'ai trois filles.	☐	☐
	_____		
2.	Nous avons deux chiens.	☐	☐
	_____		

	VRAI	FAUX
3. Je suis divorcée.	☐	☐
_____		
4. Mes parents ne sont pas sur la photo.	☐	☐
_____		
5. Je n'ai pas de fille.	☐	☐
_____		
6. Mes enfants ne sont pas mariés.	☐	☐
_____		
7. Nous sommes six dans ma famille.	☐	☐
_____		
8. Nous sommes tous (all) blonds dans ma famille.	☐	☐
_____		

♦ **D. L'arbre généalogique.** You will hear a series of statements by François's family members. Based on the information provided, complete François's family tree with the missing names and ages. Each statement will be read twice.

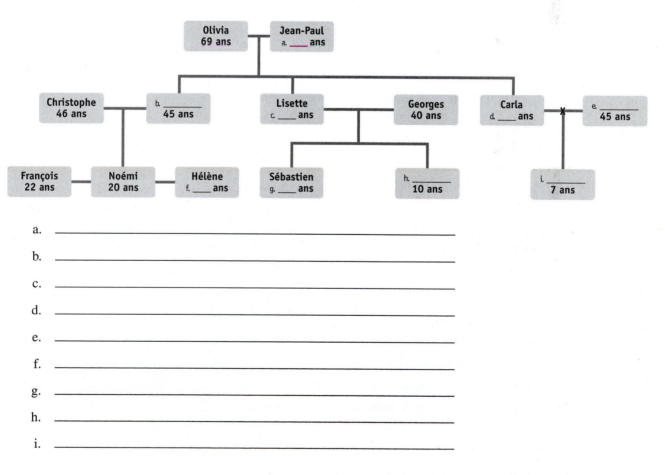

a. _____

b. _____

c. _____

d. _____

e. _____

f. _____

g. _____

h. _____

i. _____

E. La famille royale de Monaco. You will hear the names of members of the royal family of Monaco, a principality on the Mediterranean coast of France. Using the cues provided, say the year in which each person was born or died. After a brief pause, listen to verify your answer. Follow the model.

La famille royale de Monaco en 1965: Albert, Stéphanie, la Princesse Grace, le Prince Rainier et Caroline

EXEMPLE: *You hear:* le Prince Rainier

You see: le Prince Rainier / né en 1923

You say: Il est né en mille neuf cent vingt-trois.

You hear: Il est né en mille neuf cent vingt-trois.

1. la Princesse Grace / née en 1929
2. la Princesse Caroline / née en 1957
3. le Prince Albert / né en 1958
4. la Princesse Stéphanie / née en 1965
5. la Princesse Grace / morte en 1982
6. le Prince Rainier / mort en 2005

F. Les membres de la famille d'André. Complete the following sentences about André and his family based on the information provided.

1. André n'est pas marié. Il est _____.
2. La femme du père d'André n'est pas sa mère biologique. C'est sa _____.
3. La femme du père d'André a une fille avec le père d'André. C'est sa _____.
4. La sœur d'André est plus jeune qu'André. C'est sa sœur _____.
5. La sœur d'André va se marier (*to get married*) dans un an. Elle est _____.
6. Pour les parents d'André, le mari de leur fille est un _____.
7. Pour les grands-parents d'André, André et ses cousins sont des _____.

Prononcez bien!

Les voyelles [o] et [ɔ]   *vélo et sport*

---

1. The vowel sound [o], as in **vélo**, is typically found at the end of words, in an open syllable, with or without a silent consonant following it.

-o	sty	l**o**	gro**s**	tro**p**
-au(x)	ch**au**d	f**au**x	a	ni	m**au**x
-eau(x)	b**eau**	nou	v**eau**	ta	bl**eau**x

2. The vowel sound [o] can also appear *within* words, in a closed syllable, if the consonant that follows is [z], or when represented by the spellings **ô** or **au**.

r**o**se   ch**o**se   d**ô**me   g**au**che (*left*)

3. The vowel sound [ɔ], as in **sport**, is typically found within words, in open or closed syllables. It is always represented by the letter **o**, with one important exception: the name **Paul**.

b**o**nne	h**o**mme	pr**o**f	v**o**tre (*your*)
a	v**o**	cat	p**o**	li	cier	ja	p**o**	nais	psy	ch**o**	l**o**	gique

---

A. Essayons!

♦ **Première étape.** Listen to each word and check (✓) the vowel sound that you hear. You will hear each word twice.

	[o] as in *vélo*	[ɔ] as in *sport*		[o] as in *vélo*	[ɔ] as in *sport*
1.	☐	☐	6.	☐	☐
2.	☐	☐	7.	☐	☐
3.	☐	☐	8.	☐	☐
4.	☐	☐	9.	☐	☐
5.	☐	☐	10.	☐	☐

Attention! Before beginning the **Deuxième étape,** check your answers in the Answer Key at the back of the *Workbook / Laboratory Manual.*

Deuxième étape. Listen again as the words from the **Première étape** are pronounced. Repeat each word, paying close attention to its spelling.

1.	honnête	6.	saxophone
2.	problème	7.	piano
3.	bureau(x)	8.	chose
4.	ordinateur	9.	gauche
5.	rôle	10.	informaticien

Pour bien prononcer

Remember that, as you already learned in **Chapitre 3,** French vowels are tenser and shorter, in general, than English ones.

For the vowel [o], round and protrude your lips much more than you would in English, and say the French word **beau,** without letting your chin move. Remember to keep the vowel very short, so that it does not lengthen to [o^w] as in the English word *bow*! To practice the sound [ɔ], keep your lips in the same rounded and protruded position, but open your mouth a little more (relax your jaw muscles slightly) and say the word **botte** (*boot*).

B. Un pas en avant.

Première étape. Listen to the pronunciation of the following words. You will hear each word twice. Write the letter of each word next to its written form. At the end of the activity, listen to verify your answers and repeat each word.

1. _____ **pau**vre
2. _____ **peau** (*skin*)
3. _____ piano
4. _____ **pô**le

5. _____ **po**li
6. _____ **polo**nais
7. _____ **pomme** (*apple*)
8. _____ **po**rte

♦ **Deuxième étape.** Now answer the following questions about the words in the **Première étape.**

1. Which four spellings represent the sound [o], as in **vélo,** in the list of words in the **Première étape**?

   _____   _____   _____   _____

2. At what point in the list of words does the pronunciation shift from [o], as in **vélo,** to [ɔ], as in **sport**? Give the number of the word. _____

♦ C. Dictée.

Première étape. Listen to the following pairs of questions and answers. You will hear each pair twice. Complete the sentences with the missing words.

1. —Est-ce que Claude a des _____?

   —Oui. Il a un _____ chien.

2. —Où est le _____ de Guillaume?

   —Il travaille au _____.

3. —Tu fais du _____?

   —Non, il fait trop _____!

4. —Simone joue du _____?

   —Oui. Elle _____ la musique!

5. —Midori est _____?

    —Oui. Et Enrique, son mari, est _____.

6. —Et les _____? Qu'est-ce qu'ils font?

    —Ils font une _____.

Attention! Before beginning the **Deuxième étape,** check your answers in the Answer Key at the back of the *Workbook / Laboratory Manual.*

Deuxième étape. Listen and repeat each question and answer pair, focusing on the pronunciation of words with the vowel sound [o] in pairs 1–3 and [ɔ] in pairs 4–6.

Grammaire interactive

4.1 C'est ma famille   Possessive articles

A. La famille. Complete each sentence with the appropriate possessive article.

    EXEMPLE: Toi: C'est *ta* mère.

1. Moi:

    a. C'est _____ famille.   b. C'est _____ frère.

    c. Ce sont _____ parents.

2. Vous:

    a. C'est _____ fille?   b. Ce sont _____ grands-parents?

    c. C'est _____ oncle?

3. Marc:

    a. C'est _____ sœur.   b. C'est _____ neveu.

    c. Ce sont _____ tantes.

4. Émilie:

    a. C'est _____ père.   b. Ce sont _____ belles-sœurs.

    c. C'est _____ grand-mère.

5. Les Martin:

    a. C'est _____ chien.   b. C'est _____ petit-fils.

    c. Ce sont _____ enfants.

6. Toi et moi:

    a. C'est _____ hamster.   b. C'est _____ nièce.

    c. Ce sont _____ beaux-frères.

B. Deux frères. You will hear a series of statements about two brothers Laurent and Philippe. Listen and choose the possessive article that best completes the statement. You will hear each statement twice. After a brief pause, listen to verify your answer, then repeat what you hear. Follow the model.

EXEMPLE: *You hear:* Laurent et Philippe ont une sœur.

You see: _____ sœur est grande et blonde. a. Sa   b. Ses   c. Leur

You choose: c. Leur

You hear and say: Leur sœur est grande et blonde.

1. _____ femme est un peu timide.   a. Sa   b. Ses   c. Leur

2. _____ beaux-parents sont aisés.   a. Sa   b. Ses   c. Leurs

3. _____ cousines sont très sportives.   a. Sa   b. Ses   c. Leurs

4. _____ grand-père est parfois méchant.   a. Son   b. Ses   c. Leur

5. _____ oncles sont généreux.   a. Son   b. Ses   c. Leurs

6. _____ chien est très mignon.   a. Son   b. Ses   c. Leur

C. Quel possessif? Complete each of the following statements with the appropriate possessive article.

1. Jeanne a deux tantes à Paris. _____ tantes sont mannequins (*models*); elles sont très belles.

2. J'ai une petite voiture. _____ voiture est bleue, blanche et rouge. Très patriotique!

3. Vous avez un cousin espagnol? Est-ce que _____ cousin habite à Madrid?

4. Marceline et moi, nous avons des jumelles. _____ filles ont quatre ans.

5. Marc a un chat. _____ chat est gros et méchant.

6. Tu es mariée? Qu'est-ce que _____ mari fait dans la vie?

7. J'ai des grands-parents italiens. _____ grands-parents habitent à Bologne et ils ont 75 ans.

8. Fabrice et Gabrielle parlent français, italien et anglais. _____ amis parlent seulement (*only*) le français.

D. Déclarations vraies ou fausses? Complete the following statements with the appropriate form of the possessive article **mon (ma, mes),** then indicate whether each statement is **vrai** or **faux** with respect to your family/friends. For each statement that is true, provide an interesting detail (profession, physical description, leisure activity, etc.). For each statement that is false, rewrite it to make it true.

EXEMPLE: <u>*Mon*</u> frère est très sportif.

☑ VRAI <u>*Il joue au rugby et à la crosse*</u>.

ou

☑ FAUX <u>*Je n'ai pas de frère, mais ma sœur est très sportive.*</u>

		VRAI	FAUX
1.	_____ famille fait du sport ensemble.	☐	☐
	_____.		
2.	_____ père est homme d'affaires.	☐	☐
	_____.		

	VRAI	FAUX
3. Je téléphone souvent à _____ mère.	☐	☐
4. J'habite loin de _____ grands-parents.	☐	☐
5. Je connais (*know*) bien _____ cousins.	☐	☐
6. Je ressemble beaucoup à _____ sœur.	☐	☐
7. _____ ami(e) de chez moi (*from home*) est aussi étudiant(e) ici.	☐	☐

4.2 Il va au cinéma; elle revient du parc The verbs **aller** and **(re)venir**

A. Que font-ils? You will hear a series of sentences about what people are doing at the moment. You will hear each sentence twice. Match the number of each sentence to the corresponding illustration. At the end of the activity, listen to verify your answers.

a. _____ b. _____ c. _____ d. _____

e. _____ f. _____ g. _____ h. _____

B. La forme des verbes.

Première étape. Complete the chart with the missing forms of the verbs **rentrer**, **aller**, and **venir**. **Attention!** Remember that the verb **rentrer** is a regular **-er** verb, whereas **aller** and **venir** are irregular.

rentrer	aller	venir
je ___*rentre*___	je _____	je _____
tu _____	tu ___*vas*___	tu _____
il/elle/on ___*rentre*___	il/elle/on _____	il/elle/on ___*vient*___
nous _____	nous _____	nous _____
vous _____	vous ___*allez*___	vous _____
ils/elles ___*rentrent*___	ils/elles _____	ils/elles _____

Deuxième étape. Using the verb **venir** as a model, complete the following question and answer pairs with the appropriate forms of the verb **revenir**.

1. —Tu _____ chez moi ce soir?

   —Oui, je _____ vers 18 h.

2. —À quelle heure est-ce que vous _____ de la réunion (*meeting*)?

   —Nous _____ au bureau à 3 h.

3. —Ton frère _____ tout de suite (*right away*)?

   —Oui, avec son ami. Ils _____ tout de suite.

C. Où vont-ils?

Première étape. Write the correct form of the preposition **à** (**au, à la, à l', aux**) before each noun in the list.

1. _____ bibliothèque
2. _____ cinéma
3. _____ concerts
4. _____ fac
5. _____ hôtel
6. _____ hôpital
7. _____ jardin public
8. _____ plage
9. _____ resto-U

Attention! Before beginning the **Deuxième étape,** check your answers in the Answer Key at the back of the *Workbook / Laboratory Manual.*

Deuxième étape. Complete the following sentences with the correct form of the verb **aller** and one of the locations from the **Première étape. Attention!** Use each location only once.

EXEMPLE: Pour étudier, je *vais à la bibliothèque.*

1. Tu aimes la musique? Tu _____ souvent _____?

2. Pour faire des promenades, Julie et Manon _____.

3. Pour manger, Marc _____.

4. Pour le cours de sciences po, Benjamin et Henri _____.

5. En été, quand il fait chaud, nous _____.

6. Est-ce vous _____ toujours _____ pour regarder un film?

7. Quand on est très malade, on _____.

8. Dès qu'ils (*As soon as they*) arrivent, les touristes _____ directement _____.

D. La famille de Manon.

Première étape. You will hear the name of the various locations where Manon and her family members work. Indicate from which location each person is returning home using the verb **rentrer** and the correct form of the preposition **de (du, de la, de l', des).** Follow the model. After a brief pause, listen to verify your answer.

EXEMPLE: *You hear:* son père / la poste

You say: Son père rentre de la poste.

You hear: Son père rentre de la poste.

1. ...   2. ...   3. ...   4. ...   5. ...   6. ...

Deuxième étape. Now indicate where Manon and her family members work or study using the correct form of the preposition **à** and locations given in the **Première étape.** Then indicate what each person does for a living.

1. Son père travaille _____ poste. Il est _____.

2. Sa mère travaille _____ université. Elle est _____.

3. Son frère aîné travaille _____ usine Renault. Il est

_____.

4. Sa sœur aînée travaille _____ pharmacie, rue Victor Hugo. Elle est

_____.

5. Son frère cadet travaille _____ restaurant en face de la librairie. Il est

_____.

6. Sa sœur cadette étudie _____ fac. Elle est _____.

7. Manon travaille _____ salon de coiffure au coin de la rue. Elle est

_____.

4.3 Vous allez en France?   Articles and prepositions with geographical locations

A. Sur quel continent? You will hear the name of a country and a continent. Use the appropriate definite article (**le, la, l', les**) with each country name and the preposition **en** in order to indicate on which continent the country is located. After a brief pause, listen to verify your answers, then repeat what you hear. Follow the model.

EXEMPLE: *You hear:*   Togo (*m.*) / Afrique

You say: Le Togo est en Afrique.

You hear: Le Togo est en Afrique.

You repeat: Le Togo est en Afrique.

1. ...   2. ...   3. ...   4. ...   5. ...   6. ...   7. ...

B. Quand est-ce qu'elle y va? You will hear the names of several French cities and European countries. Ask when Marina, a television journalist in Paris, is going to each city or country, using the verb **aller** and the appropriate preposition. After a brief pause, listen to verify your question, then check (✓) the response that you hear. Follow the model.

EXEMPLES: *You see and hear:* Toulouse

You ask: Quand est-ce qu'elle va à Toulouse?

You hear: Quand est-ce qu'elle va à Toulouse? Elle y va demain.

You check: ☑ demain

	AUJOURD'HUI	DEMAIN	CE WEEK-END	LA SEMAINE PROCHAINE
1. l'Angleterre	☐	☐	☐	☐
2. la Belgique	☐	☐	☐	☐
3. Bordeaux	☐	☐	☐	☐
4. Marseille	☐	☐	☐	☐
5. les Pays-Bas	☐	☐	☐	☐
6. le Portugal	☐	☐	☐	☐

C. L'Afrique occidentale (*West Africa*). Examine the map of West African countries and indicate which country each journalist comes from by providing the appropriate form of the preposition **de** and one of the nationality adjectives from the list. Follow the model.

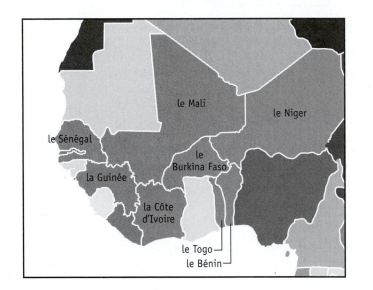

béninois(e)	guinuéen(ne)	malien(ne)	sénégalais(e)
burkinabé(e)	ivoirien(ne)	nigérien(ne)	togolais(e)

EXEMPLE: Ils viennent _____*du*_____ Mali. Ce sont des journalistes _____*maliens*_____.

1. Il vient _____ Togo. C'est un journaliste _____.

2. Elle vient _____ Sénégal. C'est une journaliste _____.

3. Ils viennent _____ Niger. Ce sont des journalistes _____.

4. Elle vient _____ Côte d'Ivoire. C'est une journaliste _____.

5. Elles viennent _____ Bénin. Ce sont des journalistes _____.

6. Il vient _____ Burkina Faso. C'est un journaliste _____.

D. Retour d'un séjour académique (*Study abroad*)**.** The following students are coming home from a year abroad. Based on the language they study, indicate where they are coming home from, using the verb **rentrer.** Choose from the following list, being careful to distinguish between cities and countries.

> **Berlin**   **Moscou**
>
> ✓ **l'Espagne**   **le Portugal**
>
> **les États-Unis**   **Rome**
>
> **le Japon**

EXEMPLE: Henri étudie espagnol. *Il rentre d'Espagne.*

1. Adèle étudie l'allemand. _____

2. Édouard et Clément étudient le japonais. _____

3. Antoine étudie l'anglais. _____

4. Nadine et Louis étudient le russe. _____

5. Camille étudie l'italien. _____

6. Laure et Samina étudient le portugais. _____

4.4 Qu'est-ce que tu vas faire? Situating events in the recent past and near future

A. Passé ou futur? Listen to Mathilde describe her activities and those of her friends. Indicate whether the actions took place in the recent past (**le passé récent**) or will take place in the near future (**le futur proche**). You will hear each sentence twice. At the end of the activity, listen to verify your answers.

	LE PASSÉ RÉCENT	LE FUTUR PROCHE
1.	☐	☐
2.	☐	☐
3.	☐	☐
4.	☐	☐
5.	☐	☐
6.	☐	☐
7.	☐	☐

B. Histoires en images. Complete each sentence with the correct form of **aller** or **venir de (d')**, based on the illustration.

1. Elle _____ avoir un bébé.

2. Il _____ rentrer du travail.

3. Ils _____ acheter une voiture.

4. Nous _____ faire la vaisselle.

5. Vous _____ passer (*spend*) une journée à la plage, monsieur?

6. Tu _____ faire un peu de jardinage, Solène?

7. Elles _____ aller en boîte.

C. La jet-set. Complete each sentence with the appropriate form of the verb **venir.** Then indicate where the people are, based on the activity they've just completed. (Use the place names on the list if you need help figuring out what city or country the people are in.) **Attention!** Be sure to use the appropriate preposition with each geographical location.

l'Afrique du Sud	la Chine	l'Inde	l'Italie	New York	Paris

1. Je _____ de visiter le Taj Mahal! Je suis _____.

2. Nous _____ de visiter la Grande Muraille (*Wall*)! Nous sommes

   _____.

3. Tu _____ de faire le tour des canaux à Venise? Tu es _____

   ce week-end?

4. Les Durand _____ de monter dans (*climb up*) la Statue de la Liberté. Ils sont

   _____.

5. Vous _____ d'aller en safari? Vous êtes _____ cette semaine?

6. Jennifer _____ d'aller au musée du Louvre. Elle est _____.

D. Prédictions.

Première étape. You will hear descriptions of six different people. Based on the descriptions, match each person with the activity that he or she is most likely to do tomorrow. You will hear each description twice. At the end of the activity, listen to verify your answers. Follow the model.

EXEMPLE: *You hear:* Thomas est sportif.

You choose: f. jouer au tennis

1. Vous _____
2. Il _____
3. Elle _____
4. Tu _____
5. Elles _____
6. Nous _____

a. aller en boîte avec des amis
b. préparer un examen
c. faire du vélo
d. faire la cuisine
e. faire des courses
✓f. jouer au tennis
g. regarder la télé

Deuxième étape. Now write a sentence in the **futur proche** describing each person's activity.

EXEMPLE: *Il va jouer au tennis.*

1. Vous _____?
2. Il _____.
3. Elle _____.
4. Tu _____?
5. Elles _____.
6. Nous _____.

Culture en direct

Le coin lecture

Les jeunes et la société française

> **Stratégies de lecture**
>
> In the previous three chapters, you learned to determine the meaning of words through (1) the use of cognates; (2) clues such as part of speech and the context of the sentence; and (3) relationships between words in the same "family." Using these strategies, as appropriate, will help you to understand the text you're reading without having to skip over too many words or look up too many words in a dictionary.

Avant de lire

Commençons par le début! You will be reading an article adapted from the French reference book *Francoscopie*, by Gérard Mermet, about young people in France and how they differ from earlier generations. The words in the following chart come from the first paragraph of the text. Can you determine the meaning of the boldfaced words, using each of the three strategies? Read only the first paragraph, then complete the chart by writing in the English equivalent of each word or by choosing the correct definition.

COGNATES	PART OF SPEECH/CONTEXT	WORD FAMILIES
hétérogène (*adj.*)	4. après la **chute** du mur de Berlin	le monde → la **mondialisation**
1. _____	a. fall b. building	7. _____
remplacer (*v.*)	5. C'est difficile à **dire**.	la fidélité → être **fidèle**
2. _____	a. to decide b. to say	8. _____
espace (*n.*)	6. Ils vont **partout**...	travailler → le **travail**
3. _____	a. everywhere b. somewhere	9. _____

Attention! Check your answers to this activity in the Answer Key at the back of the *Workbook / Laboratory Manual* before reading the whole text.

Lecture

Reread the first paragraph of the text, then continue reading the remaining paragraphs. Be sure to use the three strategies you've developed for deriving word meaning.

Les jeunes et la société française

En France, 13 % de la population a aujourd'hui entre 15 et 24 ans. Dans cette génération, il y a des jeunes qui sont nés après la chute du mur de Berlin en 1989 dans une période marquée par la technologie et le développement de la mondialisation. Qu'est-ce qu'ils font dans la vie? C'est difficile à dire. Les jeunes forment une population hétérogène. Aux États-Unis, on parle de «Génération Y[1]»; en France, on parle de la «bof[2] génération» ou encore «génération zapping». Ces jeunes vont partout, ils essaient tout et ils sont moins fidèles à une marque[3] ou à un employeur. Pour eux, le temps libre commence à remplacer le travail comme espace d'épanouissement[4] personnel.

Malgré[5] une attitude plus individualiste, la famille reste très importante, même si[6] les mariages sont moins nombreux et le modèle traditionnel de la famille n'est plus[7] très populaire. Pourtant[8], la famille reste toujours le lien essentiel entre le passé et l'avenir. 75 % (Soixante-quinze) pour cent des 15–25 ans vivent encore chez leurs parents.

Aujourd'hui, la définition du mot «famille» évolue. En France, il y a environ 700 000 familles où 1,5 million d'enfants vivent dans une famille recomposée avec un beau-père, une belle-mère, ou plusieurs demi-frères et demi-sœurs! On trouve aussi beaucoup de familles monoparentales, homoparentales, d'accueil,[9] etc. Les amis comptent aussi beaucoup dans la vie des jeunes, parfois autant que[10] la famille.

De plus, on remarque un autre élément nouveau dans la vie affective de tous les Français, jeunes ou vieux: les animaux domestiques. 26 % (Vingt-six) pour cent des ménages ont au moins un chien, et 26 % au moins un chat, pour des raisons principalement affectives. Ils ne sont plus là pour garder la maison et protéger les personnes. Ils font partie intégrale de la famille et les Français dépensent beaucoup d'argent pour eux—plus de 4,5 milliards d'euros par an!

[1]Génération... *Millennial Generation, Next Generation, Net Generation* [2]*an expression indicating indifference* [3]*brand* [4]*growth, development* [5]*Despite* [6]même... *even if* [7]n'est... *is no longer* [8]*However* [9]*foster (families)* [10]autant... *as much as* [11]plus... *more than 4.5 billion*

Après la lecture

A. Avez-vous compris? Based on the reading, decide whether the following statements are **vrai** or **faux**. If a statement is false, correct it to make it true.

	VRAI	FAUX
1. La nouvelle génération est née dans une période marquée par la technologie.	☐	☐
2. Les jeunes pensent que le travail à longue durée (*long-term*) est essentiel.	☐	☐
3. Le temps libre, plutôt que (*rather than*) le travail, devient (*is becoming*) une source de satisfaction personnelle pour les jeunes.	☐	☐
4. La majorité des jeunes habitent encore chez leurs parents.	☐	☐

5. La famille, aujourd'hui, c'est toujours le père, la mère et les enfants. ☐ ☐

_____

6. Les animaux sont souvent considérés comme membres de la famille. ☐ ☐

_____

7. Les Français, jeunes ou vieux, préfèrent avoir un chien. ☐ ☐

_____

B. Pour aller plus loin. Reread your answers to Activity A, then answer the following questions.

1. Est-ce que votre vision de la société américaine et de ses valeurs correspond au portrait de la société française et de ses valeurs d'après cette lecture?

_____

_____

2. Est-ce que les jeunes Français ressemblent aux jeunes Américains?

_____

_____

3. Quelles sont les différences et les similitudes?

_____

_____

Chez les Français / Chez les francophones

Using the information from the **Chez les Français** and **Chez les francophones** sections in your textbook, decide whether the following statements are **vrai** or **faux**. If a statement is false, correct it by replacing the underlined words to make it true.

	VRAI	FAUX

1. The use of the feminine form of professions, such as **une écrivaine,** is now widespread, <u>especially in France</u>. ☐ ☐

_____

2. France is the European country with the <u>most</u> pets per capita. ☐ ☐

_____

	VRAI	FAUX
3. Dogs are still allowed to enter <u>all supermarkets, bars, and restaurants</u> in France.	☐	☐
4. <u>Martin</u> is both a man's first name and the most common family name in France.	☐	☐
5. The West African notion of "family" includes <u>many more</u> members than parents and children.	☐	☐
6. Nowadays, young West Africans are <u>remaining at home</u> in increasing numbers.	☐	☐
7. A popular ancestral legend in France is that the country's population is <u>Gaulish (from Gaul)</u>.	☐	☐
8. <u>Two</u> major waves of immigrants came to France in the 19th and 20th centuries.	☐	☐
9. A **PACS** is a civil union between a couple <u>of the same or opposite sex</u>.	☐	☐

 # Le coin écriture

> **Stratégies d'écriture**
>
> This is your opportunity to reuse some of the writing strategies that are already familiar to you. In this activity you will be writing a letter to the host family that you will be staying with during an upcoming year abroad. You might, for example, use semantic mapping and brainstorming to create a list of questions on different topics to ask your host family or to describe each member of your own family in more detail for your host family. By drawing on the vocabulary and structures introduced thus far, you will also solidify your existing knowledge of French and avoid trying to translate overly complex concepts from your native language.

Genre: Letter of introduction

Thème: Choose the city in the French-speaking world that you would most like to visit. Then, on a separate sheet of paper, write a letter to your host family, introducing yourself.

1. Open with **Bonjour!** Say why you are excited about visiting the country or city where your host family lives. (e.g., **Je suis content(e) de venir en Suisse (à Montréal...) passer l'année chez vous parce que...**

2. Describe yourself and your family in detail, using vocabulary from **Chapitres 1–4.**

3. End your letter by asking your host family questions about their pets, their leisure activities, where they go on the weekend, and the weather.

4. Close with **Je suis ravi(e)** (*I'm delighted*) **de venir** + preposition + geographical location. **À bientôt!** Then sign your letter.

When you have finished your description, check your work by using the **Vérifions** checklist.

Vérifions!

I have used:

❏ the writing strategies introduced in **Chapitres 1, 2** and **3.**

❏ appropriate expressions and vocabulary from **Chapitres 1–4.**

I have proofread my writing and checked:

❏ for spelling errors, including accent marks.

❏ that each possessive article agrees in number and gender with the noun it precedes (e.g. **ma grand-mère, mon grand-pére, mes grands-parents**).

❏ that I have used **il/elle est** vs. **c'est un(e)** correctly when referring to professions (e.g. **il est professeur/ c'est un professeur**).

❏ for subject-verb agreement with regular **-er** verbs, and **être, avoir, faire, aller,** and **venir.**

❏ that I have used the correct prepositions and their contractions (**à, au, aux; en; de, du, des**) with the names of cities and countries.

❏ that I have used the correct interrogative expressions: **qui, où, quand, pourquoi,** etc.

CHAPITRE 5

Bon appétit!

Communication en direct

A. Des invitations. Trouvez dans la colonne B les réponses aux questions de la colonne A.

A

1. _____ Est-ce que vous voulez aller au cinéma ce soir?

2. _____ Ça vous dit de jouer au foot samedi?

3. _____ Tu veux aller prendre un café après le cours de français?

4. _____ Ça te dit de manger italien?

5. _____ Est-ce que vous voulez aller manger au MacDo avec moi?

6. _____ Ça vous dit de jouer aux cartes ce soir?

B

a. Désolé. Franchement, je n'aime pas trop manger dans les fast-food.

b. Pourquoi pas? J'adore jouer au bridge.

c. Oui, ça me dit. J'adore les spaghettis.

d. Bonne idée! Nous aimons beaucoup le foot.

e. Avec plaisir. J'ai vraiment envie de voir le nouveau film d'aventures.

f. Je ne peux malheureusement pas. J'ai mon cours de biologie après ce cours.

B. Des conversations au café de Flore. Vous êtes dans ce célèbre café parisien et vous entendez (*hear*) des gens parler autour de vous. Écoutez chaque phrase et indiquez qui parle: **le serveur** ou **le client.** Vous allez entendre les phrases deux fois. À la fin de l'activité, écoutez pour vérifier vos réponses.

EXEMPLE: *Vous entendez:* Est-ce que vous avez des desserts?

Vous choisissez (You choose): le client

	le serveur	**le client**
1.	☐	☐
2.	☐	☐
3.	☐	☐
4.	☐	☐
5.	☐	☐
6.	☐	☐
7.	☐	☐
8.	☐	☐

Vocabulaire interactif

Faisons les courses! Food stores and food items

A. Qu'est-ce qu'on aime manger?

Première étape. Mettez chacun (*each one*) des aliments suivants dans la catégorie appropriée.

les artichauts	les fraises	le jambon	les pommes
le beurre	les framboises	le lait	le porc
le bifteck	le fromage	les moules	le poulet
les courgettes	les haricots verts	les poires	le saumon
les crevettes	le homard	les poivrons rouges	le yaourt

Les fruits et les légumes

_____

_____

_____

_____

_____

_____

_____

Les viandes et la volaille

_____

_____

_____

Les poissons et les fruits de mer

_____

_____

_____

_____

Les produits laitiers

_____

_____

_____

_____

Deuxième étape. Quels aliments de la liste de la **Première étape** aimez-vous et lesquels (*which ones*) n'aimez-vous pas? Nommez-en trois pour compléter chaque phrase.

1. J'aime beaucoup _____

   _____

2. Je n'aime pas _____

   _____

B. Dans la rue Mouffetard. Marianne fait ses courses dans les petits magasins spécialisés de la rue Mouffetard et au marché en plein air en haut de (*at the top of*) la rue. Où est-ce qu'elle achète les aliments suivants?

1. Elle achète des champignons, des pommes et des tomates au _____.

2. Elle achète des baguettes, du pain de campagne et une tarte à _____.

3. Elle achète du jambon, un poulet et un bifteck à _____.

4. Elle achète des fruits de mer (des crevettes et un homard, par exemple) et du poisson à

   _____.

5. Elle achète du fromage, du beurre, et du lait à _____.

6. Pour acheter du riz, du sel et du poivre, elle va à _____.

C. Identifiez! Écoutez la liste des aliments et écrivez l'aliment qui correspond à la catégorie indiquée. Vous allez entendre chaque liste deux fois. À la fin de l'activité, écoutez pour vérifier vos réponses.

> EXEMPLE: *Vous voyez* (You see):   un fruit de mer
>
> *Vous entendez:*   un concombre, une pêche, des crevettes
>
> *Vous écrivez* (You write): <u>*des crevettes*</u>

1. un fruit: _____

2. un légume: _____

3. un produit laitier: _____

4. une viande: _____

5. un poisson: _____

6. une pâtisserie: _____

D. Chassez l'intrus. Écrivez le nom de l'aliment qui n'est pas dans la même catégorie que les autres dans chaque illustration, puis expliquez pourquoi. Suivez les exemples.

> EXEMPLES:

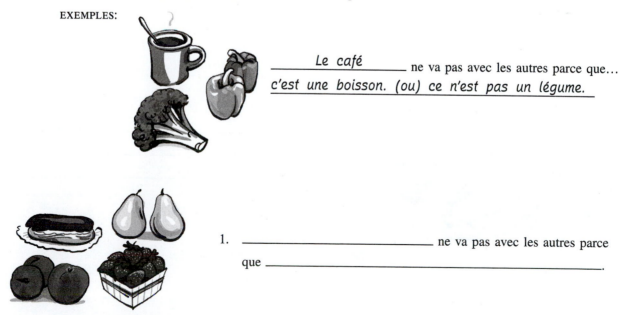

_____<u>*Le café*</u>_____ ne va pas avec les autres parce que…
<u>*c'est une boisson. (ou) ce n'est pas un légume.*</u>

1. _____ ne va pas avec les autres parce
   que _____.

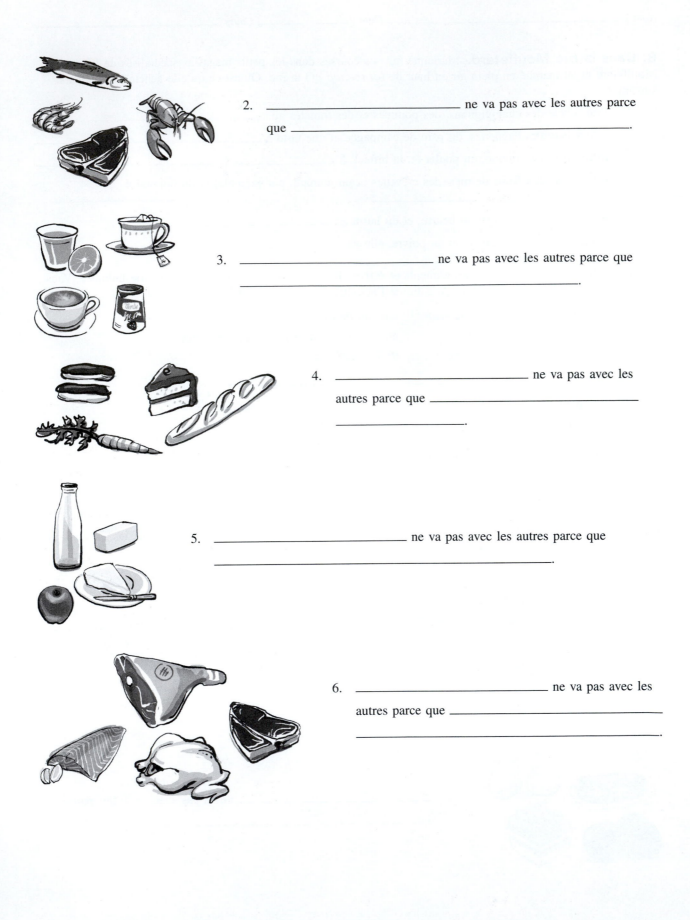

2. _____ ne va pas avec les autres parce

que _____.

3. _____ ne va pas avec les autres parce que

_____.

4. _____ ne va pas avec les

autres parce que _____

_____.

5. _____ ne va pas avec les autres parce que

_____.

6. _____ ne va pas avec les

autres parce que _____

_____.

E. Mettre une belle table.

Première étape. Qu'est-ce qui est déjà (*What is already*) sur la table? Écrivez le nom de chaque objet avec l'article indéfini approprié.

1. _____ 4. _____

2. _____ 5. _____

3. _____ 6. _____

Attention! Avant de continuer, vérifiez vos réponses dans la clé de corrections à la fin du *Workbook / Laboratory Manual.*

Deuxième étape. Qu'est-ce qui manque (*What is missing*) sur la table? Écrivez le nom des objets nécessaires. Utilisez des articles indéfinis.

1. Pour couvrir (*cover*) la table, on a besoin d'_____.

2. Pour servir de l'eau, on a besoin d'_____; pour boire (*drink*) de l'eau,

   on a besoin d'_____.

3. Pour manger de la soupe, on a besoin d'une _____

   et d'_____. (Il y a déjà une petite cuillère sur la table.)

4. Pour boire du café, on a besoin d'_____.

F. On cherche un bon restaurant. Pendant une visite à Lyon, vous séjournez à l'Hôtel Le Royal Lyon sur la place Bellecour au centre-ville. La réceptionniste vous montre, sur le plan du quartier, où se trouvent certains restaurants et d'autres endroits. Utilisez le plan et les expressions de la liste suivante pour compléter ses phrases. **Attention!** Il y a souvent plusieurs réponses possibles! Faites attention à la forme de la préposition **de.**

à côté de	au milieu de	loin de
à droite de	dans	près de
à gauche de	en face de	

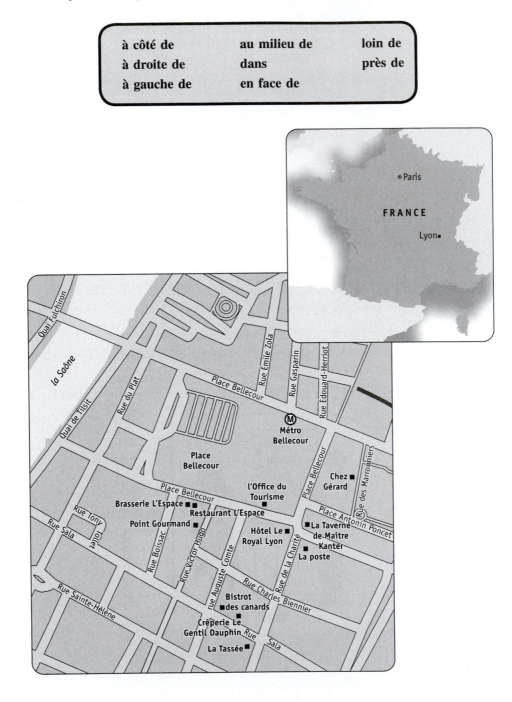

1. Dans la rue des Marronniers, il y a toutes sortes de restaurants. Si vous voulez goûter des spécialités lyonnaises, allez Chez Gérard. C'est _____ la rue.

2. La brasserie L'Espace est _____ Restaurant L'Espace.

3. Un autre restaurant, le Point Gourmand, n'est pas très _____ restaurant L'Espace.

4. Plus au sud (*More to the south*), il y a le Bistrot des Canards. _____ bistrot, il y a la crêperie Le Gentil Dauphin.

5. Pas trop _____ la place Bellecour, _____ la rue de la Charité, il y a un très bon restaurant, La Tassée, où l'on sert les fameuses quenelles de brochet (*poached dumplings with finely chopped fish or meat*), une spécialité lyonnaise.

6. Le bureau de poste est tout _____ Office du Tourisme et _____ l'hôtel.

Prononcez bien!

Les voyelles [ø] et [œ]   *d<u>eu</u>x s<u>œu</u>rs*

1. The vowel sounds [ø], as in **deux,** and [œ], as in **sœur,** both involve rounding of the lips. The sound [ø], as in **deux,** is usually found in open syllables and is represented by the spelling **eu(x)**; the sound [œ], as in **sœurs,** is pronounced similarly to [ø], but with the jaw muscles more relaxed and the mouth more open. It is generally represented by the spelling **eu** or **œu,** followed by a consonant sound, which creates a closed syllable.

    Compare:

[ø] dans une syllabe ouverte	**[œ] dans une syllabe fermée**
feu (*fire*)	coi l ffeur
che l veux	**veuf** (*widower*)
peu	**peur** (*fear*)
jeu	**jeune**
beug l ler (*to moo**)	**bœuf**

2. Notice that the letters *o* and *e* are combined into a single letter (*œ*) when they represent the sound [œ], as in the spelling of **bœuf.** Here are other examples of this spelling:

    hors-d'œuvre   **mœurs** (*morals*)   **œil** (*eye*)   **sœur**

---

*Le verbe **beugler** est utilisé couramment pour dire *crier* (to scream).

A. Essayons!

Première étape. Écoutez chaque mot et indiquez la voyelle que vous entendez: [ø] comme *deux*, en syllabe ouverte, ou [œ], comme *sœur*, en syllabe fermée. Vous allez entendre chaque mot deux fois. À la fin de l'activité, écoutez pour vérifier vos réponses.

	[ø] comme *deux*	[œ] comme *sœur*		[ø] comme *deux*	[œ] comme *sœur*
1.	☐	☐	5.	☐	☐
2.	☐	☐	6.	☐	☐
3.	☐	☐	7.	☐	☐
4.	☐	☐	8.	☐	☐

Deuxième étape. Écoutez encore une fois les mots de la **Première étape**. Répétez chaque mot en faisant attention à l'orthographe (*the spelling*).

1. bl**eu**
2. vi**eux**
3. Di**eu** (*God*)
4. b**eurre**
5. coul**eur**
6. nev**eu**
7. s**eul**
8. b**œuf**

Pour bien prononcer

As mentioned above and illustrated in the examples, it is almost always in open syllables, like **peu,** that the vowel [ø] occurs, and in closed syllables, like **peur,** that one hears [œ]. One important exception to this general "rule" in standard French is when a syllable is closed by a [z] sound, as in the feminine form of the adjective **sérieuse** and in the feminine form of the profession **coiffeuse.** In these cases, the vowel sound [ø] occurs, even though it is found in a closed syllable. Keep this exception in mind as you complete Activity B.

B. Un pas en avant.

Première étape. Écoutez la forme masculine de chaque adjectif, puis prononcez la forme féminine. Ensuite, écoutez pour vérifier votre prononciation. **Attention!** N'oubliez pas de bien prononcer la voyelle [ø] dans les deux formes.

EXEMPLE: *Vous entendez:* sérieux

Vous dites: sérieuse

Vous entendez: sérieuse

1. … 2. … 3. … 4. … 5. … 6. …

◆ **Deuxième étape.** Maintenant, écoutez encore une fois les deux formes de chaque adjectif de la **Première étape** et écrivez la forme féminine.

1. _____
2. _____
3. _____
4. _____
5. _____
6. _____

♦ C. Dictée.

Première étape. Complétez les phrases avec les mots que vous entendez. Vous allez entendre chaque phrase deux fois.

1. Il va _____ avec Claire ce _____.

2. Il y a des _____? Oui, il y en a _____.

3. Qu'est-ce que la _____ met au _____ de la table?

4. Son frère est _____, mais sa _____ ne travaille pas.

5. À quelle _____ arrive le _____?

6. Au supermarché, elle achète du _____ et du _____.

Attention! Avant de continuer, vérifiez vos réponses dans la clé de corrections à la fin du *Workbook / Laboratory Manual*.

Deuxième étape. Écoutez encore une fois et répétez chaque phrase de la **Première étape,** en faisant attention à la prononciation de la voyelle [ø] dans les phrases 1 à 3 et de la voyelle [œ] dans les phrases 4 à 6.

Grammaire interactive

5.1 Il y a du sucre? The partitive article and expressions of quantity

A. J'aime... , je prends... Utilisez l'article partitif (**du, de la, de l'**) ou l'article indéfini **des** pour indiquer ce que prennent (*eat/drink*) les personnes suivantes.

EXEMPLE: Marc aime le café. Il prend _____*du café*_____ du matin au soir.

1. Mustafa adore la glace. Il prend souvent _____ pour le dessert.

2. Jules préfère l'eau. Il boit _____ à tous les repas.

3. Sophie aime le fromage. Elle mange _____ très souvent.

4. Caroline adore le pain. Elle prend _____ tous les jours.

5. Avec son apéritif, Benoît aime les olives. Il déguste (*savors, enjoys*) souvent

   _____ avec sa boisson.

6. Slimane et Jules adorent la viande. Ils commandent toujours _____ au

   restaurant.

7. Sophie et Claude préfèrent le jambon. Elles achètent _____ deux fois

   (*times*) par semaine.

8. Marc et sa femme aiment les huîtres. Ils prennent souvent _____

   comme entrée.

B. Quel plat? Complétez la liste des ingrédients pour chacun des quatre plats ci-dessous avec l'article partitif approprié ou l'article indéfini **des.** Ensuite, indiquez quel plat on prépare. Suivez l'exemple.

EXEMPLE: Il y a _du_ pain, _du_ jambon, _du_ fromage, et _du_ beurre.

On fait _un sandwich_.

> une pizza   une soupe à l'oignon gratinée
>
> une purée de pommes de terre   une tarte aux fraises

1. Il y a _____ farine, _____ beurre, _____ sucre et _____ fraises.

   On fait _____.

2. Il y a _____ oignons, _____ bouillon (*broth*), _____ tranches de pain grillé (*slices of toast*) et

   _____ fromage.

   On fait _____.

3. Il y a _____ sauce tomate, _____ fromage, _____ ail, _____ artichauts et _____ champignons.

   On fait _____.

4. Il y a _____ pommes de terre, _____ sel, _____ poivre et _____ crème ou _____ lait.

   On fait _____.

C. Une salade niçoise. Regardez bien la recette pour une salade niçoise (page 91). Vous allez entendre une série de questions sur les ingrédients dans cette salade. Répondez à chaque question en utilisant **Oui, il y a...** et l'article partitif ou **Non, il n'y a pas de (d')...** . Après une petite pause, écoutez pour vérifier votre réponse et répétez-la. Suivez l'exemple.

EXEMPLE: *Vous entendez:* Est-ce qu'il y a du poivron rouge?

Vous dites: Non, il n'y a pas de poivron rouge.

Vous entendez: Non, il n'y a pas de poivron rouge.

Vous répétez: Non, il n'y a pas de poivron rouge.

1. ... 2. ... 3. ... 4. ... 5. ... 6. ... 7. ... 8. ...

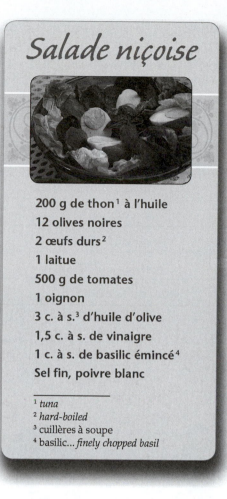

Salade niçoise

200 g de thon[1] à l'huile

12 olives noires

2 œufs durs[2]

1 laitue

500 g de tomates

1 oignon

3 c. à s.[3] d'huile d'olive

1,5 c. à s. de vinaigre

1 c. à s. de basilic émincé[4]

Sel fin, poivre blanc

---
[1] *tuna*
[2] *hard-boiled*
[3] cuillères à soupe
[4] basilic... *finely chopped basil*

D. Restrictions. Ces personnes évitent de (*avoid*) manger certains aliments. Lisez chaque description et écrivez une phrase qui explique ce que la personne ne mange pas (pas souvent, jamais). Suivez l'exemple.

    EXEMPLE: Serge est diabétique.

                Serge ne mange pas souvent de gâteau.

1. Jean est végétarien.

   _____

2. Aurélie n'aime pas les fruits de mer.

   _____

3. Henri n'aime pas les légumes verts.

   _____

4. Béatrice est intolérante au gluten.*

   _____

5. Solange est allergique aux produits laitiers.

   _____

---
*Le gluten est une protéine qu'on trouve dans certaines céréales comme le blé (*wheat*).

5.2 Qu'est-ce que vous prenez? The verbs **boire** and **prendre**

A. Les formes des verbes. Complétez le tableau suivant en écrivant les formes des verbes **manger, boire** et **prendre,** qui manquent. **Attention!** Le verbe **manger** est un verbe régulier en **-er;** les verbes **boire** et **prendre** sont irréguliers.

manger		boire		prendre	
je	*mange*	je	*bois*	je	*prends*
tu		tu		tu	*prends*
il/elle/on	*mange*	il/elle/on		il/elle/on	
nous		nous		nous	*prenons*
vous	*mangez*	vous	*buvez*	vous	
ils/elles		ils/elles	*boivent*	ils/elles	

B. Qui est-ce? Vous allez entendre deux fois une série de phrases. Indiquez de qui on parle en cochant (✓) l'illustration a. ou b. Faites attention à la forme du verbe que vous entendez. À la fin de l'activité, écoutez pour vérifier vos réponses.

1. a. ☐ b. ☐   2. a. ☐ b. ☐

3. a. ☐ b. ☐   4. a. ☐ b. ☐

5. a. ☐   b. ☐   6. a. ☐   b. ☐

C. Que boivent-ils? Que mangent-ils? Complétez les phrases suivantes avec la forme correcte du verbe **boire** (si c'est une boisson) ou **manger** (si c'est un aliment).

1. Quand Chantal a faim, elle _____ un croque-monsieur, un sandwich de jambon-fromage grillé.

2. Danielle, comme tous les enfants français, ne _____ pas de lait avec ses repas.

3. Et toi? Tu _____ du jus d'orange?

4. Est-ce que vous _____ de la bière?

5. Je _____ des tartines le matin—du pain avec du beurre et de la confiture.

6. Est-ce que tu _____ beaucoup de légumes verts?

7. Quand j'ai soif, je _____ de l'eau minérale.

8. Quand vous avez faim, vous _____ un yaourt ou des fruits?

D. Vous en prenez? Dans les phrases suivantes, remplacez les verbes **manger** et **boire** par la forme appropriée du verbe **prendre,** et le pronom **en** par un aliment ou une boisson. Suivez l'exemple.

EXEMPLE: J'en mange le matin.
_____*Je prends des céréales le matin.*_____

1. Tu en bois peu au dîner?

    _____

2. Elle en mange pour son goûter.

    _____

3. On en boit assez quand on fait du sport.

    _____

4. Nous en mangeons beaucoup en été.

    _____

5. Vous en buvez quand il fait froid?

    _____

5.3 Vous attendez quelqu'un? Regular **-re** verbs

A. Les amis de Barbara. Barbara parle de ses amis Daniel et Nicole. Écoutez et faites bien attention à la forme du verbe. Indiquez si Barbara parle seulement de Daniel, ou bien de Daniel et Nicole ensemble. Vous allez entendre chaque phrase deux fois. À la fin de l'activité, écoutez pour vérifier vos réponses.

	DANIEL	**DANIEL ET NICOLE**
1.	☐	☐
2.	☐	☐
3.	☐	☐
4.	☐	☐
5.	☐	☐
6.	☐	☐

♦ **B. Dictée.** Écoutez et complétez le passage suivant avec les verbes que vous entendez. Vous allez entendre le passage deux fois.

Marie-Christine _____[1] son amie Sandrine devant Carrefour, un grand supermarché

français où on _____[2] de tout: aliments, boissons, livres, vêtements, etc. À 14 h

Sandrine _____[3] de l'autobus et les deux filles entrent dans la grande surface pour acheter des

provisions. Pendant qu'elles font leurs courses, Sandrine _____[4] son sac à main. Après un

moment, les deux filles _____[5] une annonce au haut-parleur (*loudspeaker*): «Sac à main

retrouvé; venez le récupérer à la caisse (*cash register*), s'il vous plaît». Elles vont à la caisse et la vendeuse

_____[6] son sac à main à Sandrine.

C. Chez le boulanger. Complétez chaque phrase en conjuguant le verbe approprié.

Une baguette

1. Le boulanger _____ (attendre / rendre) ses assistants à 4 h du matin.

2. Les assistants _____ (descendre / perdre) de l'autobus devant la boulangerie.

3. À 7 h du matin, on _____ (entendre / rendre) les premiers clients entrer dans la boulangerie.

4. Le pain est délicieux et on en _____ (entendre / vendre) beaucoup.

5. Avant de quitter (*leave*) la boulangerie, les assistants _____ (rendre / vendre) leurs tabliers (*aprons*) au boulanger et ils rentrent chez eux.

D. Votre caractère. Complétez les questions suivantes avec la forme correcte du verbe entre parenthèses.

1. Vous _____ (rendre) vos devoirs à temps?

2. Vous _____ (répondre) immédiatement aux méls?

3. Vous _____ (perdre) souvent vos affaires?

4. Vous _____ (attendre) la dernière minute pour préparer un examen?

5. Il n'y a pas de lait. Vous _____ (descendre) tout de suite en acheter à l'épicerie?

6. Vous _____ (entendre) toujours le réveil (*alarm clock*) quand il sonne (*rings*) le matin?

5.4 Je ne prends rien, merci Other negative expressions

A. Différences. Cécile et son ami Jules sont très différents. Complétez chaque phrase avec une expression négative de la liste.

ne... jamais   ne... nulle part   ne... personne   ne... plus   ne... rien

1. Juliette prend toujours un petit déjeuner, mais Jules _____ prend _____ de petit déjeuner.

2. Juliette écoute tout le monde, mais Jules _____ écoute _____.

3. Juliette va à Paris ce week-end, mais Jules _____ va _____.

4. Juliette mange beaucoup le matin, mais Jules _____ mange _____.

5. Juliette habite toujours avec ses parents, mais Jules _____ habite _____ avec ses parents.

B. Questions logiques. Vous allez entendre deux fois une série de réponses. Cochez (✓) la question a. ou b. qui correspond à chaque réponse. À la fin de l'activité, écoutez pour vérifier vos réponses. Suivez l'exemple.

EXEMPLE: *Vous entendez:* Non, je ne bois plus de vin.

Vous choisissez: a. ___✓___ Est-ce que vous buvez toujours du vin avec vos repas?

b. _____ Est-ce que vous buvez quelque chose avec vos repas?

Vous entendez: a. Est-ce que vous buvez toujours du vin avec vos repas? Non, je ne bois plus de vin.

1. _____ a. Vous mangez parfois au resto-U?

_____ b. Vous mangez quelque chose au resto-U?

2. _____ a. Thomas prend souvent un petit déjeuner?

_____ b. Thomas prend quelque chose au petit déjeuner?

3. _____ a. Hélène parle de quelque chose?

_____ b. Hélène parle à quelqu'un?

4. _____ a. Tu vas quelque part aujourd'hui?

_____ b. Tu vas bien aujourd'hui?

5. _____ a. Vous faites souvent le ménage chez vous?

_____ b. Vous faites quelque chose chez vous?

6. _____ a. Sandrine et Philippe ont beaucoup d'enfants?

_____ b. Sandrine et Philippe ont déjà des enfants?

♦ **C. Contradictions!** Écoutez chaque question, puis complétez la réponse avec **Si...** et l'expression logique de la liste. Vous allez entendre chaque question deux fois.

EXEMPLE: *Vous entendez:* Vous ne mangez rien à la brasserie?

Vous écrivez: Si, je mange *quelque chose* à la brasserie.

déjà	encore	quelque part	quelqu'un	souvent	toujours

1. Si, nous dînons _____ dans des restaurants japonais.

2. Si, mes parents font _____ du jardinage le week-end.

3. Si, ma sœur va _____ cet été! Elle va en Angleterre!

4. Si, mes frères parlent à _____! À moi!

5. Si, il y a _____ des enfants chez mes parents.

6. Si, je suis _____ au restaurant!

D. Il n'y a que ça! Marianne parle des habitudes alimentaires de sa famille. Récrivez les phrases en remplaçant les adverbes **juste, seulement** et **uniquement** par l'expression synonyme **ne... que (qu')**. Attention au mot qui suit (*follows*) la conjonction **que (qu')** dans chaque phrase.

1. «Je bois *uniquement* du café le matin.»

«Je _____ café le matin.»

2. «L'après-midi, nous avons *juste* une demi-heure pour déjeuner.»

«L'après-midi, nous _____ demi-heure pour déjeuner.»

3. «Mes enfants prennent *seulement* des fruits pour leur goûter.»

«Mes enfants _____ fruits pour leur goûter.»

4. «J'aime aller au restaurant *uniquement* avec de bons amis.»

«Je _____ de bons amis.»

5. «Mon mari rentre dîner *seulement* le jeudi.»

«Mon mari _____ jeudi.»

6. «On achète de la glace *juste* pour les enfants ; mon mari et moi n'en prenons pas.»

«On _____ les enfants ; mon mari et moi n'en prenons pas.»

Culture en direct

Le coin lecture
Raclette à la franc-comtoise°

°à... prepared in the style of the Franche-Comté region

> **Stratégie de lecture**   Making use of titles, subtitles, and picture captions to predict or get at a text topic
>
> Recognizing the kind of text that you are reading can help you predict the kind of information that the text will convey. You can use your predictions to help guide your understanding as you read. One easy way to do this is to scan extra-textual elements such as illustrations or even letter fonts, and then to look at titles and subtitles.

Avant de lire

Commençons par le début. Dans le document suivant, le texte est accompagné d'images et de titres et sous-titres. Avant de lire le texte en détail, parcourez d'abord des yeux (*scan*) les images, les titres et les sous-titres et répondez à ces questions préliminaires.

1. D'après tous les éléments en dehors du (*aside from*) texte même, la raclette est le nom d'un plat,

   mais aussi _____.

   a. un type de fromage
   b. un vin
   c. de la viande

2. D'après les titres et les sous-titres, le document _____.

   a. est une brochure sur les fromages de France
   b. propose une recette avec du fromage à raclette
   c. explique comment on fait le fromage

3. D'après l'image de l'homme au chapeau, la raclette c'est probablement aussi _____.

   a. de la cuisine fusion
   b. un ingrédient pour un repas traditionnel
   c. la base d'une recette toute nouvelle

4. D'après l'image de l'Hexagone, en France on mange surtout la raclette _____.

   a. dans le nord
   b. à Paris
   c. dans l'est

Lecture

Maintenant, en tenant compte de ce que vous avez appris en analysant les images, les titres et les sous-titres, lisez la brochure.

Préparation

15 mn

Cuisson[1]

20 mn

Ingrédients
(pour 4 personnes)

600 g à 800 g de raclette Jean Perrin en tranchettes, Charcuteries franc-comtoises : jambon braisé, jambon fumé, saucisse de Morteau, saucisse de Montbéliard, Bresi, lard, 8 pommes de terre, cornichons et oignons au vinaigre

Conseil du Sommelier

Accompagnez d'un vin blanc Côte du Jura Chardonnay

Raclette à la franc-comtoise

1. Faire cuire les pommes de terre à l'eau salée et les saucisses de Morteau et Montbéliard.

2. Dresser[2] votre sélection de charcuteries franc-comtoises. Installer les tranchettes de raclette Jean Perrin sur un plat.

Vous pouvez accompagner la raclette de salade verte.

Bon appétit !

Variez vos raclettes et vos plaisirs avec les fromages pour raclette Jean Perrin : lait pasteurisé, lait cru, vin d'Arbois, moutarde, poivre, viande des Grisons,[3] fumée,[4] ciboulette,[5] aux herbes, ...

grandpavois 03 81 88 29 76 - Besançon - RC5 B 349125872. Photos : AMB, Le Fotographe

Jean Perrin
Maître Fromager en Franche-Comté

Visitez Le Hameau du Fromage situé derrière la Fromagerie Jean PERRIN à Cléron dans le Doubs. Découvrez l'histoire et la fabrication traditionnelle des grands fromages de Franche-Comté... et dégustez les recettes fromagères du terroir au restaurant du Hameau, ouvert toute l'année.
Tél. : 03 81 62 41 51

Besançon
Cléron

[1] *Cooking time*
[2] *Arrange*
[3] viande... *a dried meat from Switzerland*
[4] *smoked*
[5] *chive*

Après la lecture

A. Avez-vous compris?

Première étape. Chacune des questions suivantes fait référence à une partie précise du document. Maintenant, cherchez l'information spécifique.

1. C'est une recette plutôt compliquée, avec beaucoup d'étapes (*steps*)?

   Oui/Non, _____

2. On a besoin de combien de temps au total pour faire cette recette?

   La recette prend _____ minutes.

3. Quel type de boisson doit accompagner la raclette?

   On boit _____.

4. Est-ce que la raclette à la franc-comtoise est un plat végétarien? Expliquez.

   Oui/Non, _____

   _____

5. Comment s'appelle le maître fromager (l'homme qui fait le fromage pour la raclette)?

   _____

Deuxième étape. Trouvez dans le texte les réponses aux questions suivantes. Faites attention aux articles!

   EXEMPLE: fromage franc-comtois qu'on déguste avec de la charcuterie → la raclette

1. charcuterie de porc cuit; on le mange en tranches (*slices*) → _____

2. on en met dans l'eau pour cuire les pommes de terre → _____

3. avec une vinaigrette, elle accompagne la raclette → _____

4. un produit en viande qu'on fabrique à Morteau et à Montbéliard → _____

5. une personne qui fait du fromage → _____

B. Pour aller plus loin.
Avez-vous envie de goûter de la raclette? Est-ce qu'il y a un type de raclette qui vous semble particulièrement appétissant (*appetizing*)? Expliquez.

   EXEMPLE: La raclette au poivre me semble particulièrement appétissante parce que j'aime
              beaucoup le poivre.

   _____

   _____

   _____

Chez les Français / Chez les francophones

Utilisez les renseignements fournis dans **Chez les Français** et **Chez les francophones** du manuel pour déterminer si les affirmations suivantes sont vraies ou fausses. Si une affirmation est fausse, corrigez-la en changeant les mots soulignés (*underlined*) pour la rendre vraie.

		VRAI	**FAUX**
1.	Il y a environ 7.000 cafés <u>en France</u>.	☐	☐
2.	<u>Les Deux Magots et Le Café de Flore</u> sont, depuis longtemps, au centre de la vie artistique et intellectuelle à Paris.	☐	☐
3.	Une épicerie est <u>une «grande surface»</u> de quartier où on vend un peu de tout.	☐	☐
4.	En France, dans <u>les supermarchés</u>, les clients emballent leurs courses.	☐	☐
5.	De tradition, <u>le dîner</u> est souvent le repas le plus important de la journée.	☐	☐
6.	En France, on prend parfois <u>un digestif</u> avant le dîner.	☐	☐
7.	En général, au restaurant en France, le service <u>est compris</u>.	☐	☐
8.	La cuisine antillaise est connue pour ses plats <u>épicés</u>, préparés avec des <u>produits agricoles locaux</u>.	☐	☐
9.	Le couscous et le tagine, deux plats d'origine <u>antillaise</u>, sont très appréciés par les Français.	☐	☐
10.	Le batbot et le khobzat sont des types <u>de pain (de pita épaisse)</u>, mangés au Maghreb.	☐	☐

Le coin écriture

> **Stratégie d'écriture**   Using visual prompts
>
> Visual prompts are readily available and can greatly enhance your descriptive writing skills while inspiring your creativity. Select and visit the website of the best restaurant in your area that you believe French visitors (with discerning tastes!) would enjoy dining at.
>
> First, study the menu and images of the food as well as the restaurant's interior and/or exterior. Based on the photograph(s) provided, how would you describe the restaurant's decor? What type of food do they serve? Do they have any signature dishes? You will need this information to write a brief review of the restaurant.

Genre: Critique de restaurant (*Restaurant review*)

Thème: Des Français (très gourmands) viennent passer quelques jours dans votre ville. Pour partager vos expériences culinaires, vous décidez de préparer une critique de restaurant pour eux qui donne des détails pertinents (et votre avis) sur l'emplacement (*the location*), l'horaire, la cuisine, l'ambiance et le service d'un des meilleurs (*best*) restaurants de votre ville.

1. Indiquez où le restaurant est situé et à quelle heure il ouvre et ferme (le week-end).
2. Décrivez la cuisine qu'il sert: des plats simples mais savoureux (*tasty*) ou de la cuisine gastronomique? Est-ce qu'on trouve une grande variété d'entrées et de plats principaux (viandes, fruits de mer, légumes, pâtes) sur la carte? Est-ce qu'on trouve des spécialités régionales (faites avec des produits locaux)?
3. Décrivez l'ambiance: chic et élégant, ou simple et convivial? Est-ce qu'il a une terrasse ou un parking?
4. Décrivez le service et les prix: est-ce que c'est un restaurant cher, ou est-ce qu'il représente un bon rapport qualité-prix (*good value for the money*)?

Une fois que vous avez fini, relisez votre travail en tenant compte des conseils de la section **Vérifions.**

Vérifions!

I have used:

- ❑ the **Stratégies d'écriture** for this activity.
- ❑ appropriate words and expressions from **Chapitre 5** of the textbook and the models provided.

I have proofread my writing and checked:

- ❑ for spelling errors, including accent marks.
- ❑ that definite, indefinite, and partitive articles are used in appropriate contexts and that the form of each agrees in gender and number with the noun it precedes.
- ❑ that all adjectives agree in number and gender with the nouns they modify (e.g., **une cuisine inventive et simple**) and that they are placed in the correct position before and after the noun.
- ❑ that **de (d')** is used in place of indefinite and partitive articles in expressions of quantity (e.g., **beaucoup de charme**) and following negation.
- ❑ that the appropriate form of the preposition **de** has been used in expressions of location (e.g., **à côté du restaurant**).

CHAPITRE 6

On est à la mode!

Communication en direct

A. Qu'est-ce que tu penses du style de Sophie? Marianne et Sandrine parlent de leur copine Sophie. Indiquez si l'opinion exprimée dans chaque cas est une opinion positive (+), négative (−) ou ambivalente (+/−).

1. MARIANNE: Ah, Sandrine! Sophie a un nouveau tatouage. Qu'est-ce que tu penses des

   tatouages en général?

   SANDRINE: Ça dépend… certains tatouages sont jolis, je pense. C'est une question de goût. _____

2. MARIANNE: Tu sais (*You know*) qu'elle a un piercing au nez (*nose*) aussi?

   SANDRINE: Oui, mais je trouve ça affreux! _____

3. MARIANNE: Alors, tu n'as pas envie de te faire percer (*get a piercing*)?

   SANDRINE: Ah, non, je ne suis pas trop piercings, moi. _____

4. SANDRINE: Qu'est-ce que tu penses de sa nouvelle coiffure (*hairstyle*)?

   MARIANNE: J'aime bien. C'est joli! _____

5. SANDRINE: Tu sais que Sophie travaille dans la boutique Kookaï deux jours par semaine?

   Elle a des réductions sur tout!

   MARIANNE: C'est génial. _____

6. SANDRINE: J'adore la marque Kookaï.

   MARIANNE: Pas moi. Je trouve ça moche. _____

B. Technophile ou technophobe? Écoutez chaque personne parler de la technologie et indiquez s'il / si elle est technophile ou technophobe. Vous allez entendre chaque commentaire deux fois. À la fin de l'activité, écoutez pour vérifier vos réponses.

		technophile	**technophobe**
1.	Audrey	☐	☐
2.	Bertrand	☐	☐
3.	Jonathan	☐	☐
4.	Laurence	☐	☐
5.	Olivier	☐	☐
6.	Sandrine	☐	☐

C. Mes préférences. Choisissez la question qui correspond à chaque réponse que vous entendez. Chaque réponse va être répétée deux fois. À la fin de l'activité, écoutez pour vérifier vos réponses. **Attention!** Il y a une réponse de plus.

EXEMPLE: *Vous entendez:* Moi, j'adore Romain Duris.

Vous choisissez: f. Quel est ton acteur français préféré?

1. _____
2. _____
3. _____
4. _____
5. _____

    a. Quel est ton roman américain préféré?
    b. Quel est ton cours préféré ce semestre?
    c. Quels sont tes desserts préférés?
    d. Quels sont tes sports préférés?
    e. Quelle est ta fête préférée?
    ✓ f. Quel est ton acteur français préféré?
    g. Quel est ton gadget électronique préféré?

Vocabulaire interactif

Qu'est-ce qu'ils portent? Describing people's clothing and accessories

A. Le marché aux puces. Cochez (✓) le vêtement ou l'accessoire qui ne va pas avec les autres.

1. ☐ des bottes   ☐ des gants   ☐ des baskets   ☐ des sandales
2. ☐ un tailleur   ☐ un costume   ☐ une robe   ☐ un maillot de bain
3. ☐ un manteau   ☐ un short   ☐ un blouson   ☐ une veste
4. ☐ un collier   ☐ un parapluie   ☐ un bracelet   ☐ des boucles d'oreilles
5. ☐ une casquette   ☐ un chapeau   ☐ un chemisier   ☐ une ceinture
6. ☐ un collier   ☐ un pantalon   ☐ une cravate   ☐ un foulard

B. C'est qui? Regardez les illustrations des jumeaux (*twins*) et des jumelles. Ils sont identiques à part (*except for*) certains vêtements ou accessoires. Écoutez les descriptions et écrivez le nom de la personne décrite sous l'illustration. Vous allez entendre chaque description deux fois. À la fin de l'activité, écoutez pour vérifier vos réponses.

Michel et Marc

Florence et Françoise

Liliane et Laure

1. _____   2. _____   3. _____

C. Devinettes. Pour chaque description, écrivez le nom du vêtement ou de l'accessoire décrit. Attention à l'article indéfini: **un, une, des.**

1. C'est ce qu'on porte pour faire de la natation.

    _____

2. C'est ce qu'on met sur les mains (*hands*) quand il fait froid.

    _____

3. C'est un accessoire que les hommes portent avec un costume.

    _____

4. C'est un vêtement pour femmes, similaire à un costume.

    _____

5. C'est ce qu'on porte autour du cou (*around the neck*) avec une belle robe.

    _____

6. C'est un vêtement similaire à une chemise, mais uniquement pour femmes.

    _____

7. C'est un vêtement similaire à un pantalon, mais c'est moins long.

    _____

8. C'est ce qu'on met sur les pieds (*feet*) avant de mettre ses baskets.

    _____

9. C'est ce qu'on met autour de la taille (*waist*) pour tenir (*hold up*) son pantalon.

    _____

D. Qu'est-ce qu'ils mettent aujourd'hui? Complétez chaque phrase par la forme appropriée du verbe **mettre** + un ou deux vêtement(s) ou accessoire(s) logique(s). Suivez l'exemple.

EXEMPLE: Je ___*mets*___ *un maillot de bain* pour faire de la natation.

1. Est-ce que tu _____ _____ et _____

    avant de sortir en automne?

2. Édouard _____ toujours _____ avant d'aller au travail.

3. Nous _____ _____ pour jouer au basket.

4. Vous ne _____ pas _____, j'espère! Il fait trop (*too*) chaud!

5. Les enfants _____ _____ pour jouer au parc.

6. Avant d'aller à la fac, je _____ _____ et

    _____

E. Dans un grand magasin. Vous écoutez des bribes (*snippets*) de conversation dans un grand magasin. Faites correspondre les phrases que vous entendez aux personnes de l'illustration. À la fin de l'activité, écoutez pour vérifier vos réponses. Suivez l'exemple.

EXEMPLE: *Vous entendez:* J'aime bien le costume, mais la cravate… Elle est bien trop courte!

Vous écrivez: ___c___

1. ____   2. ____   3. ____   4. ____   5. ____   6. ____

F. Dans une friperie (*thrift store*). Vous êtes avec une amie dans une friperie. Elle vous montre (*shows you*) des vêtements et demande votre avis. Imaginez quelle sorte de vêtements (le style, la couleur, la taille, etc.) elle vous montre pour provoquer la réaction indiquée. Utilisez les termes de la liste suivante pour bien décrire chaque vêtement.

EXEMPLE: Votre réaction: Je trouve ça moche!

Le vêtement: *C'est un pantalon à pois roses clairs.*

à carreaux	à talons hauts	en cuir
à col roulé	(bleu) clair	étroit(e)
à manches courtes/longues	(bleu) foncé	petit(e) / trop court(e)
à pois (noirs)	décontracté(e) / trop grand	serré(e)
à rayures		

1. Votre réaction: Je trouve ça très beau!

Le vêtement: _____.

2. Votre réaction: Je trouve ça horrible. Ça ne te va pas du tout!

Le vêtement: _____.

3. Votre réaction: Oui, parfait, ça te va très bien!

    Le vêtement: _____.

4. Votre réaction: Je trouve ça superbe!

    Le vêtement: _____.

5. Votre réaction: Ce n'est pas génial, mais…

    Le vêtement: _____.

Prononcez bien!

Les voyelles [i], [y] et [u]   *joli, jupe et jour*

1. The vowel sound [i], as in **joli,** is typically represented in French spelling by the letter **i** when not in combination with any other vowel letter.

    joli   **chemise**   **livre**

2. The vowel sound [y], as in **jupe,** does not exist in English but is produced similarly to [i] in that the tongue is toward the front of the mouth; the lips, however, are protruded and rounded. It is represented in French spelling by the letter **u** when not in combination with any other vowel letter.

    jupe   **costume**   **lunettes**

3. The vowel sound [u], as in **jour,** is represented in French spelling by the letter combination **ou**. It is produced similarly to [y] in that the lips are protruded and rounded; the tongue, however, is toward the back of the mouth.

    jour   **couleur**   **Louvre**

    Now repeat the three words in each row, paying attention to changes in the position of your tongue and lips when moving from one word to the next.

[i]	→	[y]	→	[u]
joli		jupe		jour
chemise		costume		couleur
livre		lunettes		Louvre

A. Essayons!

♦ **Première étape.** Écoutez chaque mot et indiquez lequel des deux mots vous entendez. Vous allez entendre chaque mot deux fois.

	[i] comme *joli*		**[y] comme *jupe***			**[y] comme *jupe***	**[u] comme *jour***	
1.	vie	☐	vue	☐	5.	vue ☐	vous	☐
2.	cri	☐	cru	☐	6.	pur ☐	pour	☐
3.	riz	☐	rue (*street*)	☐	7.	pull ☐	poule (*hen*)	☐
4.	ride (*wrinkle*)	☐	rude	☐	8.	tu ☐	tout	☐

Attention! Avant de continuer, vérifiez vos réponses dans la clé de corrections à la fin du *Workbook / Laboratory Manual.*

Deuxième étape. Maintenant, vous allez entendre la liste des mots de la **Première étape** deux fois. La première fois, faites attention à la différence de prononciation entre les deux mots. La deuxième fois, répétez-les.

Pour bien prononcer

The letter **i** in English is not always pronounced the same way (for example, **sigh** versus **sill**), and *neither* of these pronunciations corresponds to the pronunciation of the letter **i** in French. When not used in combination with another vowel, the French letter **i** is always pronounced [i], as in the English word **seat**. Be sure to keep your lips spread very wide, in a tight smile, and your tongue in the front of your mouth to produce a "crisp" [i] sound, as in **si**. Keep this position, but protrude and round your lips—as if you were about to kiss someone!—in order to produce the sound [y], as in **su**. Though the sound [y] may be a challenge for you, it is important to keep trying to produce it accurately, since it occurs in two of the most frequently used words in French: the pronoun **tu** and the indefinite article **une**!

B. Un pas en avant. Écoutez et faites attention à la prononciation des mots dans la liste. La première fois que vous entendez le mot, écrivez son numéro à côté de sa forme écrite (*written form*). La deuxième fois, écoutez pour vérifier vos réponses et répétez le mot.

_____ un bijou   _____ une bouche (*mouth*)   _____ une boutique

_____ une bille (*marble*)   _____ une boucle d'oreille   _____ une bûche (*log*)

_____ un billet (*ticket*)   _____ une bouteille   _____ une bulle (*bubble*)

C. Dictée.

◆ **Première étape.** Complétez les phrases avec les mots que vous entendez. Vous allez entendre chaque phrase deux fois.

1. Je vais acheter un _____ _____.

2. Ce n'est pas une soirée élégante. Je vais porter un _____ et

   un _____.

3. Si on fait une randonnée aujourd'hui, il faut porter un _____ et des

   _____ de soleil.

4. Tu penses que ces _____ vont bien avec ma

   _____?

5. Pour mon anniversaire, j'aimerais (*I would like*) un _____ et un

   _____.

6. Tes _____ d'oreilles sont de quelle _____?

   Elles sont _____?

Attention! Avant de continuer, vérifiez vos réponses dans la clé de corrections à la fin du *Workbook / Laboratory Manual*.

Deuxième étape. Écoutez encore une fois et répétez chaque phrase de la **Première étape,** en faisant attention à la prononciation de la voyelle [i] dans les phrases 1 à 2, de la voyelle [y] dans les phrases 3 à 4 et de la voyelle [u] dans les phrases 5 à 6.

Grammaire interactive

6.1 Qu'est-ce que tu portes ce soir? The demonstrative articles **ce, cet, cette, ces**

♦ **A. On fait du shopping.** Claire et Sophie font du shopping ensemble. Écoutez chaque phrase et cochez (✓) les *deux* démonstratifs (**ce, cet, cette, ces**) que vous entendez. Vous allez entendre les phrases deux fois. **Attention!** On prononce **cet** and **cette** de la même façon (*the same way*). Utilisez le genre du nom pour choisir la forme correcte.

	ce	cet	cette	ces
1.	☐	☐	☐	☐
2.	☐	☐	☐	☐
3.	☐	☐	☐	☐
4.	☐	☐	☐	☐
5.	☐	☐	☐	☐
6.	☐	☐	☐	☐

B. Je préfère... Regardez les dessins et complétez les commentaires de chaque personne en utilisant les éléments des colonnes A, B et C. **Attention!** Un des mots dans la colonne B n'est pas utilisé.

A	B	C
ce	blouson	-ci
cet	chaussures	-là
cette	chemise	
ces	cravate	
	gants	
	imperméable	
	jean	

1. «Je préfère _____.»

2. «Je préfère _____.»

3. «Je préfère _____.»

4. «Je préfère _____.»

5. «Je préfère _____.»

6. «Je préfère _____.»

C. Combien coûte... ? Vous avez 100 euros pour acheter des cadeaux d'anniversaire à votre mère et à votre père. Demandez au vendeur combien coûtent tous les vêtements, accessoires et objets en complétant les phrases avec **ce, cet, cette,** et **ces.** Complétez les réponses du vendeur selon les illustrations.

1. —Combien coûte _____ jupe?

   —Elle coûte _____.

2. —Combien coûte _____ pantalon?

   —Il coûte _____.

3. —Combien coûte _____ pull à col roulé?

   —Il coûte _____.

4. —Combien coûtent _____ sandales?

   —Elles coûtent _____.

5. —Combien coûte _____ sac à main?

   —Il coûte _____.

6. —Combien coûtent _____ boucles d'oreilles?

   —Elles coûtent _____.

7. —Combien coûte _____ cravate?

   —Elle coûte _____.

D. Comment trouves-tu... ? Sophie et Claire sont au marché aux puces. Sophie montre (*shows*) des accessoires et des vêtements à Claire. Claire répond en utilisant un pronom d'objet direct: **le, la, l', les.** Écoutez la réaction de Claire et indiquez l'objet que Sophie montre à son amie. À la fin de l'activité, écoutez pour véri-fier vos réponses. Suivez l'exemple.

EXEMPLE: *Vous entendez:*   Je la déteste!

           Vous voyez: a. cette jupe   b. ce manteau   c. ces bottes

           Vous choisissez: (a.) cette jupe   b. ce manteau   c. ces bottes

1. a. ce parapluie	b. cette chemise	c. ces gants
2. a. cette veste	b. ces boucles d'oreilles	c. ces chaussettes
3. a. cette robe	b. ce jean	c. cette écharpe
4. a. ces tee-shirts	b. ce short	c. cette ceinture
5. a. ces baskets	b. cette robe	c. cet imperméable
6. a. cette jupe	b. ces lunettes de soleil	c. ces chaussettes

6.2 On sort ce soir! Verbs in -ir like dormir

A. Une personne ou plusieurs? Écoutez les phrases et décidez si on parle de Benjamin ou de Benjamin et ses amis. Vous allez entendre les phrases deux fois. À la fin de l'activité, écoutez pour vérifier vos réponses.

	Benjamin	Benjamin et ses amis
1.	☐	☐
2.	☐	☐
3.	☐	☐
4.	☐	☐
5.	☐	☐
6.	☐	☐

B. Définitions et exemples.

Première étape. Complétez chaque définition en choisissant un infinitif de la liste.

> dormir   mentir   sentir   servir

1. _____ signifie «dégager (*give off*) ou avoir la sensation d'une odeur».

2. _____ signifie «exprimer une chose fausse».

3. _____ signifie «être dans un état de sommeil (*sleep*), dans l'inactivité».

4. _____ signifie «donner, mettre à la disposition de quelqu'un (un plat, une boisson, etc.)».

Deuxième étape. Complétez chaque phrase avec la forme correcte d'un infinitif de la **Première étape.**

1. Cette tarte aux pommes _____ bon!

2. Je _____ les roses de ton jardin.

3. Un enfant _____ parfois à ses parents quand il fait des bêtises (*misbehaves*).

4. J'ai l'impression que les hommes et les femmes politiques _____ tout le temps!

5. Vous _____ sept ou huit heures par nuit, n'est-ce pas?

6. On ne _____ pas bien quand on est stressé.

7. Nous _____ toujours un apéritif à nos convives.

8. Qu'est-ce que tu _____, toi, avec les fruits de mer: du vin rouge ou du vin blanc?

C. Départs. Complétez le passage en utilisant les verbes **partir, quitter** et **sortir** en faisant bien attention aux différences dans l'emploi de ces trois verbes.

C'est un vendredi matin et Loïse _____¹ pour Paris. Elle fait sa valise, range rapidement son appartement et _____² la poubelle (*trash*). Elle _____³ la maison à 8 h; son copain Maxime l'amène en voiture (*is driving her*) à la gare.

Ils arrivent à la gare à 8 h 50. Elle _____⁴ Maxime en lui disant (*by telling him*) «Au revoir, chéri» et entre dans la gare. Elle _____⁵ son billet (*ticket*) de son sac à main et monte dans le train sans retard: le train _____⁶ à 9 h 00!

Dans le train, elle pense à Maxime. Elle _____⁷ avec lui depuis (*for*) un an et elle l'aime beaucoup. Lui, il _____⁸ en vacances aujourd'hui avec sa famille—et c'est la première fois qu'il _____⁸ la France pour des vacances à l'étranger (*abroad*).

D. Votre week-end. Que faites-vous pendant le week-end? Répondez aux questions suivantes en utilisant les verbes *en italique*.

1. Est-ce que vous *sortez* avec vos amis? Où allez-vous?

   _____

2. Jusqu'à quelle heure est-ce que vous *dormez* pendant le week-end?

   _____

3. Est-ce que vous *partez* quelquefois à l'improviste (*on the spur of the moment*) le week-end? Où?

   _____

4. Quand vous invitez vos amis chez vous, qu'est-ce que vous *servez*?

   _____

6.3 Tu préfères quel magasin? The interrogative **quel(le)(s)**

A. Réponses logiques. Vous allez entendre une série de questions. Écoutez chacune des questions et choisissez la réponse logique. Vous allez entendre chaque question deux fois. À la fin de l'activité, écoutez pour vérifier vos réponses.

1. _____   a. À des jeux de cartes.
2. _____   b. Le rouge.
3. _____   c. En été et en automne.
4. _____   d. Du cours de français.
5. _____   e. Le pull-over à col roulé.
6. _____   f. Du saxophone.

B. Quel plat?

Première étape. Thomas, un Américain, va préparer le plat principal d'un repas pour ses amies françaises, Marie-Josée et Isabelle. Complétez les questions que Thomas pose à ses amies en utilisant la forme correcte de **quel(le)(s)**.

1. _____ plats est-ce que vous aimez?

2. Dans _____ boucherie est-ce que je peux acheter de la bonne viande?

3. _____ est la différence entre les vins rouges de Bourgogne et ceux (*those*) de Bordeaux?

4. Vous préférez _____ légumes? Les champignons, j'espère!

5. _____ est le meilleur marchand de fruits et légumes dans le quartier?

6. _____ assiettes est-ce qu'on va utiliser?

Deuxième étape. D'après les questions que Thomas pose dans la **Première étape,** qu'est-ce qu'il va préparer?

a. des crêpes bretonnes   c. du bœuf bourguignon

b. des moules-frites   d. de la choucroute

C. Exclamations.
Utilisez les éléments donnés pour créer une exclamation avec **quel(le)(s). Attention!** N'oubliez pas de faire l'accord de l'adjectif en genre et en nombre.

EXEMPLE: dîner / bon _____ *Quel bon dîner!* _____

1. chien / petit   _____

2. femmes / beau   _____

3. robe / joli   _____

4. hommes / intelligent   _____

5. garçon / grand   _____

6. film / intéressant   _____

D. Et vous?

Première étape. Complétez les questions suivantes avec la forme appropriée de **quel**.

1. _____ est votre prénom?

2. _____ âge avez-vous?

3. De _____ instrument jouez-vous?

4. À _____ heure arrivez-vous à la fac?

5. _____ sont vos cours préférés?

6. _____ langues parlez-vous?

Deuxième étape. Maintenant, répondez aux questions de la **Première étape.**

1. _____

2. _____

3. _____

4. _____

5. _____

6. _____

6.4 Comment choisir le bon cadeau? Verbs in **-ir** like **finir**

A. Frédéric ou ses frères? Écoutez les phrases et décidez si on parle de Frédéric ou de ses frères aînés. Vous allez entendre chaque phrase deux fois. À la fin de l'activité, écoutez pour vérifier vos réponses.

	Frédéric	**ses frères**
1.	☐	☐
2.	☐	☐
3.	☐	☐
4.	☐	☐
5.	☐	☐
6.	☐	☐
7.	☐	☐

B. La vie... illustrée. Complétez chaque phrase en écrivant la forme appropriée du verbe entre parenthèses. Ensuite, faites correspondre chaque phrase à une des illustrations qui suivent.

1. Il _____ (réfléchir) à sa future profession.

2. Elle _____ (rougir); elle aime beaucoup son copain.

3. Tu _____ (grandir), Théo! Tu as quel âge maintenant?

4. Elles _____ (vieillir), mes deux tantes, mais elles sont toujours belles!

5. Vous _____ (rajeunir), madame!

6. Tu _____ (grossir) un peu, papa?

7. Nous _____ (finir) enfin notre exposé. Il est tard!

8. Je _____ (maigrir) un peu, n'est-ce pas?

a. _____

b. _____

c. _____

d. _____

e. _____   f. _____   g. _____   h. _____

C. Avez-vous des petites habitudes? *(Are you a creature of habit?)*

Première étape. Passez ce petit test pour déterminer si vous avez vraiment des petites habitudes. Cochez (✓) **oui** si la phrase vous décrit bien.

		oui
1.	Vous choisissez à l'avance la tenue que vous allez porter le lendemain *(the next day)*.	☐
2.	Vous finissez vos devoirs à la même heure chaque jour.	☐
3.	Vous ne maigrissez pas en été et ne grossissez pas en hiver.	☐
4.	Vous sortez tous les samedis soirs (au cinéma, par exemple).	☐
5.	Vous servez toujours le même plat à vos amis (des spaghettis, par exemple).	☐
6.	Vous ne dormez pas plus longtemps *(more, longer)* le week-end.	☐

Deuxième étape. Maintenant, faites un petit résumé des «résultats» du test précédent. Utilisez les verbes dans les questions de la **Première étape.** Faites bien attention à la forme des verbes en **-ir/-iss** (dans les questions 1 à 3) et les verbes en **-ir** (dans les questions 4 à 6).

> EXEMPLE: Oui, j'ai mes petites habitudes. Je…
>
> *(ou)* Je n'ai pas vraiment de petites habitudes. Je…

_____

_____

_____

_____

_____

D. Les circonstances.
Expliquez ce que les gens font (ou ne font plus) normalement dans chaque circonstance. Par exemple, qu'est-ce qu'ils portent (ou ne portent plus)? Qu'est-ce qu'ils mangent/boivent (ou ne mangent/boivent plus)? Qu'est-ce qu'ils aiment (ou n'aiment plus) faire?

1. Quand on grandit… _____

_____

2. Quand on vieillit… _____

_____

3. Quand on grossit… _____

_____

4. Quand on maigrit… _____

_____

Culture en direct

Le coin lecture

L'Afrique francophone dynamise la mode mondiale

> **Stratégie de lecture**   Skimming the text to gather basic information
>
> In **Chapitre 5**, you learned to first scan titles, subtitles, and picture captions in order to predict the topic of a text. In addition to that strategy, you should also briefly "skim" the paragraphs of a text—not reading sentences word for word, but rather using the words you already recognize in those sentences to piece together basic information about a text. By using both the scanning and skimming strategies, you increase your comprehension of a text before having to do a closer, more detailed reading.

Avant de lire

Commençons par le début! Vous allez lire un texte sur la mode en Afrique francophone. Regardez la photo et sa légende et parcourez brièvement (*briefly skim*) les paragraphes. Résumez les informations essentielles dans ce texte en complétant chaque phrase avec la forme correcte de l'adjectif (ou des adjectifs) de la liste.

africain	dynamique	ivoirien	sénégalais
burkinabé	féminin	moderne	traditionnel

1. En Afrique francophone, on porte des vêtements _____, comme en Europe, mais aussi

    des vêtements _____, comme le boubou.

2. La mode en Afrique francophone est aujourd'hui un milieu _____.

3. Mame Faguèye Bâ est une styliste et costumière _____; son atelier est près de Dakar.

4. Nathalie Konen est _____; elle se spécialise dans la mode _____.

5. Pathé'o est _____; beaucoup de célébrités _____ portent ses

    créations.

Lecture

Maintenant, lisez le texte plus attentivement et concentrez-vous cette fois-ci sur les détails.

L'Afrique francophone dynamise la mode mondiale

Dans beaucoup de pays d'Afrique francophone, on porte des vêtements modernes à l'européenne. Cependant, les vêtements traditionnels sont aussi très communs et ils représentent non seulement un respect de la tradition, ils sont aussi une forme d'attachement à la culture locale, ethnique ou nationale.

Il est donc naturel que les créateurs de mode africains tentent aujourd'hui de marier tradition et modernité dans leurs collections. Et en effet, depuis une quinzaine d'années, la mode en Afrique francophone est devenue un milieu artistique très dynamique. Les stylistes présentés ci-dessous, dont les collections sont appréciées dans le monde entier, sont restés profondément inspirés par leurs racines[1] africaines.

Ces femmes sénégalaises très élégantes portent des boubous multicolores

La sénégalaise **Mame Faguèye Bâ** est styliste et costumière. Elle crée des vêtements prêt-à-porter pour femmes et pour hommes qui marient la tradition africaine et les designs modernes; elle a déjà présenté plusieurs collections à Dakar et à Paris. Jeune femme aux multiples talents, elle a aussi travaillé sur plusieurs films africains et français et a créé les costumes des acteurs ainsi que[2] des vêtements et des accessoires. Son atelier de couture est installé à Sor, près de Dakar, depuis 1992.

Nathalie Konan est née en Côte d'Ivoire et travaille maintenant à Paris. Elle se spécialise dans la mode féminine et utilise des tissus africains pour créer des vêtements originaux, futuristes ou très chic. Vous pouvez voir les modèles de sa marque[3] NK Style dans sa boutique à Abidjan: robes de cocktail, robes de mariées,[4] prêt-à-porter—tous les vêtements sont faits sur mesure.[5]

Pathé'o est un styliste burkinabé (du Burkina Faso) un peu plus traditionnel qui est venu s'installer[6] en Côte d'Ivoire dans les années 70. Il a présenté ses collections dans plusieurs pays, en France, au Brésil et au Québec, et il a des boutiques en Angola, au Cameroun, au Sénégal, en Côte d'Ivoire et en Guadeloupe. Beaucoup de célébrités africaines ont porté ses créations, notamment Nelson Mandela et le Président de la République du Côte d'Ivoire.

---

[1] *roots* [2] ainsi… *as well as* [3] *brand* [4] robes… *wedding gowns* [5] faits… *made to order* [6] est… *moved to*

Après la lecture

A. Avez-vous compris? Indiquez si les affirmations suivantes sur la mode africaine sont vraies ou fausses. Si une affirmation est fausse, corrigez-la pour la rendre vraie.

		VRAI	FAUX
1.	La haute couture africaine s'inspire exclusivement des traditions africaines.	☐	☐
2.	Les collections des trois stylistes sont appréciées partout dans le monde.	☐	☐
3.	Tous ces stylistes africains sont basés à Paris.	☐	☐
4.	Les stylistes africains présentent souvent leurs collections à Paris.	☐	☐
5.	Tous ces stylistes créent des vêtements prêt-à-porter.	☐	☐

B. Pour aller plus loin. Associez les mots et les expressions suivants sur la mode à d'autres mots ou expressions de votre culture, votre imagination ou votre expérience personnelle.

EXEMPLE: Si on vous dit «masque» → Vous pensez: _Halloween_

Si on vous dit:	Vous pensez:
1. «costume traditionnel»	_____
2. «haute couture»	_____
3. «designer»	_____
4. «accessoire»	_____
5. «tissu»	_____
6. «mode»	_____

Chez les Français / Chez les francophones

Utilisez les renseignements fournis dans **Chez les Français** et **Chez les francophones** du manuel pour déterminer si les affirmations suivantes sont vraies ou fausses. Si une affirmation est fausse, corrigez-la en changeant les mots soulignés pour la rendre vraie.

		VRAI	FAUX
1.	Le mot «tatouage» vient <u>de la Polynésie</u>.	☐	☐
2.	À Tahiti, les tatouages sont <u>uniquement décoratifs</u>.	☐	☐
3.	Les jeunes Français dépensent <u>peu (entre 50 et 60 euros)</u> par an pour les vêtements et accessoires.	☐	☐
4.	Les jeunes Français ont l'habitude de porter <u>des vêtements de sport</u> pour sortir avec leurs amis.	☐	☐
5.	<u>Zara et H&M</u> sont deux marques préférées des jeunes Français.	☐	☐
6.	On fait <u>du parfum</u> à Grasse parce que le climat est bon pour les plantes aromatiques comme la lavande.	☐	☐
7.	Un parfum et une eau de parfum se différencient par leur pourcentage <u>d'eau</u>.	☐	☐
8.	La France <u>reste</u> le leader international dans la vente des parfums, à 30 % du marché.	☐	☐

Le coin écriture

> **Stratégie d'écriture** Adding more details and fuller descriptions
>
> In this chapter, you will be writing an ad to sell some personal effects on the Internet. As you compose your list of items for sale, engage your readers by describing your items in terms of color, size, condition, fabric, and other characteristics to attract buyers. Specify gender and age category for clothing items as needed.

Genre: Petite annonce (*Classified ad*)

Thème: Vous désirez vendre quelques effets personnels pour arrondir vos fins de mois (*to round out your monthly budget*). En vous inspirant de l'annonce ci-dessous, décrivez quelques-uns de vos articles à vendre dans une petite annonce destinée à l'un des sites comme **particulier.fr** (France) ou **quebec.kijiji.ca** (Québec). Mentionnez les vêtements et les gadgets électroniques que vous proposez dans votre petite annonce et décrivez-les en détail en utilisant beaucoup d'adjectifs pour séduire vos acheteurs!

Appareil-photo et vêtements à vendre

Date: 2015-19-10, 23:24PM CET

Bonjour! Je vends un appareil-photo numérique[1] Olympus, en très bon état[2] avec carte mémoire, plus deux lecteurs DVD portables peu utilisés. Pour vider mes placards,[3] je vends aussi des vêtements de tout genre,[4] y compris[5] un magnifique pull tout neuf[6] 100% pure laine, trois chemisiers en soie imprimée,[7] une veste en cuir pour femme et une paire de bottes cow-boy, style western pointure 39/40. Contactez-moi au videgrenier@yahoo.fr.

---

[1]*digital* [2]*en... in very good condition* [3]*vider... empty my closets* [4]*de... of all kinds* [5]*y... including* [6]*tout... brand new* [7]*soie... printed silk*

1. Commencez votre petite annonce en décrivant en détail ce que vous avez à vendre et en utilisant le vocabulaire de l'exemple.
2. Expliquez pourquoi vous désirez vendre vos affaires.
3. Indiquez le prix de chaque objet et donnez vos coordonnées: **Contactez-moi au… , etc.**

Une fois que vous avez fini, relisez votre travail en tenant compte des conseils donnés dans la section **Vérifons.**

Vérifions!

I have used:

- ❑ the **Stratégies d'écriture** for this activity.
- ❑ appropriate words and expressions from **Chapitre 6** of the textbook and the model provided.
- ❑ a wide range of adjectives and other expressions to describe the articles for sale.

I have proofread my writing and checked:

- ❑ for spelling errors, including accent marks.
- ❑ that the demonstrative article (**ce, cette, ces,** or any other articles I've used) has the appropriate gender and number form (including the "special" form of **cet** before masculine singular nouns beginning with a vowel or **h**).
- ❑ that I've used the correct endings for verbs in all four regular verb groups (**-er, -ir, -ir/-iss,** and **-re**), as well as irregular verbs.

CHAPITRE 7

Le week-end dernier

Communication en direct

A. Quelle était la question? Lisez chaque conversation, et puis complétez chaque question avec **quand** ou **combien de temps**.

1. —Depuis _____ avez-vous cet appartement?

   —Nous avons cet appartement depuis trois ans.

2. —Depuis _____ jouez-vous du piano?

   —Je joue du piano depuis l'âge de cinq ans.

3. —Tu habites à Lyon, n'est-ce pas? Depuis _____?

   —J'habite ici depuis 2007.

4. —Depuis _____ est-ce que votre fils travaille au Canada?

   —Depuis quatre ans.

5. —Vous étudiez le français depuis _____?

   —J'étudie le français depuis six mois, c'est tout.

B. Depuis quand? Depuis combien de temps? Écoutez chaque question et choisissez la réponse correcte. Vous allez entendre chaque question deux fois. À la fin de l'activité, écoutez pour vérifier vos réponses.

1. a. J'habite en Suisse depuis ma première année à la fac.

   b. J'habite en Suisse depuis trois ans maintenant.

2. a. Nous sommes à Paris depuis trois jours.

   b. Nous sommes à Paris depuis samedi.

3. a. Marc joue au foot depuis l'âge de trois ans!

   b. Marc joue au foot depuis quinze ans déjà!

4. a. Mon ami me rend visite depuis quatre jours.

   b. Mon ami me rend visite depuis jeudi soir.

5. a. Je travaille dans cette banque depuis deux ans.

   b. Je travaille dans cette banque depuis septembre 2010.

C. Une journée à Paris.

Première étape. Peter, un étudiant américain, a passé la journée à visiter Paris. Complétez la description de sa journée en utilisant les expressions logiques: **a commencé par, ensuite** ou **(et) puis…** et **a terminé par.**

Peter _____[1] visiter le musée Rodin. _____[2] il a déjeuné dans le café du musée. _____[3] il a visité les Invalides pour voir le tombeau de Napoléon et le Musée militaire. Il _____[4] sa journée _____[5] une visite de la tour Eiffel.

Deuxième étape. Décrivez une journée (réelle ou imaginaire) à Paris à l'aide de la carte et en utilisant la **Première étape** comme exemple.

_____

_____

_____

_____

_____

Vocabulaire interactif

Un week-end à Paris Talking about entertainment and cultural events

A. Possibilités à Paris. Sophie propose des activités culturelles à ses amis pour un week-end à Paris. Indiquez où ils vont en choisissant un des trois termes.

L'Opéra Bastille à Paris

1. Ça vous dit d'aller voir le nouveau film de Claire Denis au Champo?
    a. au cinéma
    b. au stade
    c. en boîte de nuit

2. En ce moment, on joue *Faust* par Gounod. Tu veux y aller demain soir?
    a. dans une galerie d'art
    b. au musée
    c. à l'opéra

3. L'intérieur du Palais Garnier est très beau, et les danseurs sont extraordinaires! Ce n'est pas à manquer (*to be missed*)!
    a. au théâtre
    b. au ballet
    c. dans une salle de concert

4. À l'Olympia, il y a toujours des performances surtout de musique classique ou de jazz.
    a. dans une salle de concert
    b. au stade
    c. à l'opéra

5. Ça vous dit d'aller danser après le concert?
    a. au théâtre
    b. au ballet
    c. en boîte de nuit

6. Si vous voulez voir une exposition des œuvres de Picasso, c'est possible, aussi!
    a. au théâtre
    b. en boîte
    c. au musée

7. Si tu préfères assister à un match de foot, je peux consulter leur site Internet.
    a. au stade (de France)
    b. au cirque (Romanès)
    c. au cinéma (UGC Odéon)

B. Les spectateurs. Complétez les phrases (a.) avec la forme appropriée du verbe **voir** et les phrases (b.) avec un des endroits de la liste.

> au ballet   ✓ au concert   à la finale de rugby
>
> au cirque   à l'exposition   à la pièce de théâtre

EXEMPLE: a.   Je _____*vois*_____ un orchestre.

            b.   J'assiste _____*au concert*_____ de musique classique.

1.   a.   Tu _____ les deux équipes (*teams*)?

     b.   Tu assistes _____ Pau–Toulon?

2.   a.   Elle _____ des tableaux et des statues.

     b.   Elle assiste _____ d'art moderne.

3.   a.   Nous _____ des acrobates.

     b.   Nous assistons _____ de Monte-Carlo.

4.   a.   Vous _____ la scène et les acteurs?

     b.   Vous assistez _____ *La leçon?*

5.   a.   Ils _____ des danseurs.

     b.   Ils assistent _____ *Giselle.*

C. Les divertissements. Saleem parle des activités intéressantes dans sa ville. Complétez chaque phrase que vous entendez en choisissant le terme qui la complète le mieux (*the best*). Vous allez entendre chaque phrase deux fois. À la fin de l'activité, écoutez pour vérifier vos réponses.

1. _____   a.   séances   b.   genres

2. _____   a.   un cirque   b.   un billet

3. _____   a.   une télécommande   b.   une place

4. _____   a.   un tarif réduit   b.   une station de métro

5. _____   a.   le spectacle   b.   l'horaire

6. _____   a.   à l'affiche   b.   en concert

7. _____   a.   gratuite   b.   amusante

D. Qu'est-ce qu'on va faire? Comment? Écoutez chaque suggestion et indiquez ce que la personne propose. Vous allez entendre chaque suggestion deux fois. À la fin de l'activité, écoutez pour vérifier vos réponses.

1. _____   a.   télécharger un film   b.   aller au cinéma

2. _____   a.   jouer à un jeu de société   b.   jouer à un jeu vidéo

3. _____   a.   louer un DVD   b.   regarder un film à la télé

4. _____   a.   regarder une émission à la télé   b.   voir un film sur grand écran

5. _____   a.   acheter un DVD   b.   télécharger un film

6. _____   a.   jouer à la Wii   b.   acheter un téléviseur HD

E. Quels genres de film préférez-vous? Complétez les phrases avec les genres de film de la liste.

comédies musicales	**films d'animation**	**films de guerre**	**films de science-fiction**
films d'amour	**films d'aventures**	**films d'horreur**	**westerns**

1. En général, les (jeunes) filles aiment les _____ .

2. Les meilleurs (*best*) films pour les enfants, ce sont les _____ .

3. Les _____ et _____ ne sont pas appropriés pour les enfants parce qu'ils sont violents.

4. John Wayne a fait les meilleurs (*best*) _____ .

5. Les _____ du théâtre, comme *Grease* ou *Chicago*, sont souvent adaptées en film.

6. *Avatar* et *Alien* sont des _____ .

7. Moi, je préfère les _____ . Mon film préféré est

_____ .

Prononcez bien!

Les semi-voyelles [w], [ɥ] et [j]   *point, puis* et *pièce*

There are three semi-vowel (or "glide") sounds in French that precede and combine with a full vowel *within the same syllable*: [j] as in **pièce**, [ɥ] as in **puis**, and [w] as in **point**.

1. The semi-vowel [w] typically combines with the full vowel [a] and is spelled **oi** or **oy**.

   b<u>oî</u>te   de | v<u>oir</u>   v<u>oy</u> | age

   It can also be spelled **ou** at the start of a word, or **w** in words borrowed from English, and found in combination with other vowel letters.

   <u>oui</u>   <u>wee</u>k- | end

2. The semi-vowel [ɥ] typically combines with the full vowel [i] and is spelled **ui**.

   h<u>ui</u>t   de | p<u>ui</u>s   ré | d<u>ui</u>t

   It is sometimes found in combination with other vowel letters.

   s<u>ua</u>ve   ac | t<u>ue</u>l

3. The semi-vowel [j] is spelled **i** when followed by another vowel letter in the same syllable.

   p<u>iè</u>ce   p<u>ia</u> | no   fic | t<u>io</u>n

   The semi-vowel [j] follows a full vowel in words with the spellings **ail** and **eil**.

   tra | v<u>ail</u>   so | l<u>eil</u>

A. Essayons! Vous allez entendre chaque mot deux fois. Faites attention à la semi-voyelle dans chaque mot et écrivez le mot dans la colonne appropriée. À la fin de l'activité, écoutez pour vérifier vos réponses et répétez les mots.

✓ animation	émission	noir	piano
armoire	ensuite	nuit	société
cuisine	fruit	ouest (west)	western

[w] comme _point_

1. _____
2. _____
3. _____
4. _____

[ɥ] comme _puis_

1. _____
2. _____
3. _____
4. _____

[j] comme _pièce_

1. ___animation___
2. _____
3. _____
4. _____

Pour bien prononcer

The semi-vowel [j] normally occurs _before_ a full vowel, as you saw in words like **pièce**; it also occurs _after_ a full vowel—as you saw in words like **travail** and **soleil**—and in the spelling **-ill** as in **billet**. Unlike the endings **-ail** and **-eil,** however, **-ill** does not always represent the semi-vowel [j]: there are three frequently used words in French that simply end in the consonant sound [l], as you will see when completing Activity B.

B. Un pas en avant.

Première étape. Vous allez entendre chaque mot deux fois. Cochez (✓) les mots dans lesquels (_in which_) l'orthographe (_the spelling_) **-ill** représente la semi-voyelle [j]. À la fin de l'activité, écoutez pour vérifier vos réponses et répétez les mots.

1. _____ abeille (_bee_)
2. _____ billet
3. _____ feuille
4. _____ fille

5. _____ mille
6. _____ tranquille
7. _____ Versailles
8. _____ ville

◆ **Deuxième étape.** Maintenant, complétez la phrase suivante.

L'orthographe **-ill** représente la semi-voyelle [j] dans tous les mots de la **Première étape** sauf (_except_):

_____, _____ et _____.

C. Dictée.

♦ **Première étape.** Écoutez les gens parler de leurs projets pour ce soir. Complétez les phrases avec les mots que vous entendez. Vous allez entendre chaque phrase deux fois.

1. Il y a un bon concert pas _____ d'ici. C'est un ensemble de _____ musiciens et une chanteuse.

2. Je n'ai pas envie de _____ un _____ ce _____.

3. _____ l'année dernière, l'entrée des musées est _____ le dimanche.

4. Le film finit à _____ et _____ nous rentrons chez nous.

5. J'ai déjà acheté mon _____ pour la _____ de théâtre.

6. Quel genre de film préférez-vous? Un film d' _____ ou de _____ peut-être?

Attention! Avant de continuer, vérifiez vos réponses dans la clé de corrections à la fin du *Workbook / Laboratory Manual*.

Deuxième étape. Écoutez encore une fois et répétez chaque phrase de la **Première étape,** en faisant attention à la prononciation des semi-voyelles [w] dans les phrases 1 et 2, [ɥ] dans les phrases 3 et 4 et [j] dans les phrases 5 et 6.

Grammaire interactive

7.1 Je veux bien! The verbs **vouloir, pouvoir, devoir,** and **savoir**

A. La forme des verbes.

Première étape. Complétez le tableau suivant avec les formes des verbes **devoir, pouvoir** et **savoir** qui manquent.

	devoir	pouvoir	savoir
je	*dois*	*peux*	_____
tu	_____	*peux*	_____
il/elle/on	*doit*	_____	*sait*
nous	_____	*pouvons*	_____
vous	*devez*	_____	_____
ils/elles	_____	_____	*savent*

Deuxième étape. Complétez chaque conversation avec les formes appropriées du verbe **vouloir**. **Attention!** La conjugaison du verbe **pouvoir** dans la **Première** étape doit vous aider.

1. —À quelle heure est-ce que vous _____ sortir?

    —Nous? Nous ne _____ pas du tout sortir ce soir!

2. —Tu _____ voir un film à la télé?

    —Non, pas vraiment. Je _____ plutôt aller au ciné.

3. —Ton frère _____ assister à la pièce avec nous?

    —Oui, avec sa copine. Ils _____ y assister tous les deux.

B. Aptitudes et possibilités. Stéphanie parle d'elle-même (*herself*) et de ses amis. Indiquez si elle parle de quelque chose qu'on sait faire (**une aptitude**) ou de quelque chose qu'on peut faire (**une possibilité**). Vous allez entendre chaque phrase deux fois. À la fin de l'activité, écoutez pour vérifier vos réponses.

	une aptitude	**une possibilité**
1.	☐	☐
2.	☐	☐
3.	☐	☐
4.	☐	☐
5.	☐	☐
6.	☐	☐
7.	☐	☐

C. Un week-end chargé (*busy*). Jean-Marc a beaucoup d'obligations ce week-end, mais il rêve de faire autre chose. Utilisez une expression de volonté et une expression de nécessité de la liste et les verbes entre parenthèses pour décrire chaque illustration. Suivez l'exemple.

Expressions de volonté	**Expressions de nécessité**
avoir envie de désirer vouloir	avoir besoin de devoir être obligé de

EXEMPLE: (assister, étudier)

Jean-Marc veut assister à un concert ce week-end, mais il a besoin d'étudier.

(dîner, rendre visite)

1. _____
   _____
   _____
   _____

(jouer, aider)

2. _____
   _____
   _____

(aller, faire)

3. _____
   _____
   _____
   _____

(voir, préparer)

4. _____
   _____
   _____
   _____

D. Une conversation.

Première étape. Complétez la conversation téléphonique entre Véra et son amie Annick en écrivant la forme appropriée du verbe entre parenthèses. **Attention!** Vous allez répondre à des questions sur leur conversation dans la **Deuxième étape.**

VÉRA: Qu'est-ce que tu _____[1] (vouloir) faire demain soir?

ANNICK: Nous _____[2] (pouvoir) peut-être dîner au nouveau restaurant en ville avec Émile.

VÉRA: Moi, je _____[3] (devoir) travailler tard demain soir, mais je _____[4] (pouvoir) vous rejoindre (*meet up with you*) après 22 heures.

ANNICK: Aucun problème. J'ai une super idée! Émile et moi _____[5] (vouloir) aller à la nouvelle boîte de nuit Le Roméo. Ce n'est pas loin du restaurant.

VÉRA: Mais je n'aime pas trop danser… Est-ce qu'on _____[6] (devoir) payer l'entrée?

ANNICK: Normalement, oui.

VÉRA: Est-ce que tu _____[7] (savoir) quels films sont à l'affiche ce week-end?

ANNICK: Aucune idée. Peut-être que tu _____[8] (pouvoir) regarder l'horaire en ligne au bureau?

VÉRA: Bonne idée… Je _____[9] (savoir) qu'Émile préfère aller au cinéma. Il va _____[10] (vouloir) sans doute payer nos billets!

ANNICK: À ce soir alors!

Attention! Avant de continuer, vérifiez vos réponses dans la clé de corrections à la fin du *Workbook / Laboratory Manual.*

Deuxième étape. Répondez à chaque question en cochant (✓) le prénom correct.

			Annick	**Véra**	**Émile**
1.	a.	Qui suggère d'aller au restaurant demain soir?	☐	☐	☐
	b.	Qui ne peut pas y aller?	☐	☐	☐
2.	a.	Qui suggère d'aller en boîte?	☐	☐	☐
	b.	Qui ne veut pas y aller?	☐	☐	☐
3.	a.	Qui suggère d'aller au cinéma?	☐	☐	☐
	b.	Qui va y aller avec elles?	☐	☐	☐

7.2 Tu peux faire quelque chose ce week-end?
The indefinite pronouns **quelqu'un, quelque chose,** and **quelque part**

A. Sujets de discussion. On parle des événements culturels en ville ce week-end. Écoutez les phrases et indiquez si le pronom indéfini fait référence à une personne, à un objet ou à un endroit. Vous allez entendre chaque phrase deux fois. À la fin de l'activité, écoutez pour vérifier vos réponses.

	une personne	un objet	un endroit		une personne	un objet	un endroit
1.	☐	☐	☐	4.	☐	☐	☐
2.	☐	☐	☐	5.	☐	☐	☐
3.	☐	☐	☐	6.	☐	☐	☐

B. Devinettes. (*Riddles.*) Utilisez le pronom indéfini **quelqu'un de (d')...** ou **quelque chose de (d')...** avec l'adjectif entre parenthèses pour compléter chaque devinette. Pour réussir (*solve*) les devinettes, choisissez le terme culturel approprié de la liste. Suivez l'exemple.

> Coco Chanel   le jardin du Luxembourg   François Hollande
>
> la choucroute   la Palme d'or   la tour Eiffel
>
> Daniel Auteuil

EXEMPLE: (très grand)

C'est *quelque chose de très grand* _____.

C'est un monument à Paris. *C'est la tour Eiffel* _____.

1. (beau)   C'est _____.

   C'est un parc sur la Rive gauche (*Left Bank*) à Paris. _____

2. (célèbre)   C'est _____.

   Il a joué dans le film *Mon meilleur ami.* _____

3. (prestigieux)   C'est _____.

   C'est un prix (*award*) de cinéma. _____

4. (très créatif)   C'était (*She was*) _____.

   Elle a fondé une maison de couture. _____

5. (délicieux)   C'est _____.

   C'est une spécialité alsacienne. _____

6. (assez ambitieux)   C'est _____.

   C'est le président, après tout! _____

C. Réponses. Répondez à chaque question que vous entendez en cochant (✓) la réponse logique. Vous allez entendre chaque question deux fois. Après une petite pause, écoutez pour vérifier votre réponse, puis répétez-la. Suivez l'exemple.

> EXEMPLE: *Vous entendez:* Ils voient quelqu'un devant le musée?
>
> *Vous choisissez:*   ✓   a. Non, ils ne voient personne.
>
>   _____ b. Non, ils ne voient rien.
>
> *Vous entendez:* Non, ils ne voient personne.
>
> *Vous répétez:* Non, ils ne voient personne.

1. _____ a. Non, nous ne cherchons rien.

   _____ b. Non, nous ne cherchons personne.

2. _____ a. Non, je ne fais rien.

   _____ b. Non, je ne vais nulle part.

3. _____ a. Non, personne n'arrive chez moi.

   _____ b. Non, rien n'arrive chez moi.

4. _____ a. Non, il n'y a rien d'intéressant à voir.

   _____ b. Non, il n'y a personne d'intéressant à voir.

5. _____ a. Non, il ne veut voyager nulle part.

   _____ b. Non, il ne veut voyager avec personne.

6. _____ a. Non, elles ne vont nulle part.

   _____ b. Non, elles n'y vont avec personne.

D. Devant le cinéma. Regardez les gens qui font la queue (*standing in line*) devant le cinéma, puis répondez aux questions suivantes. Si la réponse est affirmative, identifiez la personne (**Oui, c'est...**); si la réponse est négative, utilisez **ne (n')... personne** (ou **personne... ne [n']** quand c'est nécessaire).

1. Est-ce qu'il y a quelqu'un au guichet (*box office*)?

_____

2. Est-ce que quelqu'un regarde l'affiche?

_____

3. Est-ce que quelqu'un regarde sa montre?

_____

4. Est-ce que quelqu'un porte un pull-(over)?

_____.

5. Est-ce que quelqu'un cherche quelque chose dans son sac?

_____.

6. Est-ce que quelqu'un cherche quelque chose par terre?

_____.

7. Est-ce que quelqu'un parle sur son portable?

_____.

8. Est-ce que quelqu'un attend un ami?

_____.

7.3 Qu'est-ce que vous avez fait hier? Talking about past activities using the **passé composé**

A. La journée de Gabriel. Écoutez Gabriel raconter ce qu'il a fait hier et décidez si les phrases suivantes sont vraies ou fausses. Vous allez entendre le récit deux fois. À la fin de l'activité, écoutez pour vérifier vos réponses.

	VRAI	**FAUX**
1. Gabriel n'a pas pris de petit déjeuner.	☐	☐
2. Il a travaillé un peu.	☐	☐
3. Il a fait de la gym avec son ami Albert.	☐	☐
4. Il n'a vu personne le reste de la journée.	☐	☐
5. Il a regardé la télé.	☐	☐
6. Il a fini de lire un bon livre.	☐	☐

B. Habitudes et exceptions. Complétez chaque phrase avec la forme correcte du verbe entre parenthèses, d'abord au **présent** puis au **passé composé**.

EXEMPLE: (mettre) D'habitude, Marc _____*met*_____ une veste pour aller travailler, mais ce

matin, il _____*a mis*_____ un pull.

1. (prendre) D'habitude, je _____ le train pour aller à Paris, mais hier je/j'

_____ l'avion.

2. (boire) D'habitude, Nicolas _____ du café au petit déjeuner, mais ce matin il

_____ du thé.

3. (dormir) D'habitude, Marie _____ huit heures par jour, mais hier elle

_____ seulement quatre heures.

4. (faire) D'habitude, Saïd et Alma _____ leurs courses au marché en plein air,

mais hier ils _____ leurs courses au supermarché.

5. (rendre) D'habitude, Gina _____ ses devoirs à temps, mais cette semaine, elle

_____ ses devoirs en retard.

6. (dîner) D'habitude, mes amis et moi, nous _____ chez nos parents, mais ce

   week-end, nous _____ au restaurant.

7. (finir) D'habitude, vous _____ votre travail après minuit. Alors, comment ça se fait

   que (*So, how is it that*) vous _____ à 21 h 00 hier soir?

C. Une première sortie en couple. Paul raconte une première soirée en couple avec sa copine, Angéline. Complétez chaque phrase avec la forme correcte de l'auxiliaire **avoir** et du participe passé du verbe entre parenthèses.

1. J' _____ (choisir) une comédie de Molière: *Le Bourgeois gentilhomme*.

2. J' _____ (consulter) l'horaire sur Internet et j' _____

   (réserver) deux places.

3. J' _____ (mettre) un beau costume et j' _____

   (attendre) Angéline devant la Comédie-Française.

4. Nous _____ (assister) à la pièce.

5. Après, nous _____ (prendre) un verre au café près du théâtre où nous

   _____ (rencontrer) un des acteurs de la pièce.

6. Nous _____ (faire) une belle promenade la nuit pour regarder les

   monuments parisiens illuminés.

7. À la fin de la soirée, nous _____ (décider) de sortir ensemble le

   week-end prochain.

D. Il y a combien de temps? Complétez chaque question avec le participe passé du verbe indiqué. Ensuite, répondez personnellement à chaque question en utilisant soit (*either*) l'expression **il y a...** avec une durée de temps, soit (*or*) l'expression **ne... jamais.**

EXEMPLE: (visiter) Quand avez-vous ___*visité*___ Paris pour la dernière fois?

Ma sœur et moi avons visité Paris il y a deux ans.

(*ou*) *Je n'ai jamais visité Paris, mais je veux y aller un jour.*

1. (prendre) Quelle est la dernière fois que vous avez _____ le train?

   _____.

2. (assister) Quelle est la dernière fois que vous avez _____ à un opéra.

   _____.

3. (voir) Quelle est la dernière fois que vous avez _____ un film d'horreur?

   _____.

4. (faire) Quelle est la dernière fois que vous avez _____ du patin?

   _____.

5. (perdre) Quelle est la dernière fois que vous avez _____ votre portable?

   _____.

6. (mentir) Quelle est la dernière fois que vous avez _____ à quelqu'un?

_____

7. (être) Quelle est la dernière fois que vous avez _____ très malade?

_____

7.4 Vous êtes sortis ce week-end? The use of **être** as auxiliary in the **passé composé**

A. Un samedi soir. Sébastien et Monique sont sortis samedi soir pour la première fois depuis longtemps. Écoutez la description de leur soirée. Cochez (✓) l'auxiliaire (**avoir** ou **être**) que vous entendez dans chaque phrase. Vous allez entendre chaque phrase deux fois. À la fin de l'activité, écoutez pour vérifier vos réponses.

	avoir	être
1.	☐	☐
2.	☐	☐
3.	☐	☐
4.	☐	☐
5.	☐	☐
6.	☐	☐
7.	☐	☐
8.	☐	☐

B. Qui l'a fait? Complétez les phrases avec le nom de la personne qui a fait chacune des activités suivantes. **Attention!** Considérez la forme de l'auxiliaire et la forme du participe passé avant de décider.

Aimée	Marc	Marc, Aimée et Philippe	Aimée et Sophie

1. _____ est allée au stade avec ses frères.

2. _____ sont arrivés au spectacle un peu en retard.

3. _____ est descendu du métro.

4. _____ est tombée sur la piste de danse (*dance floor*).

5. _____ sont rentrées tard hier soir.

6. _____ est resté chez lui.

C. Au contraire! Répondez à chaque question que vous entendez en utilisant l'expression négative indiquée. Faites attention à la position de **ne... pas, ne... personne,** etc., avant ou après le participe passé. Vous allez entendre chaque question deux fois. Après une petite pause, écoutez pour vérifier votre réponse.

EXEMPLE: *Vous entendez:* Il est parti?

Vous voyez: ne... pas

Vous répondez: Non, il n'est pas parti.

Vous entendez: Non, il n'est pas parti.

1. ne... jamais
2. ne... personne
3. ne... plus
4. ne... pas encore
5. ne... nulle part
6. ne... rien

D. Les opposés. Pour chaque verbe de la colonne A, trouvez un verbe au sens opposé dans la colonne B. Ensuite, complétez la phrase sous chaque illustration avec la forme appropriée du verbe au passé composé.

A

1. **monter** _____

Elles _____ dans la voiture.

2. **arriver** _____

Ils _____ en classe à 9 h.

3. **naître** _____

Elle _____ à l'hôpital le 7 août.

B

a. **mourir**

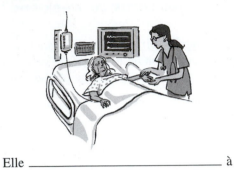

Elle _____ à l'hôpital le 22 novembre.

b. **sortir**

Il _____ de la pharmacie avec ses achats (*purchases*).

c. **descendre**

Elles _____ du bus.

4. **entrer** _____

Il _____ dans

la pharmacie.

d. **partir**

Ils _____ une

heure plus tard, à 10 h.

Culture en direct

Le coin lecture

Une bande dessinée de Claire Bretécher

Stratégie de lecture Using prior knowledge to help guide
your understanding of a text

In **Chapitres 5** and **6**, you used scanning and skimming strategies to help predict the content of a text and to gather basic information within a text. A third strategy, to help guide your understanding of a text as you read it fully, is to use prior knowledge—both "world knowledge" (what you expect to occur based on typical patterns of human behavior) and knowledge derived from other sentences or paragraphs in the same text. Humorous texts, such as comic strips (**bandes dessinées**), often derive their humor from playing on prior knowledge.

Avant de lire

Claire Bretécher est l'une des premières femmes dessinatrices de bandes dessinées en France. Elle a commencé à travailler dans les années 1960 et s'intéresse dès ses débuts (*right from the start*) à l'aspect social de ses personnages. Célèbre pour le groupe de personnages qu'elle nomme «les Frustrés», elle colore ses bandes dessinées de commentaires sur la société française à la fois francs et humoristiques, souvent sarcastiques.

Commençons par le début! Parcourez d'abord des yeux (*First scan*) le titre et les images de la bande dessinée, puis répondez à ces questions préliminaires.

1. Le titre fait penser (*makes one think*) à _____.
   a. un jeu
   b. une tâche ménagère (*chore*)
   c. un animal domestique
   d. une profession

2. Les deux personnages, Agrippine (à droite) et Caroline (à gauche), sont _____.
   a. des enfants précoces (*precocious*)
   b. des jeunes filles typiques
   c. des femmes d'affaires
   d. des mères très occupées

3. Il est donc (*therefore*) peu probable que ces deux personnages parlent _____.
   a. d'une soirée (*party*)
   b. de leurs amis (de leurs copains/copines)
   c. de leurs cours
   d. de la politique

4. Il est évident à la fin de la bande dessinée qu'Agrippine raconte une histoire _____.
   a. choquante pour des adolescents
   b. amusante pour des adolescents
   c. d'amour
   d. triste

Lecture

Maintenant, lisez la bande dessinée. Employez vos connaissances préalables (*prior knowledge*) pendant votre lecture du texte.

¹*gluttons*   ²*fight*   ³*a... set on fire*   ⁴*pots*   ⁵*ont... lost their color*   ⁶*grenade... tear gas grenade*   ⁷*en... in tears*
⁸*cops*   ⁹*ont... took away*   ¹⁰*anticipated*   ¹¹*nous... caught us*

Après la lecture

A. Avez-vous compris? Remettez les événements de l'histoire que raconte Agrippine dans l'ordre chronologique de 1 à 10.

_____ Il a fallu appeler les parents de Jéricho.

_____ Les jeunes ont appelé S.O.S Médecins.

_____ Agrippine et son copain ont dû ranger l'appartement.

_____ Les amis sont arrivés à la fête.

___*l*___ Les policiers sont arrivés.

_____ Une lampe renversée a mis le feu.

_____ Les jeunes ont essayé d'éteindre (*put out*) le feu avec des casseroles d'eau.

_____ Tout le monde est parti sauf Agrippine et son copain.

_____ Le copain d'Agrippine (et le père de Jéricho!) sont finalement arrivés.

_____ Certains jeunes ont tout bu et tout mangé.

B. Pour aller plus loin. Faites une petite analyse de l'humour de cette bande dessinée en répondant aux questions suivantes.

1. De tous les événements de la soirée chez Jéricho, lequel (*which one*) est-ce qu'un adulte trouverait (*would find*) «catastrophique»? Pourquoi?

   _____

   _____

   _____

2. Quel événement est-ce qu'Agrippine et Caroline trouvent «catastrophique»? Pourquoi?

   _____

   _____

   _____

Chez les Français / Chez les francophones

Utilisez les renseignements fournis dans les sections **Chez les Français** du manuel pour déterminer si les affirmations suivantes sont vraies ou fausses. Si une affirmation est fausse, corrigez-la en changeant les mots soulignés pour la rendre vraie.

	VRAI	FAUX
1. La France est <u>la première attraction touristique</u> du monde, avec 83 millions de touristes par an.	☐	☐
2. Les bateaux-mouches sont en opération sur <u>la Seine</u> depuis 1949.	☐	☐
3. <u>Jean-Sébastien Mouche</u> est le vrai concepteur des bateaux-mouches.	☐	☐
4. Le cinématographe, une des premières caméras portables, est une invention <u>des frères Lumière</u>.	☐	☐
5. En 1946, le premier festival de film a eu lieu à <u>Saint-Tropez</u>, sur la Côte d'Azur.	☐	☐
6. Un jury décerne (*awards*) le prix du meilleur film du festival, appelé <u>la Palme d'or</u>.	☐	☐

Le coin écriture

Stratégie d'écriture   Organizing ideas

Learning how to group related material into paragraphs will make your writing more coherent. Begin by identifying the single main idea of each paragraph. For this particular activity, in which you describe what you did while housesitting, you can devote one paragraph to tasks that you completed, another paragraph to tasks that you were not able to accomplish or forgot to do, and a third to describe the bad things that happened during a party you threw! Open each of your paragraphs with a topic sentence, summarizing the main points made in the paragraph. To find key words and phrases that you can use to express yourself, scan the **Chapitre 7** vocabulary list in your textbook and use the **Vocabulaire utile** provided here. Don't forget that when telling a story about completed actions in the past, you'll need to use the **passé composé.**

Genre: Un petit mot (*personal note*)

Thème: Imaginez que vous gardez depuis quelques temps la maison de quelqu'un et que cette personne revient demain. Voici les directives qu'elle vous a laissées:

Bienvenue!

Fais comme chez toi. Il y a de la bière, du vin et aussi du bon chocolat au frigo. Sers-toi ! Je t'ai aussi laissé(e) une sélection de DVD à regarder. Tu peux choisir les films que tu veux. Sinon, il y a le cinéma en face.

Est-ce que je peux te demander un service? Chipie, mon chien, aime beaucoup jouer au frisbee. Tu peux y jouer avec lui tous les jours? J'ai aussi des roses, des tulipes, et quelques pieds[1] de tomates dans mon jardin qui ont besoin d'être arrosés[2] tous les jours. Tu aimes faire du jardinage, n'est-ce pas? Il y a le courrier[3] et le journal à ramasser[4] aussi. Désolé, mais pas de visiteurs pendant mon absence, d'accord? Merci encore et à bientôt.

[1]pieds... *tomato plants*   [2]*watered*   [3]*mail*   [4]*pick up*

Sur une feuille de papier, préparez un petit mot de trois paragraphes pour lui dire:

1. ce que vous avez réussi à faire pendant son absence: **Bonjour! Voici ce que j'ai réussi à faire chez toi pendant ton absence…**

2. ce que vous n'avez pas réussi à faire ou a oublié de faire: **Cependant** (*However*)**, j'ai eu quelques difficultés… j'ai oublié de…**

3. Expliquez aussi que vous avez décidé d'avoir une petite fête… et qu'il y a eu quelques problèmes: **Je sais que tu m'as dit de ne pas avoir de visiteurs, mais…** Relisez la bande dessinée (page 140) si vous avez besoin d'inspiration!

VOCABULAIRE UTILE	
J'ai passé un très bon moment.	*I had a great time.*
Je n'ai pas la main verte.	*I don't have a green thumb.*
casser	*to break*
faire du bruit	*to make noise*
faire des bêtises	*to get into trouble*
les voisins	*the neighbors*

Une fois que vous avez fini, relisez votre travail en tenant compte des conseils donnés dans la section **Vérifions**.

Vérifions!

I have used:

❑ the **Stratégie d'écriture** for this activity.

❑ appropriate words and expressions from **Chapitre 7** and the **Vocabulaire utile.**

I have proofread my writing and checked:

❑ for spelling errors, including accent marks.

❑ that I have used the correct past participle endings for regular verbs: **-é, -i** or **-u** and the correct auxiliary verb (**avoir** or **être**) in the **passé composé.**

❑ that I have used the correct past participles of irregular verbs (e.g., **j'ai pris, nous avons fait**).

❑ that the past participle of each verb conjugated with **être** agrees in gender and number with the subject (e.g., **elle est tombée, nous sommes partis**).

❑ that I have used negation correctly with the **passé composé** (e.g., **je n'ai pas répondu au téléphone** versus **je n'ai vu personne**).

Chapitre 8

L'image de soi

Communication en direct

A. Qu'est-ce qu'il faut faire? Savez-vous ce qu'il faut faire pour rester en forme, pour gérer le stress? Savez-vous ce qu'il faut manger et faire pour être en bonne santé? Lisez les suggestions et identifiez la *mauvaise* suggestion dans chaque liste.

1. Pour rester en forme, il faut _____.
   a. courir et marcher beaucoup
   b. faire attention à son alimentation
   c. dormir moins de six heures par jour

2. Pour gérer le stress, il faut _____.
   a. être perfectionniste en tout
   b. savoir se distraire / s'amuser
   c. bien dormir et manger équilibré

3. Pour être en bonne santé, il faut _____.
   a. manger cinq fruits et légumes par jour
   b. éviter de manger et boire trop sucré
   c. manger seulement le soir

4. Pour rester en bonne santé, il faut _____.
   a. essayer de faire du sport régulièrement et bien dormir
   b. renoncer définitivement aux desserts
   c. manger des aliments sains

B. La santé et le stress: conseils. Écoutez cinq étudiants décrire leurs habitudes malsaines (*unhealthy habits*). Pour chaque personne de la colonne A, trouvez un conseil dans la colonne B. Vous allez entendre les descriptions deux fois. À la fin de l'activité, écoutez pour vérifier vos réponses.

A		B	
1. _____ Antoine		a.	Il faut se distraire et faire des activités qu'on aime!
2. _____ Élisabeth		b.	Il faut manger équilibré pendant toute la journée.
3. _____ Jérémie		c.	Il faut courir ou se promener dans la nature.
4. _____ Marine		d.	Il faut bien dormir.
5. _____ David		e.	Il faut manger sainement: cinq fruits et légumes tous les jours.

◆ **C. Tu te lèves / Vous vous levez à quelle heure le matin?** Stéphane décrit la routine de sa famille en semaine. Complétez chaque phrase avec l'heure que vous entendez. Vous allez entendre chaque phrase deux fois.

1. Ma mère se lève à _____ chaque matin pour lire le journal. Par contre,

   mon père aime se lever à la dernière minute: plutôt à _____.

2. Ils prennent le métro ensemble à _____ pour arriver au travail vers

   _____.

3. Mon frère et moi, nous sommes étudiants à la fac. Donc, nous pouvons nous réveiller après

   _____ ou _____.

4. Le soir, nous dînons ensemble vers _____ ou quelquefois

   _____.

5. Nous nous couchons à des heures très différentes: pour nos parents, c'est à

   _____ et à _____ pour mon frère et moi.

Vocabulaire interactif

Tu fais du yoga?   Parts of the body

◆ A. Quiz d'anatomie.

Première étape. Identifiez la partie du corps que vous entendez en écrivant le mot (avec son article défini) à côté du numéro correspondant. Vous allez entendre chaque partie du corps deux fois. **Attention!** Quatre parties du corps ne sont pas mentionnées. À la fin de cette première étape, écoutez pour vérifier vos réponses.

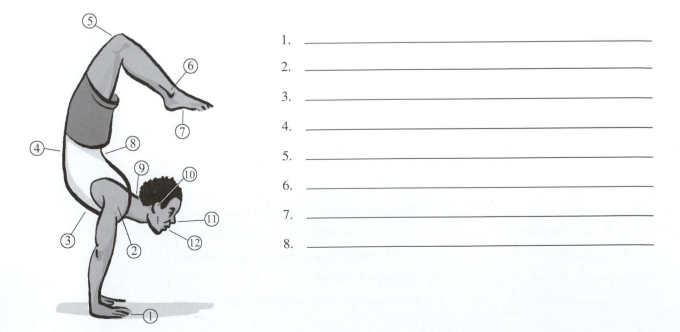

1. _____
2. _____
3. _____
4. _____
5. _____
6. _____
7. _____
8. _____

Attention! Avant de continuer, vérifiez vos réponses dans la clé de corrections à la fin du *Workbook / Laboratory Manual*.

Deuxième étape. Identifiez les noms des quatre parties du corps que vous n'avez pas entendus dans la **Première étape.**

9. _____   11. _____

10. _____   12. _____

B. Du singulier au pluriel. Écrivez la forme appropriée de l'article indéfini (**un, une**) devant chaque partie du corps de la colonne **A.** Ensuite, écrivez le pluriel du même mot dans la colonne B. **Attention!** Pour une partie du corps dans la liste, la forme du pluriel est irrégulière.

	A		**B**
1.	_____ épaule	des	_____
2.	_____ doigt	des	_____
3.	_____ genou	des	_____
4.	_____ orteil	des	_____
5.	_____ oreille	des	_____
6.	_____ œil	des	_____
7.	_____ bras	des	_____
8.	_____ pied	des	_____

C. Aïe! *(Ouch!)* On a mal!

Première étape. Complétez chaque phrase en indiquant où on a mal. Utilisez la forme appropriée de la préposition **à** + la partie du corps représentée dans chaque illustration. Suivez l'exemple.

EXEMPLE:

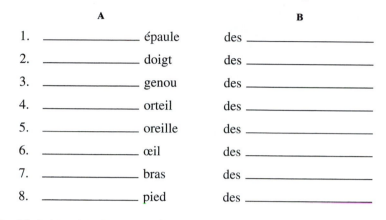

Elle a mal *au dos*.

1. Elle a mal _____.

2. Elle a mal _____.

3. Il a très mal _____.

4. Il a vraiment mal _____.

5. Il a terriblement mal _____.

6. Elle a affreusement mal _____.

Deuxième étape. Associez chaque illustration de la **Première étape** à la raison pour laquelle (*reason why*) on a mal.

a. _____ C'est parce qu'il est allé à un concert de rock.

b. _____ C'est parce qu'elle a porté des chaussures trop petites.

c. _____ C'est parce qu'il a mangé trop de pâtes.

d. _____ C'est parce qu'elle a fait un tour à vélo.

e. _____ C'est parce qu'il a passé une journée très stressante au travail.

f. _____ C'est parce qu'elle a encouragé son équipe de foot.

D. Vêtements et accessoires. Quelle partie du corps associez-vous aux vêtements ou accessoires suivants? Écrivez le nom de la partie du corps logique. **Attention!** Utilisez l'article défini (**le, la, l', les**) ou la forme appropriée de la préposition **de** dans l'expression **autour de....**

1. On porte des lunettes de soleil pour protéger (*protect*) _____.

2. On porte un chapeau sur _____.

3. On met des chaussettes sur _____ et des gants sur

   _____.

4. Un short ne couvre (*covers*) pas complètement _____; un tee-shirt à

   manches courtes ne couvre pas complètement _____ (il faut mettre une

   chemise ou un chemisier à manches longues.)

5. On porte un collier ou une écharpe autour _____, un bracelet ou une

montre autour _____ et une bague (*ring*) au

_____.

6. On porte un sac à dos sur _____ bien sûr!

♦ E. Un bel homme: les critères.

Première étape. Écoutez la description que Christine fait de son frère Luc. Cochez (✓) l'adjectif que vous entendez à côté de la partie du visage qu'elle décrit. Vous allez entendre sa description deux fois.

1. les cheveux   ☐ courts   ☐ longs   ☐ roux
2. les yeux   ☐ bleus   ☐ clairs   ☐ grands
3. un nez   ☐ aquilin   ☐ gros   ☐ petit
4. les oreilles   ☐ grandes   ☐ percées   ☐ petites
5. les dents   ☐ très belles   ☐ bien blanches   ☐ grandes
6. un menton   ☐ petit   ☐ fuyant (*receding*)   ☐ en galoche (*protruding*)

Deuxième étape. Décrivez le visage d'un membre de votre famille en utilisant le vocabulaire de la **Première étape.**

_____

_____

_____

_____

_____

Prononcez bien!

Le *h* muet et le *h* aspiré   *H̶omme et hanche*

1. You've already learned that the letter **h** is silent in French. Words beginning with an **h,** when pronounced in isolation, are treated as if they began with a vowel (or semi-vowel) sound. For example: **h̶istoire, h̶omme, h̶uit.** Words beginning with an **h** actually fall into two categories: those derived from Latin (such as the words above) and those that were borrowed from languages in which an **h** is pronounced, such as German and English. For example: **hamster, hanche,** and **harpe.**

2. The first set of **h** words, considered to begin with a "silent h" (*h* **muet**), allows both **élision** and **liaison** to occur; the second set, considered to begin with an "aspirated h" (*h* **aspiré**), block both from occurring—that is, *h* **aspiré** words act like words that begin with a consonant, even though the **h** is not pronounced.

   Compare:

Avec élision	Sans élision	Avec liaison	Sans liaison
l'homme	le ‖ hamster	les hommes	les ‖ hamsters
l'histoire	la ‖ hanche	les histoires	les ‖ hanches

3. You obviously can't be expected to know the origins of all words beginning with an **h** in French, but you can make a mental note of how you hear such words pronounced—that is, with or without **élision** and **liaison.** If you want to verify the pronunciation, dictionaries usually indicate the pronunciation of words that begin with an *h* **aspiré** with an apostrophe or an asterisk preceding the vowel sound. For example, the pronunciation of **hautbois** (*oboe*) is represented as [*obwa] or ['obwa].

A. Essayons!

Première étape. Vous allez entendre une série de mots qui commencent par la lettre **h.** Vous allez entendre chaque mot de la série deux fois. Indiquez s'il s'agit d'un **h muet** (avec élision) ou d'un **h aspiré** (sans élision). À la fin de cette première étape, écoutez pour vérifier vos réponses.

		h muet (avec élision)	**h aspiré** (sans élision)			**h muet** (avec élision)	**h aspiré** (sans élision)
1.	hall	☐	☐	6.	hiver	☐	☐
2.	hanche	☐	☐	7.	homard	☐	☐
3.	haricot	☐	☐	8.	hôpital	☐	☐
4.	heure	☐	☐	9.	hôtel	☐	☐
5.	histoire	☐	☐	10.	huître	☐	☐

Deuxième étape. Vous allez entendre deux fois les mots de la **Première étape** au pluriel. La première fois, faites attention à la présence ou à l'absence de liaison. La deuxième fois, répétez le mot.

1.	les halls	3.	les haricots	5.	les histoires	7.	les homards	9.	les hôtels
2.	les hanches	4.	les heures	6.	les hivers	8.	les hôpitaux	10.	les huîtres

---

Pour bien prononcer

Liaison occurs not only with the letter **s,** as in **les hôtels,** but also with the letters **n** and **t,** such as with the indefinite article **un** and the number **vingt.**

un hôtel   **vingt hôtels**

Liaison with these letters is also blocked with words beginning with an **h aspiré.**

un ‖ homard   **vingt ‖ homards**

B. Un pas en avant.

Première étape. Vous allez entendre une série de mots précédés de l'article **un** ou du numéro **vingt.** Vous allez entendre chaque mot deux fois. Si vous entendez la liaison, cochez (✓) la case. À la fin de l'activité, écoutez pour vérifier vos réponses.

	liaison avec le *n*?		**liaison avec le *t*?**
1.	☐	6.	☐
2.	☐	7.	☐
3.	☐	8.	☐
4.	☐	9.	☐
5.	☐	10.	☐

Deuxième étape. Vous allez entendre encore une fois les expressions de la **Première étape.** Répétez-les en faisant attention à la présence ou l'absence de liaison.

1.	un habitant	6.	vingt haches
2.	un haricot	7.	vingt hamsters
3.	un hélicoptère	8.	vingt héros
4.	un homme	9.	vingt heures
5.	un hors-d'œuvre	10.	vingt hôpitaux

♦ C. Dictée.

Première étape. Écoutez la description d'Henri. Complétez les phrases avec les mots que vous entendez. Vous allez entendre la description deux fois.

1. Henri est _____.

2. Il se lève à _____ tous les matins.

3. Il est _____ à la fac.

4. Il prend toujours des _____ en hors-d'œuvre.

5. Il joue du piano et _____.

6. Il a _____ qui s'appelle Georges.

7. Il est né _____. (C'est aussi son numéro chanceux
    [*lucky*].)

8. Il aime jouer _____ avec ses neveux.

Attention! Avant de continuer, vérifiez vos réponses la **Première étape** dans la clé de corrections à la fin du *Workbook / Laboratory Manual*.

Deuxième étape. Écoutez encore une fois la description d'Henri. Répétez les phrases que vous entendez en faisant attention à l'élision et à la liaison dans les phrases 1 à 4 et à l'absence d'élision et de liaison dans les phrases 5 à 8.

Grammaire interactive

8.1 Je me lève à 7 h! Talking about daily routines using pronominal verbs

A. Les formes des verbes.

Première étape. Complétez le tableau suivant en écrivant les formes des verbes pronominaux qui manquent. Faites attention aux différences dans la conjugaison des verbes en **-er,** en **-ir** (comme **dormir**) et en **-re.**

	s'amus**er** (comme **habiter**)	se sent**ir** (comme **dormir**)	se déten**dre** (comme **vendre**)
je	*m'amuse*		*me détends*
tu		*te sens*	
il/elle/on	*s'amuse*		
nous		*nous sentons*	*nous détendons*
vous	*vous amusez*	*vous sentez*	
ils/elles			*se détendent*

Attention! Avant de continuer, vérifiez vos réponses de la **Première étape** dans la clé de corrections à la fin du *Workbook / Laboratory Manual*.

Deuxième étape. Utilisez les verbes entre parenthèses et la négation **ne... pas** pour compléter les phrases suivantes. Faites attention à la position de **ne...** (avant le pronom réfléchi) et **pas** (après le verbe conjugué).

1. Je _____ (se sentir) bien aujourd'hui. Je suis malade.

2. Tu _____ (se dépêcher) de rentrer chez toi ce soir?

3. Mon mari _____ (s'endormir) tout de suite le soir. Moi, oui.

4. Nous _____ (s'ennuyer) dans ce cours. Il y a toujours quelque chose d'intéressant à faire en classe.

5. Vous _____ (s'amuser) à cette fête? Mais pourquoi?

6. Les étudiants _____ (se détendre) la semaine des examens.

B. Les colocataires. Six filles habitent dans la même maison près du campus. Qu'est-ce que chaque fille fait le matin avant de quitter la maison pour aller à la fac? Utilisez le verbe pronominal approprié pour compléter la phrase sous chaque illustration.

1. Laetitia _____ les dents.

2. Irène _____ la bouche après son petit déjeuner.

3. Nathalie _____ la figure.

4. Claire _____ les yeux.

5. Sandrine _____ (les cheveux).

6. Hélène _____ les jambes.

C. La vie de tous les jours.

Première étape. Bernard décrit sa routine en semaine. Écoutez sa description et numérotez les activités dans l'ordre qu'il les mentionne. Vous allez entendre sa description deux fois. À la fin de l'activité, écoutez pour vérifier vos réponses. **Attention!** Trois activitiés ne seront pas mentionnées.

_____ se brosser les dents	_____ s'ennuyer	_____ se promener
_____ déjeuner au bistro	_____ se lever	_____ se raser
_____ se dépêcher	_____ préparer un café	_____ se sentir tout seul (*all alone*)
_____ se détendre	_____ prendre une douche	_____ travailler

Deuxième étape. Indiquez maintenant les trois activités de la **Première étape** que Bernard ne fait pas pendant la semaine en utilisant **ne** (avant le pronom réfléchi) et **pas** (après le verbe conjugué).

1. Il _____.
2. Il _____.
3. Il _____.

D. Un colocataire potentiel.

Première étape. Vous questionnez un colocataire potentiel pour savoir si vos habitudes sont compatibles. Écrivez cinq questions avec **Est-ce que tu...** selon l'activité indiquée. Vous allez tenir compte de (*take into account*) ses réponses à vos questions dans la **Deuxième étape.**

1. se réveiller tôt en général

   _____?

   Sa réponse: Non. Mes cours sont l'après-midi.

2. fumer

   _____?

   Sa réponse: Non, je ne fume pas. C'est une mauvaise habitude.

3. faire attention à son alimentation

   _____?

   Sa réponse: Oh oui, et je fais pas mal de sport.

4. préférer prendre une douche le matin

   _____?

   Sa réponse: Non, le soir... avant de me coucher.

5. se dépêcher en général de ranger, faire la vaisselle, etc.

   _____?

   Sa réponse: Oui, autrement je stresse.

Deuxième étape. Selon ses réponses à vos questions, indiquez si vous aimeriez (ou n'aimeriez pas) habiter avec cette personne et justifiez votre décision en faisant référence aux activités de la **Première étape.**

J'aimerais / Je n'aimerais pas habiter avec cette personne parce que...

_____

_____

8.2 Qu'est-ce qui se passe? Additional forms for asking questions

A. Une personne ou une chose? Selon la question que vous entendez, déterminez si Olivier parle d'une personne ou d'une chose et cochez (✓) la réponse logique. Vous allez entendre chaque question deux fois. À la fin de l'activité, écoutez pour vérifier vos réponses.

1. a. La biologie. ☐
    b. Le prof de biologie. ☐

2. a. De ses notes. ☐
    b. De son copain. ☐

3. a. De ma guitare. ☐
    b. De ma mère. ☐

4. a. Le train. ☐
    b. Mon frère. ☐

5. a. Avec PowerPoint. ☐
    b. Avec mon camarade. ☐

6. a. Sur l'horaire des séances. ☐
    b. Sur le nouveau directeur. ☐

B. *Le Malade imaginaire*. Lisez le passage suivant sur *Le Malade imaginaire* de Molière et répondez aux questions. Faites attention aux expressions interrogatives **en caractères gras** avant de répondre.

Molière (1622–1673)

Le Malade imaginaire est la demière piéce de théâtre de Molière, né Jean-Baptiste Poquelin à Paris en 1622, un des plus grands dramaturges[1] et acteurs du théâtre français. C'est une comédie en trois actes, jouée pour la première fois en 1673. Molière lui-même a interprété le rôle du protagoniste Argan, un hypocondriaque qui fait confiance à[2] des médecins qui essaient de[3] profiter de ses maladies imaginaires. Ironiquement, Molière est tombé gravement malade pendant la quatrième représentation de la pièce; il est mort juste après d'une maladie réelle: la tuberculose.

[1]*playwrights* [2]*fait... trusts* [3]*essaient... try to*

1. **Qui** a écrit *Le Malade imaginaire?* _____

2. **Quel** genre de pièce est-ce? _____

3. **À qui est-ce qu'**Argan fait confiance? _____

4. **Qu'est-ce que** ses médecins essaient de faire? _____

   _____

5. **Qu'est-ce qui** s'est passé pendant la quatrième représentation? _____

   _____

6. **De quoi est-ce que** Molière est mort? _____

C. Pour gérer le stress.

Première étape. Trouvez dans la liste l'expression interrogative appropriée pour poser ces questions sur le bien-être (*well-being*) et le stress. Vous allez répondre personnellement à ces questions dans la **Deuxième étape.**

Qui…	**Qu'est-ce qui…**
À qui est-ce que (qu')…	**Qu'est-ce que (qu')…**

1. _____ est plus susceptible d'être stressé—un étudiant ou un

   professeur?

2. _____ on peut faire au travail / à la fac pour éviter le

   stress—travailler moins ou faire souvent des pauses (*breaks*)?

3. _____ aide le plus à préserver son bien-être—le sport, la

   méditation ou le yoga?

4. _____ je devrais (*should*) parler si je me sens vraiment trop

   stressé(e)—à un médecin ou à un psychologue?

Attention! Avant de continuer, vérifiez vos réponses dans la clé de corrections à la fin du *Workbook / Laboratory Manual.*

Deuxième étape. Répondez aux questions de la **Première étape** en choisissant une des options données. (Vous pouvez aussi répondre **les deux / les trois** ou **ni l'un ni l'autre / aucun des trois**). Justifiez chaque réponse en ajoutant des détails.

1. _____

   _____

2. _____

   _____

3. _____

   _____

4. _____

   _____

D. C'est qui? Écrivez la préposition appropriée (**à, avec, contre,** ou **de**) pour compléter chaque question, puis répondez aux questions.

EXEMPLE: _Avec_ quel membre de votre famille est-ce que vous vous entendez très bien?
avec Jim, mon frère aîné

1. _____ quel membre de votre famille est-ce que vous vous fâchez souvent?

_____

2. _____ quel membre de votre famille est-ce que vous vous moquez de temps de temps?

_____

3. _____ qui est-ce que vous vous amusez le plus?

_____

4. _____ qui est-ce que vous préférez parler quand vous avez un problème?

_____

5. _____ qui est-ce que vous aimez rendre visite pendant les vacances?

_____

6. _____ qui est-ce que vous avez vraiment besoin dans la vie?

_____

8.3 Tu t'es amusé(e) hier soir?   Using pronominal verbs in the **passé composé**

A. Le petit Max. Rachel parle de son fils, Max. Écoutez et indiquez, selon la forme du verbe, si elle parle de ce qu'il fait d'habitude (**présent**) ou d'une action spécifique dans le passé (**passé composé**). Vous allez entendre chaque phrase deux fois. À la fin de l'activité, écoutez pour vérifier vos réponses.

	une habitude (présent)	une action spécifique dans le passé (passé composé)
1.	☐	☐
2.	☐	☐
3.	☐	☐
4.	☐	☐
5.	☐	☐
6.	☐	☐
7.	☐	☐

B. Les formes des verbes.

Première étape. Complétez le tableau suivant en écrivant les formes du verbe **se lever** qui manquent au **passé composé. Attention!** Considérez d'abord si le pronom sujet **je, tu,** ou **il/elle** fait référence à un homme ou à une femme.

	Un homme	Une femme
je	*me suis levé*	*me suis levée*
tu	_____	_____
il/elle	_____	_____

Deuxième étape. Faites de même (*Do the same*) dans ce deuxième tableau. **Attention!** Considérez d'abord à qui le pronom sujet **nous, vous,** ou **ils/elles** fait référence—à des hommes (ou un groupe mixte) ou à des femmes.

	Des hommes (ou un groupe mixte)	Des femmes
nous	_____	_____
vous (*au pluriel*)	*vous êtes levés*	*vous êtes levées*
ils / elles	_____	_____

C. Le verbe approprié. Complétez les phrases en utilisant les deux verbes indiqués au passé composé—le premier avec l'auxiliaire **avoir** et le second (le verbe pronominal) avec l'auxiliaire **être. Attention!** N'oubliez pas de faire l'accord du participe passé quand c'est nécessaire.

1. **amuser / s'amuser**

   a. Les étudiants _____ leur prof en classe.

   b. Les étudiants _____ en classe.

2. **casser / se casser**

   a. Mon frère _____ des verres en faisant la vaisselle.

   b. Mon frère _____ le bras pendant le match de foot.

3. **couper / se couper**

   a. Ma mère _____ des carottes pour la salade.

   b. Ma mère _____ le doigt en préparant le dîner.

4. **promener / se promener**

   a. Mes deux sœurs _____ notre chien au jardin public.

   b. Mes deux sœurs _____ au centre-ville.

D. La journée de Laura.

Première étape. Choisissez l'illustration qui correspond à chacune des phrases que vous entendez. Vous allez entendre chaque phrase deux fois. À la fin de l'activité, écoutez pour vérifier vos réponses.

EXEMPLE: *Vous entendez:* Laura a pris une douche.

Vous choisissez: a.

✓ a.

b.

c.

d.

e.

f.

g.

h.

1. _____   2. _____   3. _____   4. _____   5. _____   6. _____   7. _____

Deuxième étape. Décrivez votre journée selon les illustrations de la **Première étape.** Indiquez si vous avez fait les mêmes choses que Laura ou pas.

EXEMPLE: Laura a pris une douche et moi aussi, j'ai pris une douche. (*ou*)

Laura a pris une douche, mais moi, je n'ai pas pris de douche hier.

_____

_____

_____

_____

_____

_____

_____

_____

Culture en direct

Le coin lecture

Le thé Zen: bon pour le corps, bon pour la tête

> **Stratégies de lecture**
>
> In the previous three chapters, you learned to scan extratextual clues (titles, subtitles, pictures, and picture captions) in order to predict the topic of a text, to skim the lines of a text in order to gather basic information, and to use previous knowledge to guide your comprehension. Even though particular words or particular sentences in a text may remain a challenge, using these strategies will help you become a more confident reader of French.

Avant de lire

Commençons par le début! Parcourez le texte des yeux pour répondre à ces questions préliminaires. Cochez (✓) toutes les réponses possibles.

1. D'après les images, c'est probablement _____.

   ☐ un texte scientifique sur la nutrition
   ☐ une publicité (*advertisement*) pour une marque (*brand*) de thé
   ☐ une brochure de parapharmacie* sur les bienfaits (*benefits*) du thé

2. Il est donc très probable qu'on va trouver _____ dans ce texte.

   ☐ beaucoup de chiffres (*facts and figures*)
   ☐ beaucoup de mots «positifs» (anti-stress, bon, relaxant)
   ☐ beaucoup de questions

3. D'après le titre et les sous-titres, on compare le thé _____.

   ☐ à d'autres boissons antioxydantes
   ☐ aux médicaments pharmaceutiques
   ☐ à d'autres moyens (*ways*) de gérer le stress

4. Après une lecture rapide des paragraphes, on promet de vous _____.

   ☐ calmer
   ☐ endormir
   ☐ faire maigrir rapidement

---

*Une parapharmacie est un commerce qui vend des produits de santé et d'hygiène qui ne nécessitent pas d'ordonnance (*prescription*), par exemple des crèmes pour le corps, du maquillage hypoallergénique ou des vitamines à base de plantes. On trouve aussi des produits de parapharmacie dans les supermarchés et les pharmacies traditionnelles.

Le thé Zen: bon pour le corps, bon pour la tête

Quand il fait froid, il n'y a rien de mieux qu'une tasse de thé bien chaud pour se sentir mieux. Mais le saviez-vous?[1] Le thé, surtout le thé vert, a aussi beaucoup de bienfaits[2] pour la santé.

Le thé, c'est zen!

La santé du corps

Le thé (vert) est quatrième dans le classement des boissons qui contiennent des antioxydants. Un antioxydant est une substance chimique qui aide à lutter[3] contre les infections et les maladies, et aide à rester jeune. La vitamine C par exemple est un antioxydant présent dans le thé vert. On dit aussi que le thé contribue à lutter contre le mauvais cholestérol, et même qu'il contribue à réduire les graisses![4]

Vous n'aimez pas le thé vert? Essayez le tchaé, un nouveau type de thé vert parfumé à la menthe, au jasmin, ou à la cannelle.[5] Ou encore, le thé noir—en fait, un thé vert oxydé—qui contient aussi des antioxydants. Le thé noir serait même bénéfique en cas de migraine.

La santé de l'esprit

Le thé a des effets relaxants et, en même temps, donne de l'énergie car il contient de la caféine qui revitalise les vaisseaux sanguins[6] (mais moins de caféine que le café) et sans l'alcool que contient le vin rouge. Plus simplement, le thé est une boisson anti-stress car on la boit souvent tranquillement à la maison ou avec des amis au café. Prendre une tasse de thé, c'est un moment privilégié[7] dans la journée. On prend soin de soi,[8] on libère son esprit et on recharge les batteries. Le thé, c'est zen!

[1]Mais... *But did you know?* [2]*benefits* [3]*fight* [4]*fats* [5]*cinammon* [6]vaisseaux... *blood vessels* [7]*special* [8]On... *one takes care of oneself*

Après la lecture

A. Avez-vous compris? Choisissez la réponse correcte.

1. Le thé vert _____.

   a. a des propriétés antioxydantes   b. fait grossir   c. augmente le taux de mauvais cholestérol

2. Le thé noir _____.

   a. est dérivé du thé vert   b. a plus de caféine que le café   c. n'est pas bon pour les migraines

3. Le thé diminue le stress parce qu'_____.

   a. il contient de la caféine   b. il a des propriétés antioxydantes   c. on le boit à la maison

4. Le thé noir est bénéfique en cas de migraine parce qu'il contient _____.

    a. de la caféine   b. de l'alcool   c. de la vitamine C

B. Pour aller plus loin. Répondez personnellement aux questions suivantes.

1. Après avoir lu la brochure, avez-vous envie de boire du thé maintenant (ou plus de thé que d'habitude)? Expliquez.

    _____

    _____

2. Selon votre emploi du temps dans une journée typique, quelle boisson aimez-vous prendre pour... avoir plus d'énergie le matin? accompagner le déjeuner? rester en bonne santé? passer un bon moment avec des amis?

    _____

    _____

    _____

    _____

Chez les Français / Chez les francophones

Utilisez les renseignements fournis dans les sections **Chez les Français** du manuel pour déterminer si les affirmations suivantes sont vraies ou fausses. Si une affirmation est fausse, corrigez-la en changeant les mots soulignés pour la rendre vraie.

	VRAI	FAUX
1. Certains Français font du «tourisme esthétique», en Tunisie par exemple.	☐	☐
2. L'utilisation d'un produit pharmacologique comme Botox® à des fins esthétiques (*for esthetic purposes*) est illégale en France.	☐	☐
3. Depuis les années 90, il est défendu de fumer dans les lieux publics en France.	☐	☐
4. Selon un reportage de l'Organisation Mondiale de la Santé en 2013, les Français fument plus que les Américains.	☐	☐
5. La consommation de cigarettes a beaucoup diminué, surtout chez les jeunes femmes.	☐	☐
6. Le gouvernement français a adopté la «journée mondiale sans alcool» tous les ans le 31 mai.	☐	☐

Le coin écriture

Genre: Bilan de santé personnel (*Health Self-Assessment*)

Thème: Toute occasion est bonne pour faire le point sur votre santé. Sur une feuille de papier, décrivez en trois paragraphes ce que vous faites (ou alors ce que vous évitez de faire) pour lutter contre le stress et pour rester en forme.

1. D'une manière générale, comment évaluez-vous votre état de santé actuel? Êtes-vous heureux/heureuse? sportif/sportive? dynamique? fatigué(e)? stressé(e)? Quels types de sport ou d'activités faites-vous pour diminuer votre stress?

2. Décrivez (au passé composé) comment vous avez passé le week-end dernier. Quelle(s) activité(s) physique(s) avez-vous choisie(s) pour décompresser? Avez-vous organisé des sorties (cinéma, concerts, restaurants, etc.) pour vous détendre? Quelles choses importantes n'avez-vous pas faites?

3. Imaginez votre avenir. Quels changements devez-vous faire pour rester en forme, gérer le stress et préserver votre santé? Devez-vous faire un régime?

Une fois que vous avez fini, relisez votre travail en tenant compte des conseils donnés dans la section **Vérifions.**

Vérifions!

I have used:

❑ the **Stratégies d'écriture** introduced in earlier chapters.

❑ appropriate words and expressions from **Chapitre 8** of the textbook.

I have proofread my writing and checked:

❑ for spelling errors, including accent marks.

❑ that all adjectives agree in number and gender with the nouns they modify (e.g., **je suis très stressé[e]**).

❑ that I have used the correct auxiliary verb (**avoir** or **être**) when forming the **passé composé.**

❑ that the past participle of verbs conjugated with **être** agrees in gender and number with the subject (e.g., **je suis sorti[e], nous sommes allé[e]s**).

❑ that I have used **être** as the auxiliary verb with pronominal verbs in the **passé composé** (e.g., **il s'est promené, je me suis reposé[e]**, etc.).

❑ that verbs following **devoir, pouvoir,** or **vouloir** are in the infinitive form.

CHAPITRE 9

Chez nous

Communication en direct

🎧 **A. Quelques questions.** Écoutez chaque question et choisissez la réponse logique. Vous allez entendre chaque question deux fois. À la fin de l'activité, écoutez pour vérifier vos réponses.

> EXEMPLE: *Vous entendez:* Qu'est-ce que tu aimais manger quand tu étais petit?
>
> *Vous voyez:* a. J'aimais manger des biscuits.
> b. J'aimais faire de la natation.
>
> *Vous choisissez:* a. J'aimais manger des biscuits.

1. a. Mes amis étaient sympathiques.
   b. Mes parents étaient indulgents.

2. a. J'aimais faire des randonnées.
   b. J'étais plutôt timide.

3. a. J'aimais les maths et l'histoire.
   b. C'était difficile.

4. a. Ils n'étaient pas très autoritaires.
   b. J'aimais aller à l'école.

5. a. J'aimais beaucoup mon professeur de musique.
   b. J'aimais lire des livres d'aventures.

6. a. Elle n'était pas grande, mais elle était confortable.
   b. Elles étaient très jolies.

7. a. J'aimais avoir de bonnes notes à l'école.
   b. J'aimais aller à la piscine avec ma sœur.

8. a. Oui, c'était très agréable.
   b. Oui, j'aimais beaucoup mon chien.

B. Le monde d'une enfant. Complétez les phrases par **aimais, était,** ou **étaient.**

Quand j'étais petite, j'_____¹ inventer des mondes imaginaires. C'_____²
amusant d'imaginer être la reine (*queen*) d'un pays lointain (*faraway*). J'_____³ aussi beaucoup
jouer avec mes amies. Elles _____⁴ très créatives! Artistes, professeurs, astronautes, exploratri-
ces... toutes les professions _____⁵ possibles! Notre école _____⁶ à côté d'un
grand parc, où j'_____⁷ grimper aux arbres, et c'_____⁸ un bon endroit pour
jouer à cache-cache (*hide-and-seek*). Ces moments _____⁹ magiques.

Tu cherches un logement? Talking about one's residence

A. Un appartement en banlieue. Écrivez la lettre qui correspond à chaque pièce dans l'illustration de l'appartement ci-dessous.

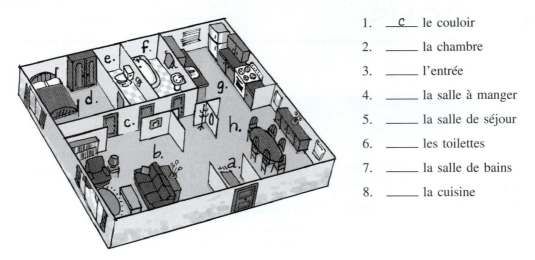

1. __c__ le couloir
2. _____ la chambre
3. _____ l'entrée
4. _____ la salle à manger
5. _____ la salle de séjour
6. _____ les toilettes
7. _____ la salle de bains
8. _____ la cuisine

B. Une place pour chaque chose… et chaque chose à sa place.

Première étape. Nommez deux objets (deux meubles, appareils ou articles ménagers) dans les illustrations ci-dessous qu'on associe à chaque activité (page 165). Utilisez l'article indéfini (**un, une**) approprié.

1. Pour équiper sa cuisine...

   _____

   _____

2. Pour faire le ménage...

   _____

   _____

3. Pour meubler (*furnish*) / décorer son salon...

   _____

   _____

4. Pour meubler / décorer sa chambre...

   _____

   _____

Deuxième étape. À quelle liste de la **Première étape** (1, 2, 3 ou 4) faut-il ajouter les objets suivants? Écrivez la forme appropriée de l'article indéfini (**un, une**), puis le numéro de la liste correspondante.

EXEMPLE: lave-vaisselle: ___*un*___ lave-vaisselle (liste ___*2*___)

1. _____ cafetière (liste _____)

2. _____ commode (liste _____)

3. _____ couette (liste _____)

4. _____ cuisinière (liste _____)

5. _____ fer à repasser (liste _____)

6. _____ étagère (liste _____)

7. _____ oreiller (liste _____)

8. _____ table basse (liste _____)

C. Une devinette.

Première étape. Utilisez les indices (*clues*) dans la colonne A pour compléter les mots dans la colonne B, une lettre par case. Attention à l'orthographe et aux accents.

A

1. Il y a un parking au _____ de l'immeuble.
2. Il y a de jolies fleurs dans le _____.
3. Il n'y a pas d'ascenseur. Il faut prendre l'_____.
4. On prend un bain dans la _____.
5. On fait la vaisselle dans l'_____.
6. Ne marchez (*walk*) pas sur la _____, s'il vous plaît!
7. Après l'orage (*storm*), ils ont dû réparer le _____.
8. Mon père chante toujours sous la _____.
9. Je repasse mes chemises sur la planche à _____.
10. On va prendre un verre dehors sur le _____.
11. On prépare le dîner dans la _____.
12. Ma chambre est au premier _____.

B

1. S [ ] [▨] [ ] – [ ] [ ] [ ]
2. J [ ] [ ] [ ] [▨]
3. [▨] [ ] [ ] [ ] [ ] [ ] R
4. B [ ] [ ] [ ] [ ] [▨] [ ]
5. [▨] [ ] [ ] R [ ]
6. P [ ] [ ] [ ] [▨] [ ]
7. [ ] [ ] [▨] T [ ]
8. [▨] [ ] [ ] [ ] E
9. R [▨] [ ] [ ] [ ] [ ] [ ]
10. B [ ] [ ] [ ] [▨]
11. [▨] [ ] [ ] [ ] E [ ]
12. É [ ] [ ] [▨]

Attention! Avant de continuer, vérifiez vos réponses dans la clé de corrections à la fin du *Workbook / Laboratory Manual.*

Deuxième étape. Utilisez les lettres dans les cases en gris de la **Première étape** pour épeler (*spell*) un synonyme du mot *une habitation*: _____ _____ _____ _____ _____ _____ _____ _____ _____ _____ _____

D. Quelle est la chambre de Caroline?

Première étape. Vous allez entendre deux fois Caroline faire la description de sa chambre. Identifiez l'illustration qui correspond à sa description. À la fin de l'activité, écoutez pour vérifier votre réponse.

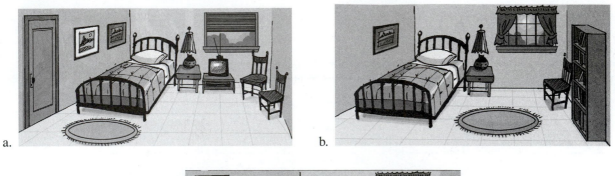

a.

b.

c.

Quelle est la chambre de Caroline? _____

Deuxième étape. Regardez de nouveau les trois illustrations de la **Première étape,** puis indiquez de quelle(s) chambre(s) on parle dans chacune des phrases suivantes. **Attention!** Si la phrase ne décrit aucune (*none*) des chambres, marquez **aucune des trois.**

	chambre A	chambre B	chambre C	aucune des trois
1. Il y a un tapis au milieu de la chambre.	☐	☐	☐	☐
2. Il y a un miroir sur le mur.	☐	☐	☐	☐
3. Il y a un ventilateur dans le coin (*corner*).	☐	☐	☐	☐
4. Il y a une étagère sur la droite.	☐	☐	☐	☐
5. Il y a un placard.	☐	☐	☐	☐
6. Il y a deux tableaux sur le mur.	☐	☐	☐	☐
7. Il y a un petit lavabo sous la fenêtre.	☐	☐	☐	☐

E. C'est la vie! Complétez chaque phrase avec (1) la forme appropriée du verbe **vivre** au présent et (2) une des habitations de la liste. Pour la dernière phrase, indiquez dans quelle sorte d'habitation vous vivez actuellement.

> appartement   chalet   maison de retraite   pavillon   résidence universitaire

1. Nous, les étudiants de première année (*freshmen*) à la fac, nous _____ dans une

   _____.

2. Janine, tu _____ toujours dans ton _____ au cinquième étage de

   l'immeuble *Les Chardons*?

3. Ma sœur aînée _____ dans un _____ dans la banlieue de Toulouse,

   avec son mari et leurs deux enfants.

4. Mes grands-parents sont très vieux. Ils _____ dans une _____ depuis

   trois ans.

5. Vous _____ très bien ici, dans votre _____ à la montagne!

6. Moi, je _____ dans _____.

Prononcez bien!

Les voyelles nasales [ɑ̃], [ɔ̃] et [ɛ̃]   *chambre, balcon et jardin*

> Nasal vowels (**voyelles nasales**) in French differ from the oral vowels (**voyelles orales**) you've studied in that the air stream passes not only through the mouth but through the nose as well. Nasal vowels are represented by one or two vowel letters followed by an **m** or an **n,** always within the same syllable.
>
> 1. The nasal vowel [ɑ̃], as in **chambre,** is represented by the spellings **an/am** and **en/em** when within the same syllable. For example:
>
>   d**an**s   ch**am**bre   a | sc**en** | ceur   dé | c**em**bre
>
> 2. The nasal vowel [ɔ̃], as in **balcon,** is represented by the spelling **on/om** when within the same syllable. For example:
>
>   b**on**   bal | c**on**   mai | s**on**   t**om** | ber
>
> 3. The nasal vowel [ɛ̃], as in **jardin,** is represented by the spellings **in/im** and **ain/aim/ein** when within the same syllable. For example:
>
>   jar | d**in**   **im** | po | ssible   b**ain**   f**aim**   p**ein** | ture (*painting*)

A. Essayons!

Première étape. Écoutez chaque paire de mots. Indiquez si les deux mots contiennent la même voyelle nasale ou pas. Vous allez entendre chaque paire de mots deux fois. À la fin de l'activité, écoutez pour vérifier vos réponses.

		oui	non				oui	non
1.	la b**an**lieue, la b**an**que	☐	☐	5.	la m**on**tagne, la c**am**pagne	☐	☐
2.	le pl**an**, le jard**in**	☐	☐	6.	la j**am**be, le v**en**tre	☐	☐
3.	la mais**on**, le balc**on**	☐	☐	7.	la t**an**te, l'**on**cle	☐	☐
4.	du v**in**, du p**ain**	☐	☐	8.	c**in**q, c**en**t	☐	☐

Deuxième étape. Maintenant, vous allez entendre encore une fois tous les mots de la **Première étape,** groupés par le son de leur voyelle. Répétez chaque mot en faisant attention à la voyelle.

la voyelle nasale [ɑ̃]: banlieue, banque, plan, campagne, jambe, ventre, tante, cent

la voyelle nasale [ɔ̃]: maison, balcon, montagne, oncle

la voyelle nasale [ɛ̃]: jardin, vin, pain, cinq

Pour bien prononcer

There are many pairs of words in French that differ in pronunciation depending on whether they contain a nasal vowel or an oral vowel + the consonant sound [n] or [m]. This is often the case with the masculine versus feminine form of an adjective, such as **bon** versus **bonne,** or the third-person singular versus plural form of a verb, such as **elle comprend** versus **elles comprennent.** If you pinch your nose shut, the words **bon** and **comprend** (with a nasal vowel) should sound odd because you're preventing any air from passing through, whereas the words **bonne** and **comprennent** (without a nasal vowel) should sound fine. This distinction between nasal vowels, on the one hand, and oral vowels + the consonant sound [n] or [m], on the other, will be important when completing Activity B.

B. Un pas en avant.

Première étape. Vous allez entendre une série de quatre adjectifs, puis une série de quatre verbes. Vous allez entendre chaque mot deux fois. Indiquez si l'adjectif est au masculin ou au féminin, puis si le verbe est au singulier ou au pluriel. À la fin de l'activité, écoutez pour vérifier vos réponses.

	adjectif			**verbe**	
	MASCULIN	FÉMININ		SINGULIER	PLURIEL
1.	☐	☐	5.	☐	☐
2.	☐	☐	6.	☐	☐
3.	☐	☐	7.	☐	☐
4.	☐	☐	8.	☐	☐

Deuxième étape. Vous allez entendre chaque mot de la **Première étape** avec les deux formes de l'adjectif (masculin et féminin) ou les deux formes du verbe (singulier et pluriel). Répétez les paires en faisant attention à la distinction entre une voyelle nasale et une voyelle orale + [n] ou [m].

1. … 2. … 3. … 4. … 5. … 6. … 7. … 8. …

C. Dictée.

♦ **Première étape.** Écoutez un jeune Français décrire où habite sa famille. Complétez les phrases avec les mots que vous entendez. Vous allez entendre chaque phrase deux fois.

1. Nous _____ dans une _____ ville _____.

2. Nous _____ dans une _____ _____ à Quimper.

3. Ma _____ a une _____ secondaire en _____.

4. Mon _____ achète un _____ avec un _____
   _____.

5. Mes _____ _____ _____ de vivre au centre-ville.

Attention! Avant de continuer, vérifiez vos réponses dans la clé de corrections à la fin du *Workbook / Laboratory Manual.*

Deuxième étape. Écoutez encore une fois les phrases de la **Première étape.** Répétez-les en faisant attention à la prononciation des voyelles nasales.

Grammaire interactive

9.1 Un logement plus abordable The comparative and superlative of adjectives

A. L'électroménager. L'employé d'un magasin d'électroménager aide un client à faire ses achats en comparant les appareils en vente (*for sale*). Jouez le rôle de l'employé en utilisant les symboles (+, =, −) et les adjectifs entre parenthèses. Suivez l'exemple.

> EXEMPLE: (+ / abordable) aspirateur *Philips*, aspirateur *Miele*
> *L'aspirateur Philips est plus abordable que l'aspirateur Miele.*

1. (= / gros) frigo noir, frigo blanc

    _____

2. (+ / beau) cafetière *Philips*, cafetière *Bosch*

    _____

3. (− / cher) cuisinières à gaz, cuisinières électriques

    _____

4. (− / lourd) étagère en métal, étagère en bois

    _____

5. (+ / bon) lave-vaisselle *Whirlpool*, lave-vaisselle *Indesit*

    _____

B. Le moins utile. Pour chaque activité, éliminez un des trois meubles, appareils ou articles ménagers disponibles (*available*). Justifiez votre choix en utilisant le superlatif **le/la/les moins...** des adjectifs dans la liste (ou **le/la/les pire[s]**). Suivez l'exemple.

commode (*convenient*)	**économe**	**essentiel**	**pratique**
désirable	**élégant**	**important**	**utile**

> EXEMPLE: Pour faire la cuisine: une cuisinière, un grille-pain (*toaster*) ou un four à micro-ondes?
> *Un grille-pain est le moins utile.*

1. Pour meubler sa chambre à la fac: un mini-frigo, un téléviseur grand écran ou une étagère?

    _____

2. Pour meubler son salon, chez soi: un canapé, un fauteuil ou une table basse?

    _____

3. Pour faire le ménage: un balai, un aspirateur ou un fer et une planche à repasser?

    _____

4. Pour faire sa toilette: un lavabo, une baignoire ou un miroir?

_____

5. Pour décorer sa chambre: des rideaux, un tapis ou une lampe?

_____

C. Les enfants Morin.

Première étape. Vous allez écouter deux fois une série de questions sur les enfants Morin que vous voyez dans l'illustration ci-dessous. Répondez à chaque question en cochant (✓) le nom de la personne en question. À la fin de l'activité, écoutez pour vérifier vos réponses.

	Élodie **24 ans**	**Élise** **20 ans**	**Éric** **16 ans**	**Enzo** **7 ans**
	Élodie	**Élise**	**Éric**	**Enzo**
1.	☐	☐	☐	☐
2.	☐	☐	☐	☐
3.	☐	☐	☐	☐
4.	☐	☐	☐	☐
5.	☐	☐	☐	☐
6.	☐	☐	☐	☐

Deuxième étape. D'après (_According to_) l'illustration de la **Première étape,** de qui est-ce qu'on parle dans chaque phrase? Considérez la forme de l'adjectif et le pronom accentué utilisé dans chaque phrase. Suivez l'exemple.

EXEMPLE: «Je suis plus grand que lui.»
Éric parle de <u>_son frère Enzo_</u>.

1. «Je suis plus sportive qu'elle.»

Élodie parle de _____.

2. «Il est beaucoup plus grand que moi.»

Enzo parle de _____.

3. «Nous sommes plus âgées qu'eux.»

Élodie et Élise parlent de _____.

4. «Je suis plus studieux qu'elles.»

   Éric parle de _____.

5. «Elle est beaucoup plus élégante que nous!»

   Éric et Enzo parlent de _____.

D. En Bretagne.

Première étape. Lisez le texte ci-dessous sur la Bretagne. Vous allez en faire un résumé dans la **Deuxième étape.**

La Bretagne est une vaste péninsule située entre la Manche[1] et le golfe de Gascogne. L'appellation *Bretagne* désigne à la fois une région historique de la France et une région administrative moderne, composée de quatre départements. Rennes, la capitale administrative, est la ville la plus peuplée de la région, avec environ 206.000 habitants.

La Bretagne se différencie des autres régions françaises sur plusieurs plans: elle bénéficie de la plus grande longueur de côtes,[2] d'un climat extrêmement doux et d'une langue régionale d'origine celte—le breton. Le paysage[3] breton est marqué par de nombreux *menhirs*, mégalithes de l'ère[4] néolithique. Le Grand menhir brisé[5] d'Er Grah, dans le département du Morbihan, est le plus grand d'Europe. Les aspects les plus visibles de la culture bretonne d'aujourd'hui sont ses *festoù-noz*—festivals de nuit où on danse à la musique celte—et sa gastronomie, surtout ses crêpes de sarrasin[6] et ses cidres alcoolisés, faits de pommes fermentées.

la Manche

29–Finistère 22–Côtes d'Armor 35–Ille-et-Vilaine

Brest• •Rennes

56–Morbihan

le golfe de Gascogne

[1]*English Channel* [2]*coastlines* [3]*landscape* [4]*era* [5]*broken* [6]*buckwheat*

Deuxième étape. Complétez ce résumé du texte en utilisant les noms et le superlatif des adjectifs entre parenthèses.

EXEMPLE: La Bretagne est une des *plus belles régions* (région / beau) de la France.

1. Rennes est la _____ (ville / peuplé) de la région.

2. Le breton est sans doute le _____ (exemple / bon) de ses

   origines celtes.

3. On trouve dans le Morbihan le _____ (menhir / grand) d'Europe.

4. Ses festivals et sa gastronomie sont les _____ (aspect /

   représentatif) de la culture bretonne d'aujourd'hui.

9.2 Quand j'étais plus jeune Using the **imparfait** to express habitual actions in the past

A. Quelle maison? Écoutez Gérard décrire deux résidences: sa maison actuelle (*current*) et sa maison d'enfance. Indiquez de quelle maison il parle dans chaque phrase en faisant attention à la forme du verbe (**au présent** ou **à l'imparfait**). Vous allez entendre chaque phrase deux fois. À la fin de l'activité, écoutez pour vérifier vos réponses.

	sa maison actuelle	sa maison d'enfance		sa maison actuelle	sa maison d'enfance
1.	☐	☐	5.	☐	☐
2.	☐	☐	6.	☐	☐
3.	☐	☐	7.	☐	☐
4.	☐	☐	8.	☐	☐

B. Quand Dominique était petite.

Première étape. À côté de chaque infinitif, écrivez le radical (*root*) qu'on utilise à l'imparfait. **Attention!** considérez d'abord la forme du verbe avec le sujet **nous** au présent avant d'écrire le radical de l'imparfait. **Mais attention!** Un verbe a un radical irrégulier à l'imparfait!

1. aimer _____*aim-*_____   5. être _____   9. rendre _____

2. aller _____   6. faire _____   10. vivre _____

3. avoir _____   7. partir _____

4. devoir _____   8. prendre _____

Attention! Avant de continuer, vérifiez vos réponses dans la clé de corrections à la fin du *Workbook / Laboratory Manual*.

Deuxième étape. Utilisez le radical de chaque verbe dans la liste de la **Première étape** pour compléter cette description de l'enfance de Dominique.

1. Quand j'_____ais petite, je _____ais en banlieue avec mes parents et mon frère.

2. À l'époque (*At that time*), nous _____ions un chien, Prince. Nous _____ions beaucoup jouer avec lui dans le jardin.

3. En semaine, mon frère et moi _____ions le petit déjeuner ensemble avant d'aller à l'école. Nous _____ions pour l'école vers 7 h 30.

4. Le samedi, je _____ais ranger ma chambre. (Quelle horreur!) Je _____ais aussi un peu le ménage avec ma mère.

5. Le dimanche, nous _____ions à l'église (*church*), puis nous _____ions visite à mes grands-parents.

C. Les retraités (*retirees*). Un groupe de retraités parle de leurs anciens métiers. Cochez (✓) le nom du métier qui correspond à ce qu'ils faisaient dans la vie avant de prendre leur retraite. Vous allez entendre chaque phrase deux fois. À la fin de l'activité, écoutez pour vérifier vos réponses.

1.	Elle était…	☐ femme médecin	☐ serveuse	☐ coiffeuse
2.	Il était…	☐ agent de police	☐ ouvrier	☐ boulanger
3.	Elle était…	☐ mère au foyer	☐ infirmière	☐ dentiste
4.	Ils étaient…	☐ journalistes	☐ avocats	☐ musiciens
5.	Il était…	☐ professeur	☐ homme d'affaires	☐ acteur
6.	Ils étaient…	☐ architectes	☐ facteurs	☐ biologistes

D. Une enfance en Louisiane. Dans le texte suivant, Michael, membre du groupe cajun Feufollet, décrit un bon souvenir d'enfance. Complétez sa description en mettant le verbe approprié de la liste à l'imparfait.

Geno Delafose et French Rockin' Boogie

adorer	assister	danser	être
s'amuser	avoir	déguster	s'installer

Quand j'étais petit ma famille et moi _____ [1] toujours aux Festivals Acadiens et Créoles

à Lafayette en Louisiane au mois d'octobre. On _____ [2] au parc Girard derrière la scène

(*stage*) «Ma Louisiane». Mon frère Chris et moi _____ [3] écouter de la musique cajun et

créole. Les groupes comme Steve Riley et les Mamou Playboys et Geno Delafose et French Rockin'

Boogie _____ [4] formidables! Mes parents _____ [5] et on

_____ [6] des spécialités cajuns comme le jambalaya aux saucisses et le gombo aux fruits

de mer. Il y _____ [7] toujours beaucoup de monde et on _____ [8] bien!

Aujourd'hui, mon frère Chris et moi avons notre propre groupe cajun, Feufollet.

9.3 Qu'est-ce qui se passait? Using the **imparfait** to express ongoing actions and situations in the past

A. À la cité universitaire.

Première étape. Qu'est-ce que les étudiants du deuxième étage de la cité universitaire faisaient hier soir à minuit? Écoutez le passage et indiquez ce que chaque personne faisait. Cochez les infinitifs des verbes que vous entendez. Vous allez entendre le passage deux fois. À la fin de l'activité, écoutez pour vérifier vos réponses.

		dormir	étudier	manger	parler	regarder
1.	Paul	☐	☐	☐	☐	☐
2.	Léonard	☐	☐	☐	☐	☐
3.	Isabelle	☐	☐	☐	☐	☐
4.	Julie	☐	☐	☐	☐	☐
5.	Raphaël	☐	☐	☐	☐	☐

Deuxième étape. Selon vos réponses dans la **Première étape,** écrivez une phrase pour décrire ce que chaque étudiant faisait hier soir à minuit.

1. Paul _____

2. Léonard _____

3. Isabelle _____

4. Julie _____

5. Raphaël _____

B. Qu'est-ce que vous faisiez quand j'ai téléphoné?

Première étape. M. Guérin, qui rentre de son voyage d'affaires en train, a essayé tout l'après-midi de joindre sa famille, mais personne n'a répondu. Finalement, on répond. Complétez la conversation entre M. Guérin et sa famille en mettant les verbes entre parenthèses à l'imparfait.

M. GUÉRIN: Allô, Annick. C'est Papa. Enfin, quelqu'un répond! Ça fait des heures que j'essaie de vous

joindre. J'ai essayé vers midi, qu'est-ce que tu _____[1] (faire)?

ANNICK: Moi, j' _____[2] (écouter) mon iPod dans ma chambre. Je n'ai pas entendu

le téléphone sonner. Je te passe Nathan.

NATHAN: Salut, Papa.

M. GUÉRIN: Bonjour, Nathan. Mais où est-ce que vous _____[3] (être), ton frère et toi,

quand j'ai téléphoné à 3 heures?

NATHAN: Nous _____[4] (jouer) au foot dans le jardin. Maman! C'est Papa à

l'appareil.

M. GUÉRIN: Caroline, dis, pourquoi est-ce que tu ne _____[5] (répondre) pas?

Je _____[6] (s'inquiéter).

MME GUÉRIN: Désolé, mon chéri! Mon portable _____[7] (avoir) besoin d'être chargé.

Je _____[8] (nettoyer) la salle de bains. Nous ne _____[9]

(faire) rien de spécial. À quelle heure est-ce que tu rentres?

M. GUÉRIN: Pas de changement. À 19 h. À ce soir!

Deuxième étape. En réalité, que faisait la famille de M. Guérin pendant son absence? Regardez les illustrations (page 175) et répondez en mettant les verbes de la liste à l'imparfait.

---

cacher (*to hide*) **les invités**   **décorer la salle de séjour**   **faire un gâteau**   **rentrer les provisions**

1. Annick et sa mère _____

_____

2. Nathan et son frère _____

3. Mme Guérin _____

_____

4. Ils _____

_____

C. Un cambriolage (*burglary*). Julie explique aux policiers les détails d'un cambriolage commis chez elle. Complétez son récit avec les verbes entre parenthèses, à l'imparfait.

«Je me souviens de quelques détails, mais franchement je _____ [1] (ne pas voir) très

bien; il _____ [2] (faire) déjà noir. Je _____ [3] (venir)

de rentrer et j' _____ [4] (être) dans ma voiture en face de la maison. Deux

hommes _____ [5] (sortir) de chez moi avec de gros sacs dans les bras. Le premier

_____ [6] (sembler) très grand. Il _____ [7] (porter) un jean

et des bottes. L'autre _____ [8] (être) beaucoup plus petit et il

_____ [9] (avoir) les cheveux courts. Ils _____ [10]

(se parler) dans une langue que je _____ [11] (ne pas comprendre). Tous les deux

_____ [12] (se diriger) vers une voiture. Je _____ [13]

(se sentir) soulagée (*relieved*) de les voir partir!»

D. À l'heure indiquée. Deux colocataires racontent ce qu'ils faisaient hier, à l'heure indiquée. Et vous, qu'est-ce que vous faisiez hier à la même heure?

1. À 9 h? Nous finissions notre petit déjeuner.

   Et toi? _____

2. À midi? Nous rangions l'appartement.

   Et toi? _____

3. À 14 h 30? Nous faisions de la gym.

   Et toi? _____

4. À 18 h? Nous prenions un verre avec des amis.

   Et toi? _____

5. À 21 h? Nous étions au cinéma.

   Et toi? _____

9.4 Une question de perspective Use of the **passé composé** versus the **imparfait**

A. Pendant qu'elle étudiait... Écoutez la description de la journée d'Anaïs, puis mettez les événements dans l'ordre chronologique en les numérotant de 1 à 5. Vous allez entendre sa description deux fois. À la fin de l'activité, écoutez pour vérifier vos réponses.

Pendant qu'Anaïs étudiait...

_____ ses colocataires sont rentrés.

_____ le téléphone a sonné.

_____ son voisin a frappé à la porte.

_____ le chien a aboyé (*barked*).

_____ le facteur a livré un colis (*delivered a package*).

B. Vive la différence! Complétez chaque paire de phrases en utilisant le verbe indiqué—à l'imparfait dans une des phrases et au passé composé dans l'autre. **Attention!** Considérez les expressions/groupes de mots en italique avant d'écrire les formes appropriées.

1. **déménager**

   a. Est-ce que vous _____ *souvent* quand vous étiez petit(e)?

   b. Nous _____ *pour la première fois* en 2007.

2. **travailler**

   a. *D'habitude,* mon père ne _____ pas *le week-end.*

   b. Moi, je (j') _____ *jusqu'à 20 h hier soir!*

3. **partir**

   a. Ma mère _____ *très tôt ce matin* pour aller faire les courses.

   b. *Normalement,* nous _____ en vacances *au mois d'août.*

4. **vendre**

a. Pour avoir un peu d'argent, je (j') _____ *souvent* des choses sur Internet.

b. *Récemment,* mes parents _____ leur voiture; ils n'en ont plus besoin.

C. Je veux tout simplement prendre une douche!
Christine, Éric, Juliette et Thomas partagent un appartement à Paris. Avec une seule salle de bains, les matins peuvent être difficiles. Christine nous donne sa version d'hier matin. Complétez le paragraphe avec les verbes entre parenthèses à l'imparfait ou au passé composé.

Hier matin, je/j' _____[1] (se réveiller) tôt, avant mes colocataires. Comme il

_____[2] (faire) très froid, je/j' _____[3] (ne pas vouloir)

sortir tout de suite du lit. Après quelques minutes, je/j' _____[4] (se lever) pour

aller prendre une douche. Mais dès que je/j' _____[5] (arriver) devant la

porte de la salle de bains je/j' _____[6] (entendre) l'eau de la douche couler. Ce/C'

_____[7] (être) mon coloc, Thomas. Alors, je/j' _____[8]

(réveiller) Juliette et nous _____[9] (prendre) le petit déj ensemble. Pendant que

nous _____[10] (manger), Éric _____[11] (entrer)

dans la salle de bains pour se préparer. Juliette et moi, nous _____[12] (être)

furieuses! Et moi alors? Je/j' _____[13] (être) en retard pour le travail et avec

tout ça, je/j' _____[14] (ne pas avoir) le temps de prendre une douche!

D. Chez qui?

Première étape. Le week-end passé, Philippe a dîné vendredi soir chez les Picard et samedi soir chez les Guérin. Écoutez sa description de chaque soirée et indiquez si les phrases suivantes correspondent à la soirée passée chez les Picard (P) ou chez les Guérin (G). Vous allez entendre le passage deux fois. À la fin de l'activité, écoutez pour vérifier vos réponses.

1. _____ Nous avons écouté de la belle musique pendant le repas.

2. _____ Le chien, qui était enfermé au sous-sol, aboyait sans cesse.

3. _____ Nous avons mangé un repas typiquement français.

4. _____ Le repas était froid.

5. _____ Ça sentait si bon!

6. _____ On a discuté dans le salon après le dîner.

7. _____ Je suis rentré très tard.

Deuxième étape. Maintenant, répondez aux questions suivantes. Dans chaque réponse, employez le passé composé et l'imparfait.

1. Comment est-ce que Philippe se sentait après le repas chez les Guérin? Pourquoi?

_____

2. Quel repas n'a-t-il pas aimé? Pourquoi?

_____

3. Est-ce qu'il a préféré la soirée chez les Picard ou chez les Guérin? Pourquoi?

_____

Culture en direct

Le coin lecture
Une maison de peintre

> **Stratégie de lecture** Identifying plot-advancing sentences versus descriptive sentences
> When verbs in the **passé compose** and the **imparfait** appear together in the same text, they tend to serve different functions. The **passé compose** usually appears in sentences that advance the storyline (for example, the fictional plotline of a novel or the series of events presented in nonfiction works like biographies). The **imparfait,** on the other hand, usually contributes further description or explanation in order to enhance the basic storyline. Taking note of which verbs are in the **passé composé** and which are in the **imparfait** will help you better understand how sentences, or clauses within sentences, contribute to the overall meaning of a text.

Avant de lire

Commençons par le début! Vous allez lire un texte sur la maison du peintre (*painter*) Claude Monet à Giverny. Voici quelques phrases tirées du texte. Analysez les exemples du passé composé et/ou de l'imparfait dans chaque phrase puis cochez (✓) leur fonction: **faire avancer l'histoire** ou **décrire/expliquer.**

> EXEMPLE: Il <u>a peint</u> (*painted*) beaucoup de scènes dans son propre jardin à Giverny.
>
> ☑ **fait avancer l'histoire**   ☐ **décrit/explique**

	fait avancer l'histoire	décrit/explique
1. Monet <u>s'est installé</u> à Giverny en 1883,	☐	☐
l'année où <u>il a rencontré</u> Cézanne.	☐	☐
2. Pour les impressionnistes, la lumière <u>pouvait</u>	☐	☐
être plus importante que la scène qu'ils <u>avaient</u> sous les yeux.	☐	☐
3. Monet <u>était</u> passionné de jardinage et	☐	☐
il <u>a conçu</u> (*designed*) son domaine comme une peinture.	☐	☐

Lecture

Maintenant, en tenant compte des verbes que vous avez analysés, lisez le texte.

Une maison de peintre

Claude Monet est l'un des peintres français impressionnistes les plus célèbres, mais ce que l'on sait moins, c'est qu'il a peint beaucoup de scènes dans son propre jardin à Giverny, une petite ville de Normandie. Monet s'est installé à Giverny en 1883, l'année où il a rencontré Cézanne. Il y est mort en 1926. Les impressionnistes préféraient peindre en plein air. Pour eux, la lumière pouvait être plus importante que la scène qu'ils avaient sous les yeux; c'est pourquoi Monet essayait sans cesse[1] de capturer la même scène, mais à des heures et sous une lumière à chaque fois différentes: le petit pont japonais, des feuilles de nénuphars[2] flottant sur l'eau, la façade «rose et verte» de sa maison…

Sa fascination pour les couleurs se reflète tout naturellement dans les parterres de fleurs[3] bleues, rouges, jaunes, qui entourent sa maison et embellissent[4] son jardin. Monet était passionné de jardinage et il a conçu son domaine comme une peinture. Même dans sa grande maison, les couleurs dominent: au rez-de-chaussée, on trouve le «salon bleu», les murs de la salle à manger et les meubles sont peints en jaune et la cuisine est décorée de carreaux de faïence[5] bleus et blancs.

Vers la fin de sa vie, souffrant de la cataracte qui troublaient sa perception des couleurs, Monet a peint des tableaux de plus en plus abstraits. Monet a été opéré de la cataracte en 1923, trois ans avant sa mort.

La maison de Giverny, qui est devenue un musée en 1980, se visite toute l'année et l'on peut y être témoin[6] des changements de lumière sur ces paysages colorés que Monet a si bien peints.

Le pont japonais et des nénuphars

[1]sans… *constantly*   [2]*water lilies*   [3]parterres… *flower beds*   [4]*make more attractive*   [5]carreaux… *earthenware tiles*   [6]être… *to witness*

Après la lecture

A. Avez-vous compris? Mettez les verbes dans les phrases suivantes au passé composé. Puis, mettez les événements dans la vie de Monet dans l'ordre chronologique (a–d). Utilisez les verbes de la liste suivante.

> **devenir**   **être opéré**   **s'installer**   **mourir**   **rencontrer**

ordre chronologique (a–d)

1. La maison de Giverny _____ un musée.   _____

2. Monet _____ à Giverny en 1926.   _____

3. Monet _____ à Giverny la même année

   où il _____ Cézanne.   _____

4. Monet _____ de la cataracte.   _____

B. Pour aller plus loin. Premièrement, décidez si les phrases suivantes décrivent une caractéristique de Monet ou des impressionnistes en général et cochez (✓) la case appropriée. Deuxièmement, choisissez le pronom sujet (**il/ils**) qui convient et mettez les verbes à l'imparfait. Utilisez les verbes de la liste suivante.

| adorer | avoir | essayer | préférer |

	Monet	**les impressionnistes en général**
1. La lumière pouvait être plus importante que la scène qu'il/ils _____ sous les yeux.	☐	☐
2. Il/Ils _____ le jardinage.	☐	☐
3. Il/Ils _____ peindre en plein air.	☐	☐
4. Il/Ils _____ sans cesse de capturer la même scène, mais sous une lumière à chaque fois différente.	☐	☐

Dans le marais de Giverny, Suzanne lisant et Blanche peignant (1887), Claude Monet

Chez les Français / Chez les francophones

Utilisez les informations fournies dans les sections **Chez les Français** et **Chez les francophones** du manuel et décidez si les affirmations suivantes sont vraies ou fausses. Si une affirmation est fausse, changez les mots soulignés pour la rendre vraie.

		VRAI	FAUX
1.	Une résidence <u>secondaire</u> en France s'appelle «une chambre au CROUS».	☐	☐
2.	Entre 1998 et 2008, <u>les loyers</u> (*rents*) ont augmenté en moyenne de 40 % en France.	☐	☐
3.	Les jeunes Français, surtout dans les grandes villes, préfèrent <u>la colocation</u> car elle permet de faire des économies (*save money*).	☐	☐
4.	Les chalets traditionnels en Suisse sont construits <u>en brique rouge</u> pour supporter la neige.	☐	☐
5.	Pour les vacances en Suisse, on peut louer un <u>chalet historique à Gryon</u>.	☐	☐
6.	À l'origine, le chalet était une <u>habitation paysanne (*peasant*) isolée</u> où les hommes et les animaux pouvaient vivre sous le même toit.	☐	☐

Le coin écriture

Genre: Un événement inoubliable

Thème: Quelle chanson évoque pour vous votre enfance ou votre adolescence? Discutez d'un souvenir particulier en utilisant l'imparfait et le passé composé. N'oubliez pas d'utiliser les mots **d'abord, et, puis, mais, maintenant, ensuite, donc, parce que,** et **enfin.** À la fin, dites comment les choses sont différentes pour vous maintenant. Suivez l'exemple.

EXEMPLE: Chaque fois que j'entends «Beau oui comme Bowie», une chanson de Serge Gainsbourg, ça me rappelle un bon souvenir d'enfance. J'étais dans la voiture avec mes parents, ma sœur et mon frère. Nous allions à la plage et nous chantions à tue-tête (*at the top of our lungs*) avec la radio. Puis, quand la chanson «Beau oui comme Bowie» est passée, j'ai vite compris le jeu de mots dans le refrain, mais pas mon frère. Donc, nous le lui avons expliqué. Ensuite, nous avons beaucoup ri (*laughed*) parce que ma mère a commencé à chanter et puis mon père. Mais lui, il chantait mal! Maintenant, je ne chante plus dans la voiture, seulement sous la douche!

Une fois que vous avez fini, relisez votre travail en tenant compte des conseils donnés dans la section
Vérifions!

Vérifions!

I have used:

❑ the **Stratégie d'écriture** for this activity.

❑ appropriate words and expressions from **Chapitre 9** of the textbook.

I have proofread my writing and checked:

❑ for spelling errors, including accent marks.

❑ that I have used the **imparfait** and the **passé composé** correctly.

❑ that the past participle of verbs conjugated with **être** agrees in gender and number with the subject (e.g., **je suis sorti[e], nous sommes allé[e]s**).

❑ that all adjectives used in comparatives and superlatives agree in number and gender with the nouns they modify.

CHAPITRE 10

Ça se fête!

Communication en direct

A. La bonne formule. Qu'est-ce qu'on dit dans chaque situation? Faites correspondre les situations de la colonne A avec l'expression appropriée de la colonne B. **Attention!** Il y a quelquefois plusieurs réponses possibles.

A

1. _____ Votre professeur s'est marié pendant l'été.
2. _____ Vos grands-parents vont passer deux semaines au Club Med à la Guadeloupe.
3. _____ Le serveur vous apporte l'entrée.
4. _____ Votre ami a reçu (*received*) 18 sur 20 à son examen.
5. _____ Vos camarades vont bientôt fêter Hanoukka, Noël et le nouvel an.
6. _____ Votre frère fête ses 25 ans.
7. _____ Un copain va partir pendant un semestre au Sénégal.
8. _____ Vos copains sortent pour voir une pièce de théâtre.
9. _____ Vos parents ont ouvert une bouteille de champagne.
10. _____ Votre frère s'est fiancé.

B

a. Bon appétit!
b. Bonnes fêtes (de fin d'année)!
c. Bravo!
d. Chin-chin!
e. Joyeux anniversaire!
f. Bonne soirée!
g. Bonnes vacances!
h. Félicitations!
i. Soyez heureux pour la vie!
j. Bon séjour!

B. De quoi est-ce qu'on parle? Écoutez chaque description et choisissez la question correspondante. Vous allez entendre chaque description deux fois. À la fin de l'activité, écoutez pour vérifier vos réponses.

1. a. Qu'est-ce que la Saint-Sylvestre?
   b. Qu'est-ce que la Saint-Jean-Baptiste?

2. a. Qu'est-ce que le champagne?
   b. Qu'est-ce que le cidre?

3. a. Qu'est-ce que le réveillon?
   b. Qu'est-ce que le ramadan?

4. a. Qu'est-ce que c'est que la Saint-Sylvestre?
   b. Qu'est-ce que c'est que la fête des Rois?

5. a. C'est quoi, une fève?
   b. C'est quoi, une galette des Rois?

6. a. C'est quoi, le couscous?
   b. C'est quoi, une dragée?

Vocabulaire interactif

Les jours de fête Talking about holidays and other celebrations

A. Préparatifs de fête. Marie explique comment on prépare les fêtes dans sa famille. Écoutez chaque phrase et choisissez la fête qui correspond aux préparatifs mentionnés. Vous allez entendre chaque phrase deux fois. À la fin de l'activité, écoutez pour vérifier vos réponses.

1. a. Noël   b. la Toussaint   c. un anniversaire

2. a. la fête des Rois   b. le premier avril   c. le jour de l'An

3. a. le 14 juillet   b. la fête des Mères   c. le Mardi gras

4. a. le jour de l'An   b. le ramadan   c. le 14 juillet

5. a. le premier d'avril b. un anniversaire   c. Pâques

6. a. la fête des Pères b. le réveillon de Noël c. la Saint-Jean-Baptiste

7. a. la Toussaint   b. le Mardi gras   c. le réveillon du jour de l'An

B. Quel mot vient à l'esprit? Ajoutez à chaque groupe le mot ou l'expression de la liste qui correspond.

Bonne année!	**les cadeaux**	**les chrysanthèmes**	**la prise de la Bastille**
la bûche	**le carême**	**les œufs dans le jardin**	

1. **Pâques:** les lapins en chocolat, les cloches, _____

2. **le jour de l'An:** le 1er janvier, les cartes de vœux, _____

3. **le 14 juillet:** un feu d'artifice, un défilé militaire, _____

4. **la Toussaint:** le 1er novembre, les tombes, _____

5. **Noël:** un sapin, les chaussures, _____

6. **le Mardi gras:** les défilés dans la rue, les déguisements, _____

7. **le réveillon de Noël:** le pâté de foie gras, la messe de minuit, _____

C. Qu'est-ce qu'on a fait? Complétez les phrases suivantes avec les activités que les personnes font avant ou pendant la fête mentionnée. **Attention!** Utilisez chaque expression une seule fois.

acheter une bûche de Noël	décorer le sapin
acheter des cadeaux	faire le jeûne (*to fast*)
aller à la mosquée	mettre le champagne au frigo
allumer les bougies de la ménorah	porter des déguisements
assister au défilé	porter un toast
cacher des œufs dans le jardin	préparer une dinde ou une oie

1. Avant le réveillon du jour de l'An, je/j' _____

2. À minuit, on _____

3. Bien avant Noël, nous (*2 activités*) _____

   _____

4. Pour le réveillon de Noël, ma mère (*2 activités*) _____

   _____

5. Le jour de Pâques, les parents _____

6. Pendant les 30 jours de ramadan, Moustapha (*2 activités*) _____

   _____

7. Pendant la journée du Mardi gras, Cécile et Amélie (*2 activités*) _____

   _____

8. Pour Hanoukka, appelée aussi la «Fête des lumières», les Juifs _____

   _____

D. Idées de cadeaux. Complétez chaque phrase en utilisant la forme correcte du verbe **offrir** au présent.

1. Mon père _____ quelquefois des bijoux à ma mère pour son anniversaire.

2. Mes grands-parents _____ souvent des chèques-cadeaux à leurs petits-enfants.

3. Pour la fête des Mères, vous _____ toujours un bouquet de fleurs à votre mère?

4. Nous _____ des DVD à mon frère et ma belle-sœur.

5. Qu'est-ce que tu _____ en général aux membres de ta famille pour leur anniversaire?

6. Est-ce que tu _____ des cadeaux à tes amis? Oui, je leur _____ des cadeaux.

E. On compare les cadeaux. Deux frères comparent ce qu'ils offrent à leur famille pour Noël. Complétez le dialogue par **lui** ou **leur,** selon le sens.

YVES: Grand-mère adore le Pays basque, donc je _____¹ offre un livre sur la région.

Et toi, qu'est-ce que tu _____² offres?

STÉPHANE: Moi, aux grands-parents, je _____³ offre une grosse boîte de chocolats. Et Papa,

qu'est-ce que tu _____⁴ offres?

YVES: Je ne sais pas encore. Un polo Lacoste? Peut-être une chemise Christian Dior, sa marque

préférée? Nous _____⁵ offrons la chemise ensemble, d'accord?

STÉPHANE: Excellente idée! Je pense que Maman, elle, compte _____⁶ offrir un pull en

cachemire.

YVES: Eh bien, il va être très chic notre père!

STÉPHANE: Et pour les jumelles, Murielle et Miriam? Qu'est-ce qu'on _____⁷ donne?

YVES: Si on _____⁸ offre des poupées (*dolls*), elles seront certainement contentes.

STÉPHANE: C'est parfait! On a notre liste!

Prononcez bien!

Les consonnes *l* et *r*   *Noël et ramadan*

> Although the consonants **l** and **r** are used in both English and French, neither one is produced the same way in the two languages.
>
> 1. The **l** sound in French is called a "lateral l" because the sides of the tongue come into contact with the upper teeth along the sides of the mouth. The tip of the tongue touches the roof of the mouth and remains toward the front of the mouth when pronouncing words. The **l** sound is spelled as a single or double letter l in French, as in **lundi, cloche, galette, Noël,** and **belle.**
>
> 2. Although the **r** sound in French varies greatly from dialect to dialect, in standard French it is produced as a "uvular **r**". The uvula—the appendage that hangs from the soft palate, at the back of the mouth—is allowed to vibrate as air passes from the throat into the mouth. The **r** sound is spelled as a single or double letter r in French, as in **ramadan, Bravo!, soirée, père,** and **terre.**

A. Essayons!

Première étape. Vous allez entendre une série de mots qui commencent par la lettre **l** ou **r**, puis une série de mots qui se terminent en **l** ou **r**. Vous allez entendre chaque mot deux fois. Cochez (✓) le mot que vous entendez. À la fin de l'activité, écoutez pour vérifier vos réponses.

1.	a. ☐ lit (*bed*)	b. ☐ riz
2.	a. ☐ loup (*wolf*)	b. ☐ roux
3.	a. ☐ long	b. ☐ rond
4.	a. ☐ poule (*hen*)	b. ☐ pour
5.	a. ☐ mule	b. ☐ mur
6.	a. ☐ pétale	b. ☐ pétard (*firecracker*)

Deuxième étape. Maintenant vous allez entendre chaque paire de mots de la **Première étape**. Répétez les paires en faisant attention à la distinction entre les sons **l** et **r** au début ou à la fin des mots.

Pour bien prononcer

Producing a uvular **r** sound in French can be challenging. (One way to practice producing this sound is through "dry gargling"—making a gargling sound deep in the back of your mouth, but without any liquid). The uvular **r** sound is most audible at the beginning and end of words, such as those in Activity A. When found in the middle of words before another consonant, as in **carte** and **mardi,** there simply isn't enough time for the uvula to fully vibrate. Keep this in mind as you complete Activity B.

B. Un pas en avant.

♦ **Première étape.** Écoutez les mots ou groupes de mots suivants. Vous allez les entendre deux fois. La première fois, complétez-les avec la lettre **l** ou **r**. La deuxième fois, répétez-les.

1. une ca_____te de vœux

2. un défi_____é

3. une fa_____ce

4. un _____apin

5. un feu d'a_____tifice

6. _____a fête nationa_____e

7. un jou_____ fé_____ié

8. le Ma_____di g_____as

Attention! Avant de continuer, vérifiez vos réponses dans la clé de corrections à la fin du *Workbook / Laboratory Manual.*

Deuxième étape. Répondez à la question suivante.

Dans quels mots de la **Première étape** est-ce qu'on trouve le son **r** devant une autre consonne?

___*carte*___   _____   _____   _____

C. Dictée.

♦ **Première étape.** Écoutez les descriptions de quelques fêtes et complétez les phrases avec les mots que vous entendez. Vous allez entendre chaque phrase deux fois.

1. Le jour de l'An est _____ en _____.

2. _____ premier_____, c'est le jour des _____.

3. J' _____ un bouquet de _____ à ma _____ pour

   son _____.

4. À Pâques, les enfants _____ des œufs et des _____ en

   _____ dans le _____.

Attention! Avant de continuer, vérifiez vos réponses dans la clé de corrections à la fin du *Workbook / Laboratory Manual.*

Deuxième étape. Écoutez encore une fois les phrases de la **Première étape**. Répétez-les en faisant attention à la prononciation des sons **l** et **r**.

Grammaire interactive

10.1 Tu crois au père Noël? The verbs **croire, recevoir,** and subordinate clauses

A. La forme des verbes. Complétez le tableau suivant avec les formes des verbes **voir/croire** et **recevoir** qui manquent. **Attention!** Mettez-les au présent.

	voir / croire	recevoir
je	*vois / crois*	_____
tu	_____ / _____	*reçois*
il/elle/on	_____ / _____	*reçoit*
nous	*voyons / croyons*	_____
vous	_____ / _____	*recevez*
ils/elles	*voient / croient*	_____

B. Commentaires sur les fêtes.

Première étape. Écoutez ces gens faire des commentaires sur plusieurs fêtes. Marquez le numéro de chaque commentaire que vous entendez à côté de l'expression utilisée dans ce commentaire. Vous allez entendre chaque commentaire deux fois. À la fin de cette première étape, écoutez pour vérifier vos réponses.

> EXEMPLE: *Vous entendez:* 1. Je crois qu'il a bu un peu trop de champagne hier soir!
>
> *Vous écrivez:* ___1___ croire que

_____ avoir l'impression que   _____ savoir que

_____ espérer que   _____ être certain que

_____ être sûr(e) que   _____ trouver que

_____ penser que

Deuxième étape. Écoutez encore une fois les commentaires de la **Première étape.** Pour chaque commentaire, indiquez la fête dont on parle. À la fin de l'activité, écoutez pour vérifier vos réponses.

1. a. la Saint-Sylvestre   b. le ramadan
2. a. le 14 juillet   b. le premier d'avril
3. a. la fête du Travail   b. Noël
4. a. la fête des Rois   b. la Saint-Valentin
5. a. Halloween   b. un anniversaire
6. a. la Toussaint   b. la fête des Mères
7. a. Pâques   b. la fête des Pères
8. a. le Mardi gras   b. la Toussaint

C. Vous y croyez?

Première étape. Complétez chaque phrase avec la forme appropriée de la préposition **à** ou la conjonction **que (qu')**, selon le cas. Ensuite, répondez à chaque question en donnant votre opinion.

	Oui, j'y crois.	**Non, je n'y crois pas.**
1. Croyez-vous _____ extraterrestres?	☐	☐
2. Croyez-vous _____ grand amour?	☐	☐

	Oui, j'y crois.	**Non, je n'y crois pas.**
3. Croyez-vous _____ les chats noirs portent malheur?	☐	☐
4. Croyez-vous _____ destin ([m.] *fate*)?	☐	☐
5. Croyez-vous _____ magie (*f.*)?	☐	☐
6. Croyez-vous _____ un jour vous allez parler français couramment (*fluently*)?	☐	☐

Deuxième étape. Choisissez et justifiez une de vos réponses de la **Première étape**.

EXEMPLE: *Je ne crois pas au grand amour. À mon avis...*

_____

_____

D. À quoi croyaient les enfants?

Voici quelques messages tirés d'un forum Internet sur ce thème. Complétez chaque message en utilisant d'abord la forme appropriée du verbe **croire** à l'imparfait, puis la forme appropriée des autres verbes entre parenthèses à l'imparfait.

1. Moi, je _____[1] (croire) qu'un *serial killer* _____[2] (être) une

   personne qui _____[3] (vivre) cachée dans une boîte de céréales!

2. Ma sœur et moi _____[4] (croire) que la petite souris* (*tooth fairy*)

   _____[5] (exister) vraiment et qu'elle _____[6] (venir) dans notre

   chambre par un petit trou (*hole*) qu'elle _____[7] (creuser [*to dig*]) dans le plancher

   (*floor*). Nous avons compris rapidement que nos parents _____[8] (être) des menteurs!

3. Mon petit frère _____[9] (croire) que quand les mamans _____[10]

   (manger) beaucoup de chocolat, elles _____[11] (grossir), et que ça

   _____[12] (faire) des bébés.

E. Cadeaux offerts, cadeaux reçus.

Complétez chaque phrase avec la forme du verbe **recevoir** indiquée entre parenthèses. Ensuite, répondez personnellement à chaque question.

1. (au présent) Qu'est-ce que vous _____ le plus souvent pour votre anniversaire?

   Je _____.

2. (à l'infinitif) Qu'est-ce que vous préférez _____ pour votre anniversaire?

   Je _____.

3. (à l'imparfait) Quand vous étiez petit(e), quels cadeaux est-ce que vous _____
   typiquement pendant les fêtes de fin d'année (à Noël ou pendant Hanoukka, par exemple)?

   Je _____.

4. (au passé composé) Quel est le dernier cadeau que vous _____... et de la part de
   qui (*from whom*)?

   J' _____.

_____

*In France, the "tooth fairy" is actually a mouse who, just like its American counterpart, leaves **une pièce de monnaie** in the place of the tooth.

10.2 Une fête que j'aime bien Relative clauses with **qui, que,** and **où**

A. Devinettes. Complétez les devinettes suivantes avec le pronom relatif (**qui, que [qu'], où**) approprié, puis trouvez la solution à chaque devinette dans la liste ci-dessous. **Attention!** Trois expressions ne sont pas utilisées.

la bûche de Noël	La Nouvelle-Orléans	la Saint-Jean-Baptiste
la fève	La Pâque juive	la Saint-Sylvestre
la messe de minuit	la prise de la Bastille	la Saint-Valentin

1. C'est le jour _____ les Québécois fêtent leur héritage.

    C'est _____.

2. C'est une fête _____ marque la fin de l'année.

    C'est _____.

3. C'est un gâteau _____ on mange au réveillon de Noël, à la fin du repas.

    C'est _____.

4. C'est une ville aux États-Unis _____ on célèbre le Mardi gras.

    C'est _____.

5. C'est le petit objet _____ se trouve traditionnellement dans une galette des Rois.

    C'est _____.

6. C'est l'événement _____ les Français commémorent chaque 14 juillet.

    C'est _____.

B. Qu'est-ce que c'est que la Bastille? Vous allez entendre deux fois l'histoire de la prison de la Bastille. Cochez (✓) la proposition relative (a.) ou (b.)—ou les deux—pour compléter correctement la phrase **La Bastille était une prison... .** À la fin de l'activité, écoutez pour vérifier vos réponses.

La Bastille était une prison...

1. a.   ☐ qui servait à l'origine de forteresse.
    b.   ☐ qui servait à l'origine de palais royal.
2. a.   ☐ que le roi Charles V a fait construire.
    b.   ☐ que le roi Louis XIII a fait construire.
3. a.   ☐ établie pour détenir les prisonniers du roi.
    b.   ☐ établie pour détenir les prisonniers ordinaires.
4. a.   ☐ où le fameux marquis de Sade a été emprisonné.
    b.   ☐ où le philosophe Voltaire a été emprisonné.
5. a.   ☐ que les révolutionnaires ont prise le 14 juillet 1789.
    b.   ☐ que les révolutionnaires ont peint en bleu, blanc et rouge.
6. a.   ☐ qui a été transformée en hôtel.
    b.   ☐ qui n'existe plus aujourd'hui.

C. Qu'est-ce que *la crémaillère*? Coralie invite des amis à sa crémaillère et doit expliquer à ses invités étrangers cette tradition. Complétez l'explication de Coralie en utilisant le pronom relatif approprié (**qui, que** ou **où**).

La crémaillère est une coutume _____¹ consiste à inviter des amis chez soi pour fêter un nouveau logement. Cette fête date du temps _____² on utilisait une crémaillère (*hook*) pour pendre (*hang*) au-dessus du feu la marmite (*pot*) dans lequel (*in which*) on préparait un repas pour ses amis! De nos jours, il y a souvent des invités _____³ apportent un petit cadeau comme une bougie, une carte de vœux ou une bouteille de vin. La crémaillère est une coutume _____⁴ tout le monde adore.

D. L'accord. Écoutez les phrases suivantes et cochez (✓) la forme correcte du participe passé. Vous allez entendre chaque phrase deux fois. À la fin de l'activité, écoutez pour vérifier vos réponses.

> EXEMPLE: *Vous entendez:* Regarde les poissons que les enfants ont découpés.
>
> *Vous cochez:* a. ☐ découpé b. ☐ découpée c. ☑ découpés d. ☐ découpées

1. a. ☐ pris (*sing.*)   b. ☐ prise   c. ☐ pris (*pl.*)   d. ☐ prises
2. a. ☐ mis (*sing.*)   b. ☐ mise   c. ☐ mis (*pl.*)   d. ☐ mises
3. a. ☐ offert   b. ☐ offerte   c. ☐ offerts   d. ☐ offertes
4. a. ☐ ouvert   b. ☐ ouverte   c. ☐ ouverts   d. ☐ ouvertes
5. a. ☐ acheté   b. ☐ achetée   c. ☐ achetés   d. ☐ achetées
6. a. ☐ choisi   b. ☐ choisie   c. ☐ choisis   d. ☐ choisies
7. a. ☐ reçu   b. ☐ reçue   c. ☐ reçus   d. ☐ reçues
8. a. ☐ envoyé   b. ☐ envoyée   c. ☐ envoyés   d. ☐ envoyées

10.3 Aide ton père!   Giving commands using the imperative

A. Les formes des verbes.

Première étape. Complétez ce tableau en écrivant l'impératif de ces verbes; d'abord la forme qui correspond à **tu,** puis à **vous** et finalement à **nous.**

	écouter	finir	sortir	attendre
tu	_____	_____	*Sors!*	_____
vous	*Écoutez!*	_____	_____	_____
nous	_____	*Finissons!*	_____	_____

Deuxième étape. Quelle forme du verbe **attendre** du tableau de la **Première étape** faut-il utiliser dans chaque situation?

1. (à vos parents): _____! Je n'ai pas encore fini.

2. (à votre famille, vous inclus[e]): _____! Le train arrive dans cinq minutes.

3. (à votre frère ou sœur): _____! Je cherche mon blouson.

B. Une soirée chez les Paillard.

Première étape. Il y a une soirée chez les Paillard ce soir. Pour préparer la maison, Mme Paillard donne des ordres à son mari et à ses fils. Écoutez les phrases et indiquez si Mme Paillard s'adresse à son mari ou à ses fils. Vous allez entendre chaque phrase deux fois. À la fin de l'activité, écoutez pour vérifier vos réponses.

	à son mari	à ses fils
1.	☐	☐
2.	☐	☐
3.	☐	☐
4.	☐	☐
5.	☐	☐
6.	☐	☐
7.	☐	☐

Deuxième étape. Les deux fils Paillard veulent faire autre chose aujourd'hui mais ils n'ont pas le droit (*aren't allowed*). Jouez le rôle de leur mère / leur père en utilisant **ne (n')... pas** avec l'impératif. Suivez l'exemple.

EXEMPLE: Nous voulons jouer aux jeux vidéo.

Non, ne jouez pas aux jeux vidéo maintenant.

1.   Nous voulons sortir nos Legos.

_____.

2.   Nous pouvons goûter le gâteau?

_____.

3.   Nous voulons regarder la télé.

_____.

4.   Nous voulons finir notre partie (*game*) de Monopoly.

_____.

5.   Nous pouvons aller chez les voisins?

_____.

C. Pendant les fêtes de fin d'année.

À l'aide des illustrations, suggérez des activités à faire avec vos amis pendant les fêtes de fin d'année. Utilisez l'impératif d'un verbe approprié à la première personne du pluriel (**nous**) et ajoutez des détails pour expliquer pourquoi vous croyez que c'est une bonne idée.

EXEMPLE:

Faisons du ski! J'aime aller à la montagne et il va faire très beau ce week-end.

1. _____

    _____

2. _____

    _____

3. _____

    _____

4. _____

    _____

5. _____

    _____

6. _____

    _____

D. Un cadeau d'anniversaire.

Première étape. C'est bientôt l'anniversaire du mari d'Anne-Marie. Elle raconte comment elle le fête. Vous allez entendre son récit deux fois. Cochez (✓) l'activité qui correspond à ses préférences. À la fin de l'activité, écoutez pour vérifier vos réponses.

1. a. ☐ demander à l'avance ce qu'il veut
   b. ☐ acheter un cadeau original

2. a. ☐ être raisonnable
   b. ☐ dépenser beaucoup

3. a. ☐ emballer le cadeau
   b. ☐ mettre le cadeau dans un sac décoratif

4. a. ☐ laisser le cadeau quelque part pour
      faire une surprise
   b. ☐ offrir toujours le cadeau en personne

Deuxième étape. Imaginez qu'Anne-Marie donne des conseils à son amie. Mettez les verbes de chaque paire de la **Première étape** à l'impératif (deuxième personne du singulier [**tu**]) et indiquez en premier ce qu'il faut faire et en second ce qu'il ne faut pas faire. Suivez l'exemple.

EXEMPLE: 1.   a.   ☐ demander à l'avance ce qu'il veut

b.   ☑ acheter un cadeau original

Achète un cadeau original; ne demande pas à l'avance ce qu'il veut!

2. _____

3. _____

4. _____

10.4 Tout se passe bien!   Uses and forms of adverbs

A. Catégories d'adverbe.

Première étape. Classez les adverbes de la liste selon leur sens. Quels adverbes est-ce qu'on utilise pour répondre à chacune de ces questions?

aujourd'hui	demain	ici	mal	vite
bien	hier	là-bas	partout	

Où?	**Quand?**	**Comment?**
_____	_____	_____
_____	_____	_____
_____	_____	_____

Attention! Avant de continuer, vérifiez vos réponses dans la clé de corrections à la fin du *Workbook / Laboratory Manual*.

Deuxième étape. Utilisez les trois adverbes de temps de la **Première étape** pour compléter les petits dialogues suivants.

1. —Qu'est-ce que vous avez fait _____?
   —On a fêté l'anniversaire d'Amélie.

2. —Est-ce qu'il va faire beau _____?
   —J'espère bien! Il va y avoir un défilé.

3. —Vous avez des invités chez vous _____?
   —Oui, mon collègue et sa femme sont ici.

B. Joëlle à Noël.

Première étape. Écrivez la forme adverbiale de chaque adjectif de la liste suivante. Vous allez entendre ces adverbes dans la **Deuxième étape**.

1. attentif / attentive ___*attentivement*___

2. rapide _____

3. bon(ne) _____

4. soigneux /soigneuse _____

5. constant(e) _____

6. complet / complète _____

7. doux / douce _____

Deuxième étape. Faites correspondre les phrases que vous entendez aux illustrations en écrivant le numéro de chaque phrase sous l'illustration correspondante. Vous allez entendre chaque phrase deux fois. À la fin de l'activité, écoutez pour vérifier vos réponses.

EXEMPLE: *Vous entendez:* 1. Elle écoute attentivement les idées de sa fille.

a. *Vous écrivez:* ___1___

b. _____

c. _____

d. _____

e. _____

f. _____

g. _____

C. Qu'est-ce qu'il faut? Complétez les phrases suivantes, une avec l'adverbe, l'autre avec l'adjectif indiqué. **Attention!** Quand il faut un adjectif, n'oubliez pas de faire l'accord en genre et en nombre.

1. **bien / bon**

   a. On mange très _____ pendant la fête de Thanksgiving.

   b. On prépare toujours beaucoup de très _____ plats.

2. **mal / mauvais**

   a. C'était une _____ idée d'offrir une cravate pour la fête des Pères!

   b. Il choisit toujours _____ ses cadeaux.

3. **énormément / énorme**

    a.   Ils viennent d'installer un _____ fantôme dans leur jardin.

    b.   Ils aiment _____ décorer leur maison à Halloween.

4. **joliment / joli**

    a.   Sophie a envoyé de _____ invitations pour le 14 juillet.

    b.   Elle a aussi _____ décoré les enveloppes en bleu, blanc et rouge.

D. Les études, les jours fériés et les vacances.

Première étape. Utilisez la forme adverbiale de chaque adjectif entre parenthèses pour compléter les phrases suivantes. Ensuite, cochez (✓) les cases à côté des phrases qui sont vraies pour vous.

EXEMPLE: Pour moi, les dernières semaines du semestre / trimestre

            passent _lentement_ (lent).

C'est vrai?

1.   Il y a _____ (actuel) trois fêtes qu'on observe ici pendant   ☐
le semestre/trimestre d'automne: la fête du Travail, la Toussaint et la fête
de Thanksgiving.

2.   _____ (heureux), les étudiants ici ont congé (*a day off*) le   ☐
mercredi avant et le vendredi après Thanksgiving.

3.   À mon avis, les étudiants ont _____ (vrai) besoin d'un mois   ☐
de vacances entre les semestres/trimestres.

4.   Quand les étudiants sont en vacances, il n'y a _____ (absolu)   ☐
rien à faire sur le campus.

5.   À la fin de l'année scolaire, je me sens toujours _____   ☐
(profond) soulagé(e) (*relieved*)!

Deuxième étape. Corrigez les phrases de la **Première étape** que vous n'avez pas cochées en remplaçant certains mots ou en ajoutant des détails supplémentaires pour les rendre vraies.

EXEMPLE: *Pour moi, les dernières semaines du semestre/trimestre passent trop vite!*

_____

_____

_____

_____

Culture en direct

Le coin lecture

Côte d'Ivoire: la fête des Masques

Stratégie de lecture   Recognizing and grouping together parts of a complex noun phrase

Nouns are rarely used in isolation in a text: they virtually always occur with an article, often with one or more adjectives that modify (describe) them, and sometimes with relative clauses with **qui, que** or **où** that add further descriptive details. Because noun phrases (**groupes nominaux**) in a text are often "complex" in this way, it's important as you read to identify the main noun, then mentally group together all the words that modify it. Here's an example:

Le ramadan est [une **fête** musulmane importante qui dure environ 30 jours].

Using this strategy will help you gain a better understanding of a text in all its detail.

Avant de lire

Commençons par le début!   Voici deux phrases d'un texte que vous allez lire sur la fête des Masques en Côte d'Ivoire. Pour chaque groupe nominal en italique, identifiez le nom principal, puis cochez (✓) et écrivez les autres éléments qu'on y trouve.

1.   On croit en *des esprits qui habitent dans la nature.*

     Le nom principal, c'est _____.

     Il y a aussi   ☐ un article: _____.

                    ☐ un adjectif: _____.

                    ☐ une proposition relative avec **qui/que:** _____.

2.   *Les croyances traditionnelles que la colonisation a contribué à effacer* sont encore présentes.

     Le nom principal, c'est _____.

     Il y a aussi   ☐ un article: _____.

                    ☐ un adjectif: _____.

                    ☐ une proposition relative avec **qui/que:** _____.

Lecture

Maintenant lisez le texte en tenant compte des groupes nominaux complexes.

Côte d'Ivoire: la fête des Masques

La Côte d'Ivoire a conservé certaines fêtes rituelles qui proviennent des traditions animistes de différentes tribus dans différentes régions du pays. Être animiste veut dire que l'on croit en des esprits qui habitent dans la nature; on croit que les éléments de la nature—le vent, les arbres, les animaux—ont aussi une âme.[1] Pendant la colonisation, les rituels d'inspiration animistes étaient souvent interdits. Aujourd'hui, la population de la Côte d'Ivoire est en majorité chrétienne (55%) ou musulmane (35%), mais les croyances traditionnelles que la colonisation a contribué à effacer[2] restent toujours présentes.

Dans la région de Man—la région des Yacouba—la fête des Masques se déroule[3] chaque année dans plusieurs villages. C'est une compétition qui a pour but[4] de désigner le meilleur danseur et de rendre hommage aux esprits de la forêt. Chaque danseur porte un masque qui symbolise un esprit de la forêt. Les masques gardent une place très importante dans les festivals et rituels d'Afrique de l'Ouest, car ils représentent bien plus qu'un accessoire. Le masque traditionnel est un élément religieux qu'un bon danseur doit non seulement animer mais «habiter». Les Yacouba sont célèbres pour leurs masques et leurs danses, et si, un jour, vous avez la chance de visiter les villages typiques de Sompleu, Douépleu ou Yo, essayez d'assister à leur fête des Masques!

[1]*soul* [2]*erase* [3]*se...takes place* [4]pour...*as its goal*

Après la lecture

A. Avez-vous compris?

Première étape. Avez-vous compris? Indiquez si les phrases sont vraies ou fausses. Si une phrase est fausse, corrigez-la.

	VRAI	FAUX
1. Il y a trois grands courants religieux en Côte d'Ivoire.	☐	☐
2. Les croyances animistes ont bénéficié de la colonisation.	☐	☐
3. Pendant la fête des Masques, les danseurs rendent hommage à l'esprit qu'ils représentent par le masque spécifique qu'ils portent.	☐	☐
4. À la fête des Masques, tous les danseurs sont égaux.	☐	☐
5. La fête se déroule dans les rues d'Abidjan tous les ans.	☐	☐

Deuxième étape. Complétez les phrases suivantes avec des éléments du texte.

1. L'animisme est une religion **que** moins de _____ % des Ivoiriens pratiquent.

2. Les animistes sont des gens **qui** croient que les éléments naturels ont une _____.

3. Les danseurs portent un _____ **qui** représente un esprit.

4. Yacouba est le nom d'une tribu en Côte d'Ivoire **qui** est _____ pour ses masques et ses danses.

B. Pour aller plus loin. Décrivez votre opinion de la fête des Masques avec deux ou trois phrases qui contiennent des propositions relatives. Commencez par: **C'est une fête qui m'intéresse / m'intrigue / etc. ... / que je trouve surprenante... parce que / à cause de... etc.**

_____

_____

Chez les Français / Chez les francophones

Utilisez les renseignements fournis dans les sections **Chez les Français** et **Chez les francophones** du manuel pour déterminer si les affirmations suivantes sont vraies ou fausses. Si une affirmation est fausse, corrigez-la en changeant les mots soulignés pour la rendre vraie.

	VRAI	FAUX
1. Pendant le ramadan, les musulmans ne mangent pas <u>entre le lever et le coucher du soleil</u> pour se purifier.	☐	☐
2. En général, le réveillon du jour de l'An se passe <u>en famille</u>.	☐	☐
3. <u>À la fête des Rois</u>, on mange un morceau de galette.	☐	☐
4. Dans la galette des Rois, on cache <u>une pièce de monnaie</u> et la personne qui la trouve est le roi / la reine pendant toute la journée.	☐	☐
5. La fête de Saint-Jean-Baptiste est la fête nationale du <u>Canada</u>.	☐	☐
6. En France, le lundi après Pâques <u>est férié</u>.	☐	☐
7. Le vaudou, pratiqué surtout dans les <u>centres urbains</u> d'Haïti, est une religion syncrétique.	☐	☐
8. L'Être suprême, dans la pratique du vaudou, s'appelle <u>Bondyé</u> en créole haïtien (l'équivalent de «Bon Dieu» en français).	☐	☐

Le coin écriture

Genre: Article d'encyclopédie

Thème: Écrivez un article sur une fête française ou francophone pour une petite encyclopédie que votre classe de français est en train de préparer. Votre article doit répondre aux questions suivantes: où et comment est-ce qu'on célèbre cette fête? Est-ce qu'il y a une signification historique des festivités ou de la nourriture / des recettes associées à cette fête? Cherchez une photo intéressante pour votre article sur Google images (**images.google.com**).

Pour mieux rédiger votre article, répondez mentalement ou par écrit aux questions suivantes.

1. Faites une liste de ce que vous savez actuellement sur l'histoire et les traditions associées à cette fête.
2. Quels types d'informations associées à cette fête vous manquent? Ajoutez-les à votre liste.
3. Où allez-vous trouver les informations qui vous manquent? Faites une liste des sources les plus valables que vous allez consulter.

Maintenant, écrivez votre article sur une feuille de papier. Une fois que vous avez fini, relisez votre travail en tenant compte des conseils donnés dans la section **Vérifions.**

Vérifions!

I have used:

❑ the **Stratégie d'écriture** for this activity.

❑ appropriate words and expressions from **Chapitre 10** of the textbook.

I have proofread my writing and checked:

❑ my spelling, including accent marks.

❑ that I have used the relative pronouns **que, qui** and **où** correctly.

❑ that in relative clauses beginning with **que** in the **passé composé**, the past participle agrees in number and gender with the preceding direct object (e.g. **la fête que j'ai décrit<u>e</u>**).

❑ that I have used the correct imperative forms of all verbs, particularly, **être, avoir,** and **savoir.**

❑ that I have used the correct form of adverbs (e.g., **bien, fréqu<u>e</u>mment, lent<u>e</u>ment, vraiment**).

CHAPITRE 11

Trouver son chemin

Communication en direct

A. Prédictions: Après les études. Faites correspondre les personnes de la colonne A à leurs projets professionnels décrits dans la colonne B.

A

1. Évelyne adore écrire. _____

2. Béatrice aime les enfants. _____

3. Anna étudie trois langues. _____

4. Gabrielle étudie l'anatomie et la biologie. _____

5. Yvan aime les gens et le sport. _____

6. Martine aime la chimie. _____

B

a. Elle espère être écrivain.

b. Elle veut devenir médecin.

c. Il veut être professeur de sport.

d. Elle aimerait devenir institutrice.

e. Elle espère être journaliste internationale.

f. Elle aimerait travailler dans un laboratoire.

B. Quelques questions. Écoutez et choisissez la réponse logique selon la question que vous entendez. Vous allez entendre chaque question deux fois. À la fin de l'activité, écoutez pour vérifier vos réponses.

1. a. J'aimerais devenir ingénieur.
   b. Moi, j'étudie le français, le grec moderne et la linguistique.

2. a. Mes études me plaisent beaucoup.
   b. Je n'ai pas encore décidé!

3. a. Ça ne me plaît pas trop, en fait.
   b. Évidemment, je dois chercher du travail!

4. a. J'adore ce métier—c'est très enrichissant.
   b. Franchement, je n'en ai aucune idée!

5. a. Mon métier me plaît dans l'ensemble.
   b. Je veux faire des études de droit, je pense.

6. a. Oui, pour le moment je suis contente.
   b. Je suis médecin.

Vocabulaire interactif

Les étapes de la vie Talking about life's major milestones

A. Les études

Première étape. Écrivez le mot approprié en utilisant les indices (*clues*) fournis. **Attention!** Les lettres en majuscules (*capital lettres*) représentent la première lettre de chaque mot.

1. **L** une _____ (ce qu'on obtient à la fin du premier cycle de l'université)

2. **E** l' _____ secondaire, supérieur

3. **S** être en _____ (on a encore deux ans au lycée)

4. **É** une grande _____, comme l'ÉNA (École nationale d'administration)

5. **T** être en _____ (on finit ses études secondaires)

6. **U** une _____ (on dit aussi *la fac*)

7. **D** un _____ (ce qu'on reçoit à la fin de ses études)

8. **E** un _____ (ce qu'on cherche après ses études)

9. **S** un _____ (ce qu'on gagne par mois)

Attention! Avant de continuer, vérifiez vos réponses dans la clé de corrections à la fin du *Workbook / Laboratory Manual.*

Deuxième étape. Quels sont les mots de la **Première étape** qui complètent logiquement chaque série?

1. _____, un master, un doctorat

2. en troisième, _____, en première, _____

3. L'École polytechnique, une école professionnelle, _____

4. un métier, un poste, _____

B. Devinettes.
Complétez chaque question en écrivant le mot qui correspond à la définition qui suit.

bac (baccalauréat)	concours d'entrée	société commerciale
cabinet médical	filière	troisième cycle

1. Qu'est-ce que c'est qu'une _____?

   —C'est une succession de cours à la fac, un programme d'études.

2. Qu'est-ce que c'est qu'un _____?

   —C'est un examen très difficile qui permet d'être accepté dans certaines grandes écoles.

3. Qu'est-ce que c'est qu'un _____?

   —C'est le lieu de travail d'un médecin.

4. Qu'est-ce que c'est que le _____?

—C'est un examen national qu'un lycéen doit passer en terminale.

5. Qu'est-ce que c'est qu'une _____?

—C'est une grande entreprise à but lucratif (*profit-making*).

6. Qu'est-ce que c'est que le _____?

—C'est le niveau d'études universitaire le plus avancé, qui mène au doctorat.

C. Dans ma famille. Jean-Claude parle des membres de sa famille—de leurs études et de leurs emplois. Lisez d'abord tous les choix (*choices*). Ensuite, écoutez et complétez chaque phrase avec le choix qui correspond à ce que vous entendez. Vous allez entendre chaque phrase deux fois. À la fin de l'activité, écoutez pour vérifier vos réponses.

1. Sa mère _____.
   a. a passé le concours d'entrée pour intégrer une grande école
   b. a eu son baccalauréat et a arrêté ses études

2. Son père _____.
   a. a fait des études de droit
   b. a fait des études pour être enseignant

3. Sa grand-mère _____.
   a. a fait des études en littérature
   b. a fini ses études pour être infirmière

4. Son cousin Pierre _____.
   a. est en première au lycée
   b. est en terminale et prépare son bac en ce moment

5. Sa cousine Sonia _____.
   a. suit déjà des cours de physique au collège
   b. suit des cours dans une grande école

6. Son oncle Nicolas _____.
   a. est musicien professionnel et n'a pas fait d'études supérieures
   b. a fait des études supérieures pour être sculpteur

D. Projets académiques. Complétez chaque phrase avec la forme appropriée du présent du verbe **suivre**.

1. Marc et Antoine _____ des cours de sciences politiques.

2. Vivienne _____ un cours de sculpture ce semestre à l'Académie des Beaux-Arts.

3. Toi et moi, nous _____ des cours de mathématiques différents.

4. Je _____ plusieurs cours de langues.

5. Toi et tes camarades, est-ce que vous _____ parfois des cours qui ne vous plaisent pas?

6. Et toi, est-ce que tu _____ un cours qui te plaît beaucoup ce semestre?

E. Une histoire d'amour.

Première étape. Voici la petite histoire d'amour d'un couple, Marc et Nathalie. Vous allez entendre l'histoire deux fois. Écrivez la lettre de l'illustration qui correspond à chaque description. À la fin de l'activité, écoutez pour vérifier vos réponses.

a.

b.

c.

d.

e.

f.

1. _____   2. _____   3. _____   4. _____   5. _____   6. _____

Deuxième étape. Complétez le résumé de l'histoire d'amour que vous avez entendue dans la **Première étape**. Utilisez la forme appropriée des verbes de la liste au **passé composé. Attention!** N'oubliez pas de faire l'accord du participe passé quand c'est nécessaire.

se disputer	se fiancer	se parler	rester
s'envoyer	se marier	se rencontrer	tomber

Marc et Nathalie _____¹ le premier jour des cours. Pendant deux semaines, ils

_____² en classe et ils _____³ des textos et des méls

aussi. Ils _____⁴ tout de suite amoureux. Ils _____⁵

une fois, mais en général ils s'entendaient bien. Ils ne _____

pas _____⁶ longtemps copain-copine: Ils _____,⁷

en fait, le dernier jour des cours et ils _____⁸ en décembre.

Prononcez bien!

Le *e* instable à l'intérieur des mots   *chemin* et à *demain*

1. In previous chapters, you've seen that the letter **e** can take on many different pronunciations depending on whether it is combined with other vowel letters in the same syllable (as in s**ei**ze), or with the letters **n** or **m** in the same syllable (as in c**en**t), or whether it appears with an accent mark (as in c**élè**bre).

2. When the letter **e** appears by itself and without an accent mark in an open syllable, as in ch**e**min and à d**e**main, it is usually dropped from the pronunciation of words in rapid, everyday speech. In slow or exaggerated speech (for example, in formal speeches, poetry, and song) it is pronounced very much like the vowel [ø] in **deux** that you learned about in **Chapitre 6.** The letter **e** in **chemin** and **à demain** is therefore called an "unstable **e**" (*e* **instable**) and is represented in dictionaries as the symbol "schwa" [ə].

3. When unstable **e** is not pronounced, it reduces the number of syllables in a word or phrase by one. For example, the words and phrases below are three syllables each when pronounced slowly (with the unstable **e**) but two syllables each when pronounced rapidly (without the unstable **e**).

	Slow/exaggerated speech	Rapid/everyday speech
son chemin	son l ch**e** l min	son l ch¢min
à demain	à l d**e** l main	à d¢ l main
acheter	a l ch**e** l ter	ach¢ l ter
une semaine	une l s**e** l maine	une l s¢maine

A. Essayons!

Première étape. Vous allez entendre deux fois les huit mots ou expressions de la liste ci-dessous. La première fois, écoutez tout simplement leur prononciation. La deuxième fois, cochez (✓) les mots/expressions qui contiennent un *e* instable. (Il y en a quatre.) À la fin de l'activité, écoutez pour vérifier vos réponses.

1. _____ dans l'av**e**nir
2. _____ un **e**mploi
3. _____ les **é**tudes
4. _____ un ch**e**min

5. _____ une fili**è**re
6. _____ une lic**e**nce
7. _____ un p**e**tit ami
8. _____ des souv**e**nirs

Deuxième étape. Les quatre mots ou expressions que vous avez cochés dans la **Première étape** seront (*will be*) prononcés deux fois: une fois de façon très lente (avec le *e* instable) et une deuxième fois de façon très rapide (sans le *e* instable). Répétez-les en faisant la même distinction.

Pour bien prononcer

In some words that you've seen in previous chapters, the sound of the letter **e** is always dropped in standard French (even in slow speech). Some examples include:

bracƎ | let   é | pi | cƎrie   dé | guisƎ | ment

For other words, the letter **e** is *always* pronounced (even in fast speech), because dropping it would cause three or more consonant sounds to cluster together—a rule known as **la loi** (*law*) **des trois consonnes.** Some examples include:

mer<u>cre</u>di   <u>pre</u>mier   sim<u>ple</u>ment

You'll hear and practice pronouncing additional examples of this distinction in Activity B.

B. Un pas en avant.

Première étape. Vous allez entendre deux fois des paires de mots. Dans chaque paire, cochez (✓) le mot qui contient un *e* instable qu'on ne prononce pas. (L'autre mot suit *la loi des trois consonnes.*) À la fin de l'activité, écoutez pour vérifier vos réponses.

1. a. ☐ sam<u>e</u>di   b. ☐ vendr<u>e</u>di
2. a. ☐ un appart<u>e</u>ment   b. ☐ un log<u>e</u>ment
3. a. ☐ un chef d'entr<u>e</u>prise b. ☐ un méd<u>e</u>cin
4. a. ☐ une caf<u>e</u>tière   b. ☐ un chand<u>e</u>lier
5. a. ☐ certain<u>e</u>ment   b. ☐ incroyabl<u>e</u>ment

Deuxième étape. Écoutez et répétez les mots de la **Première étape** que vous avez cochés.

♦ C. Dictée.

Première étape. Complétez chaque phrase en écrivant les quatre mots que vous entendez. Vous allez entendre chaque phrase deux fois. Ensuite, indiquez lequel des quatre contient un *e* instable.

1. Jeanne est _____ à Lille. Elle _____ être

   _____ comme sa _____. (Il y a un *e* instable

   dans le mot _____.)

2. Cette _____ Denise a trouvé un _____

   dans une _____ _____. (Il y a un *e* instable

   dans le mot _____.)

3. _____ ses _____

   _____, Marc aimerait _____ une voiture.

   (Il y a un *e* instable dans le mot _____.)

Attention! Avant de continuer, vérifiez vos réponses dans la clé de corrections à la fin du *Workbook / Laboratory Manual.*

Deuxième étape. Écoutez encore une fois les phrases de la **Première étape** et répétez-les en faisant attention aux différentes prononciations de la lettre *e*, y compris le *e* instable.

Grammaire interactive

11.1 Vous lisez un journal en ligne? The verbs **lire**, **dire**, and **écrire**

A. À la FNAC. Vous êtes dans le magasin de la FNAC et vous entendez des bribes de conversation entre amis. Vous allez entendre chaque conversation deux fois. Cochez la phrase qui résume le mieux chaque conversation. À la fin de l'activité, écoutez pour vérifier vos réponses.

1. a. ☐ Il doit probablement écrire un compte rendu de film.
   b. ☐ Il veut lire un recueil de poèmes.

2. a. ☐ Elle n'a pas envie de lire le roman en question.
   b. ☐ Elle veut écrire elle-même un roman d'amour.

3. a. ☐ Ils vont écrire une pièce de théâtre ensemble.
   b. ☐ Ils sont trop occupés pour lire en ce moment.

4. a. ☐ Elles doivent écrire un chèque.
   b. ☐ Elles vont dire «non, merci» à la vendeuse.

5. a. ☐ Elle doit leur dire qu'elle n'a pas assez d'argent.
   b. ☐ Elle veut leur acheter une nouvelle pour enfants.

6. a. ☐ Elle ne sait pas comment lui dire «non».
   b. ☐ Elle ne sait pas écrire de poèmes.

B. Les formes des verbes.

Première étape. Complétez chaque phrase dans le tableau en choisissant le verbe approprié et en écrivant sa forme correcte. Suivez l'exemple.

	lire	dire	écrire	
1. Un journaliste	___	___	_écrit_	un article de journal.
2. Les étudiants	___	___	___	une dissertation.
3. Les profs	___	___	___	les devoirs des étudiants.
4. On	___	___	___	parfois des poèmes à haute voix (*aloud*).
5. Les commerçants	___	___	___	toujours «bonjour» à leurs clients.
6. Une présentatrice à la télé	___	___	___	«bonsoir» aux spectateurs.

Deuxième étape. Complétez les questions suivantes avec la forme correcte de chaque verbe entre parenthèses **au passé composé**. Ensuite, répondez à chaque question par écrit.

1. Qu'est-ce que vous _____ (lire) récemment pour le plaisir?

   _____

2. Est-ce que vous _____ déjà _____ (écrire) un poème d'amour ou

   un billet doux (*love letter*) à quelqu'un? À qui? À quelle occasion?

   _____

3. Qu'est-ce que vous _____ (dire) à votre professeur aujourd'hui avant de quitter la salle de classe?

_____

C. Qu'est-ce qu'on lisait à l'époque (*at the time*)**?** Voici une liste de magazines/journaux très connus en France. Utilisez la forme appropriée du verbe **lire à l'imparfait** et indiquez le magazine/journal que ces personnes aimaient lire. **Attention!** Donnez votre propre réponse à la dernière question.

> *Cahiers du cinéma*   *L'Équipe*   *Vogue*
>
> *Le Monde des ados*   *Télérama*

1. À l'époque, Jean-Pierre était fanatique de sport. Il _____ toujours

    _____.

2. Tu t'intéressais à la mode quand tu étais plus jeune? Est-ce que tu _____ souvent

    _____?

3. Nous regardions souvent la télé à cette époque; nous _____ chaque semaine

    _____.

4. Si vous aimiez beaucoup les films, vous _____ sans doute les _____

    _____!

5. Quand elles étaient collégiennes, mes sœurs _____ tout le temps

    _____.

6. Et moi, quand j'étais plus jeune, je _____ souvent le magazine _____.

D. L'expression juste. Un ami américain, qui ne parle pas français aussi bien que vous, vous pose des questions. Vous allez entendre chaque question deux fois. Cochez la réponse correcte. **Attention!** Pour une des questions, les deux réponses sont correctes. À la fin de l'activité, écoutez pour vérifier vos réponses.

1. Tu lui dis…   a. ☐ «Oui, j'aimerais bien.»   b. ☐ «Désolé(e)! Je ne peux pas.»
2. Tu lui demandes…   a. ☐ «Depuis quand?»   b. ☐ «Depuis combien de temps?»
3. On leur dit…   a. ☐ «Félicitations!»   b. ☐ «Quelle horreur!»
4. Tu leur demandes…   a. ☐ «Ça vous plaît?»   b. ☐ «Ça va?»
5. On te dit…   a. ☐ «Bon anniversaire!»   b. ☐ «Joyeux anniversaire!»
6. Le serveur vous dit…   a. ☐ «Bonjour!»   b. ☐ «Bonsoir!»

11.2 Il faut avoir un diplôme   Impersonal use of *il*

A. Les conseils de Chantal. Chantal, une étudiante à la fac, donne des conseils à sa sœur cadette pour la préparation du bac. Écoutez et complétez le tableau en cochant (✓) l'expression que vous entendez. Vous allez entendre le passage deux fois.

	Il faut	Il est préférable de	Il n'est pas nécessaire de	C'est une bonne idée de	Il ne faut pas
1. étudier beaucoup	____	____	____	____	____
2. sécher (*skip*) les cours	____	____	____	____	____
3. emprunter des livres à la bibliothèque	____	____	____	____	____
4. pratiquer l'anglais	____	____	____	____	____
5. surfer sur Internet	____	____	____	____	____
6. bien dormir le soir	____	____	____	____	____
7. bien manger le matin du bac	____	____	____	____	____
8. paniquer	____	____	____	____	____

B. Des idées reçues. Complétez chaque phrase en écrivant **Il est** et **C'est,** selon le cas, puis la forme correcte de la préposition (**de** ou **d'**). Êtes-vous d'accord avec chaque «idée reçue»? Si oui, cochez la case correspondante.

EXEMPLE: ___*Il est*___ important __*d'*__accepter «le bien et le mal» chez un copain/une copine.

Je suis d'accord.

1. _____ essentiel _____ croire à l'amour véritable. ☐

2. _____ une bonne idée _____ se marier jeune. ☐

3. _____ nécessaire _____ avoir un emploi qu'on aime beaucoup. ☐

4. _____ un vrai plaisir _____ être parent. ☐

5. _____ toujours une mauvaise idée _____ divorcer. ☐

C. Poursuivre un métier.

Première partie. Complétez le paragraphe avec les mots de la liste.

> écrire   motivation   un ordinateur
> lire   les œuvres classiques   talent

Pour devenir écrivain, il faut d'abord du _____.[1] Il vaut mieux aimer

_____[2] et _____.[3] Il est essentiel d'avoir beaucoup de

_____[4] et il est important de connaître _____.[5] C'est une bonne

idée de posséder _____,[6] comme ça on peut facilement réviser son travail.

Deuxième étape. Maintenant, choisissez un métier qui vous intéresse et complétez le paragraphe en donnant votre propre opinion sur ce qu'il faut pour le poursuivre.

Pour devenir _____[1] il faut d'abord du _____.[2] Il vaut mieux

aimer _____[3] et _____.[4] Il est essentiel d'avoir beaucoup de

_____[5] et il est important de connaître _____.[6] C'est une bonne

idée de posséder _____,[7] comme ça on peut _____.

D. Une relation réussie.

Comment réussir une relation de couple? Choisissez quatre gestes de la liste suivante et combinez-les avec les expressions impersonnelles indiquées. Ajoutez des détails pour créer des phrases complètes. **Attention!** L'expression **il ne faut pas** veut dire *One mustn't / shouldn't . . .*

> l'aider à [faire]...   lui mentir...
> l'écouter...   lui acheter...
> l'embrasser...   lui donner...
> le/la respecter   lui dire...
> le/la voir...   lui écrire...

1. Il est nécessaire de _____

   _____

2. Il n'est pas nécessaire de _____

   _____

3. Il faut _____

_____

4. Il ne faut pas _____

_____

11.3 Ses projets d'avenir (1) Use of the **futur simple**

A. Maintenant ou dans l'avenir? Vous allez entendre deux fois la description d'une lycéenne française, Anne-Christine. Indiquez si on parle de sa vie présente ou de sa vie future. À la fin de l'activité, écoutez pour vérifier vos réponses.

	vie présente	**vie future**
1.	☐	☐
2.	☐	☐
3.	☐	☐
4.	☐	☐
5.	☐	☐
6.	☐	☐
7.	☐	☐
8.	☐	☐

B. Le futur proche et le futur simple.

Première étape. Pour chaque groupe de phrases, utilisez **le futur proche** (**aller** + infinitif) du verbe indiqué dans la phrase **a** et **le futur simple** du même verbe dans la phrase **b**.

lire

1. a. Elle _____ son livre de philosophie, sur Descartes, ce soir.

   b. Elle _____ beaucoup quand elle étudiera à la Sorbonne!

se marier

2. a. Ils _____ en juin!

   b. Peut-être qu'ils _____ un jour!

écrire

3. a. Il _____ un article de journal pour *Le Figaro*.

   b. Un jour, il _____ l'histoire de sa vie au Sénégal.

partir

4. a. Ils _____ à 14 h 30 pour aller voir l'exposition au musée Rodin.

   b. L'été prochain, ils _____ ensemble en vacances en Polynésie française.

Deuxième étape. Quelle phrase (**a** ou **b**) de la **Première étape** décrit le mieux chaque illustration numérotée?

1. _____   2. _____

3. _____   4. _____

C. Personnages historiques. Imaginez que les personnages historiques que vous avez «rencontrés» dans les chapitres précédents nous parlent de leur vie *dans l'avenir*. Complétez chaque phrase en écrivant la forme appropriée du verbe entre parenthèses **au futur simple**. Ensuite, indiquez qui c'est.

Qui a vécu au château de Versailles?

> les Acadiens   Louis XVI et Marie-Antoinette
> Auguste Rodin   Marcel Marceau
> les frères Lumière   Yves Saint Laurent

1. J'_____ (ouvrir) un jour une école internationale de mime. Qui est-ce?

   _____

2. Nous _____ (quitter), de force, notre colonie pour nous installer un jour en Louisiane.

   Qui est-ce? _____

3. Je _____ (travailler) d'abord pour Christian Dior avant de lancer (launch) ma

   propre maison de couture. Qui est-ce? _____

4. Nous _____ (inventer) un jour un cinématographe pour faire des films.

   Qui est-ce? _____

5. Je _____ (mettre) l'accent sur le caractère et l'émotion humaine dans mes sculptures.

   Qui est-ce? _____

6. Nous _____ (vivre) à Versailles jusqu'en 1789, puis aux Tuileries, à Paris.

   Qui est-ce? _____

D. Tu ou vous? Vous posez des questions à des francophones que vous connaissez (know) sur votre campus. Lisez d'abord le contexte, puis écrivez votre question en utilisant la forme appropriée du verbe (**tu** ou **vous**) au futur simple. Suivez l'exemple.

EXEMPLE: Vous voulez savoir ce qu'un camarade étudiera l'année prochaine.
            Qu'est-ce que tu étudieras l'année prochaine?

1. Vous voulez savoir quels cours un prof donnera le semestre prochain.

   _____?

2. Vous voulez savoir si une amie repartira à Avignon en automne.

   _____?

3. Vous voulez savoir quand deux camarades présenteront leur exposé.

   _____?

4. Vous voulez savoir où une copine habitera l'année prochaine.

   _____?

5. Vous voulez savoir comment les parents d'un camarade se rendront à la gare.

   _____?

6. Vous voulez savoir pourquoi la sœur d'une camarade ne restera pas plus longtemps.

   _____?

11.4 Ses projets d'avenir (2) Irregular stems in the **futur simple**

A. Les étudiants. Voici les quatre élèves de Lille de la section **Vocabulaire interactif** du manuel. Rappelez-vous (*Remind yourself*) de leur âge et de leur niveau d'études, puis écoutez la description de leurs projets pour l'année prochaine. Cochez le nom de l'élève qui correspond à la description que vous entendez. Vous allez entendre chaque phrase deux fois. À la fin de l'activité, écoutez pour vérifier vos réponses.

**Mireille, 15 ans
(collégienne)**

**Ibrahim, 16 ans
(lycéen en
seconde)**

**Jean-Paul, 17 ans
(lycéen en
première)**

**Élisabeth, 18 ans
(lycéenne en
terminale)**

	C'est Mireille.	C'est Ibrahim.	C'est Jean-Paul.	C'est Élisabeth.
1.	☐	☐	☐	☐
2.	☐	☐	☐	☐
3.	☐	☐	☐	☐
4.	☐	☐	☐	☐
5.	☐	☐	☐	☐
6.	☐	☐	☐	☐

B. Régulier ou irrégulier? Dans chaque paire, cochez le verbe dont (*whose*) le radical est irrégulier au **futur simple**. Ensuite, utilisez ce verbe à sa forme appropriée pour compléter la phrase.

EXEMPLE: ☑ falloir   ☐ finir   Il _____*faudra*_____ poursuivre ses études!

1. ☐ valoir   ☐ vendre   Il _____ mieux avoir un master.

2. ☐ entendre   ☐ envoyer   Ils _____ les dossiers à l'institut.

3. ☐ vivre   ☐ voir   Je ne _____ pas mes camarades cet été.

4. ☐ monter   ☐ mourir   Elle _____ de fatigue; elle travaille trop!

5. ☐ obtenir   ☐ oublier   Vous _____ votre diplôme l'année prochaine?

6. ☐ devenir   ☐ dormir   Nous _____ médecins.

7. ☐ recevoir   ☐ rentrer   Tu _____ une réponse, j'en suis sûr.

C. L'année prochaine.

Première étape. Complétez le tableau suivant en écrivant le radical (**au futur simple**) de chaque infinitif.
Attention! Tous ces verbes ont un radical irrégulier.

aller	1. J' _____ai plus souvent au gymnase!
avoir	2. J' _____ai assez d'argent pour acheter une voiture.
devoir	3. Je _____ai chercher un emploi.
être	4. Je _____ai plus à l'aise (*relaxed*), moins stressé(e).
faire	5. Je _____ai un séjour linguistique en Europe.
pouvoir	6. Je _____ai travailler moins.
savoir	7. Je _____ai parler couramment français!
vouloir	8. Je _____ai habiter avec mon copain/ma copine.

Deuxième étape. Regardez de nouveau les huit phrases de la **Première étape.** Quelle phrase décrit le mieux vos projets pour l'année prochaine? Laquelle ne décrit pas bien vos projets? Expliquez pourquoi (ou pourquoi pas).

EXEMPLE: Je ne ferai pas de séjour linguistique l'année prochaine parce que j'aimerais améliorer (*to improve*) mon français avant d'aller passer l'année en France.

1. _____

_____

2. _____

_____

D. Mes projets d'avenir. Comment voyez-vous votre vie future? Terminez les phrases suivantes (au futur simple).

1. Lorsque j'obtiendrai mon diplôme, je… _____

_____.

2. Aussitôt que je trouverai un emploi, je… _____

_____.

3. Quand je rencontrerai l'homme/la femme de ma vie, je… _____

_____.

4. Quand j'aurai quarante ans, je… _____

_____.

Culture en direct

Le coin lecture
Les étudiants français à l'étranger

> **Stratégie de lecture** Recognizing different grammatical structures that serve the same purpose
>
> You've now learned three different ways of offering advice to others: (1) "indirectly" (more politely), by using verbs like **pouvoir** and **devoir** + infinitive (**Chapitre 7**); (2) "directly", by giving commands using the imperative (**Chapitre 10**); and (3) "impersonally", by using expressions such as **il faut, il vaut mieux, il est essentiel,** etc. + infinitive. Recognizing that various grammatical structures can serve the same purpose (in this case, "giving advice"), yet differ slightly in how a reader interprets them, will help to make you a better reader and—by varying your own use of grammatical structures—a better writer!

Avant de lire

Commençons par le début! Vous allez lire un article adapté du magazine français *Phosphore* qui offre des conseils aux étudiants français pour avoir un séjour agréable à l'étranger. Voici quelques conseils tirés de l'article. Récrivez ces conseils en utilisant l'expression ou en suivant les indications entre parenthèses. Suivez l'exemple.

> EXEMPLE: Vous devez entrer en contact avec elle.
>
> **(il faut)** *Il faut entrer en contact avec elle*. *(ou)*
>
> (impératif) *Entrez en contact avec elle!*

1. Il faut accepter de vivre différemment.

   (devoir) _____.

2. Vous devez vous renseigner sur le pays.

   (il est essentiel) _____.

3. N'allez pas vous enfermer dans votre chambre.

   (il ne faut pas) _____.

4. Vous pouvez aussi trouver des associations près de chez vous.

   (impératif) _____.

Lecture

Maintenant, lisez le texte.

Les étudiants français à l'étranger

Préparer son séjour

Partir à l'étranger implique la découverte d'une culture différente, mais aussi un changement important de vos habitudes. [...] Il faut accepter de vivre différemment, de s'adapter aux habitudes alimentaires du pays d'accueil[1] et, d'une façon générale, aux modes de vie locaux. Pour cela, vous devez bien vous renseigner sur le pays et l'endroit même où vous allez.

  Pour ceux qui partent dans une famille d'accueil, vous recevrez ses coordonnées quelques jours avant le départ. Vous devez absolument la contacter par téléphone ou par mail. C'est un excellent moyen de faire connaissance et, en cas de problème, il sera toujours temps de changer de famille.

Optimiser son séjour

Sur place, il vous faudra quelques jours pour vous familiariser avec les habitudes du pays, de la famille ou du «college» / campus qui vous accueillent. [...] Si vous êtes hébergé(e)[2] dans une famille, n'allez pas vous enfermer dans votre chambre dès que vous rentrez à la maison. Faites des efforts pour communiquer, parler avec tous les membres de la famille et participer à leur vie de tous les jours: faire les courses, partager les repas, regarder la télévision, etc. Où que vous soyez,[3] posez des questions quand vous ne comprenez pas, n'hésitez pas à demander de répéter et même d'écrire.

Réussir son retour

Grâce à[4] Internet (mail, MSN, blogs), vous pouvez, à votre retour, garder contact avec votre famille d'accueil et autres amis anglophones rencontrés sur place. Ne vous en privez pas.[5] Si vous avez suivi des cours sur place, révisez vos notes avant de reprendre le chemin du lycée / de l'université. Vous pouvez aussi trouver près de chez vous des associations où pratiquer l'anglais. Et puis, il existe une foule de[6] romans, DVD, sites Internet… pour _practice your English at home._ Enfin, la meilleure manière de réussir son retour, c'est d'envisager un nouveau départ.

[1]pays… _host country_   [2]_housed, staying_   [3]Où… _Wherever you are_   [4]Grâce… _Thanks to_   [5]Ne… _Don't forego doing so._
[6]une… _tons of_

Après la lecture

A. Avez-vous compris? Décidez si les affirmations suivantes sont vraies ou fausses.

		VRAI	FAUX
1.	On ne doit pas du tout changer ses habitudes pour réussir à l'étranger.	☐	☐
2.	Il vaut mieux habiter dans un appartement en cas de problèmes.	☐	☐
3.	Les petites activités de la vie quotidienne sont un bon moyen d'apprendre à comprendre la culture locale.	☐	☐
4.	À l'étranger, il faut être discret; il ne faut pas poser de questions.	☐	☐
5.	Pour pratiquer l'anglais après le séjour, on peut lire des livres et regarder des films en anglais.	☐	☐
6.	Il est plus facile de garder le contact grâce à Internet après la fin du séjour.	☐	☐

B. Pour aller plus loin. Regardez encore une fois la dernière phrase de la lecture, où on donne des conseils en utilisant: **La meilleure manière (la meilleure façon) de** + infinitif, **c'est de** + infinitif. Maintenant, imitez ce style pour donner deux conseils aux étudiants français qui font un séjour à votre fac.

1. pour se faire des amis: _____

    _____.

2. pour gérer le stress: _____

    _____.

Chez les Français / Chez les francophones

Utilisez les renseignements fournis dans les sections **Chez les Français** et **Chez les francophones** du manuel pour déterminer si les affirmations suivantes sont vraies ou fausses. Si une affirmation est fausse, corrigez-la en changeant les mots soulignés pour la rendre vraie.

		VRAI	FAUX
1.	Les élèves français ont le choix entre deux types de lycées: <u>général ou professionnel</u>.	☐	☐
2.	Le bac(caulauréat) en France, à la fin de la terminale, est un examen <u>régional</u>.	☐	☐
3.	Le bac comporte plusieurs épreuves <u>écrites et orales</u>.	☐	☐
4.	La licence, un diplôme universitaire, demande <u>4 ans</u> d'études après le bac.	☐	☐
5.	Pendant la première année de licence, les étudiants de la même filière suivent un programme <u>diversifié</u>.	☐	☐
6.	Pour intégrer une «grande école», il faut réussir <u>un examen d'entrée</u>.	☐	☐
7.	<u>L'Algérie</u> reste le pays maghrébin le plus avancé sur la question de l'égalité des femmes.	☐	☐
8.	En général, les femmes qui vivent <u>dans les grandes villes du Maghreb</u> ont un statut plus égal à l'homme que celles qui habitent <u>en milieu rural</u>.	☐	☐

Le coin écriture

> **Stratégie d'écriture** Knowing your audience
>
> When writing, bear in mind who your reader(s) will be. For example, when composing a letter to a potential employer, you will be writing in a more formal style than you would if you were addressing a friend. French has a set of formulaic expressions used to open and close business correspondence that you will need to incorporate into your letter. As you write, also try to anticipate the questions your reader might have. Finally, be sure to use expressions and phrasing that are appropriate for your purpose.

Genre: Lettre de motivation (*Job application letter* [formal])

Thème: Écrivez une lettre de motivation pour répondre à l'offre d'emploi ci-dessous. Décrivez vos études (y compris le diplôme universitaire anticipé, l'année où vous allez le recevoir, et votre spécialisation) et les qualités et/ou qualifications requises que vous possédez. **Attention!** Utilisez les formules de politesse **en caractères gras** dans l'exemple (page 220).

Hôtel Élysées
recherche **stagiaire**[1]

Hôtel 4 étoiles situé à quelques pas[2] des Champs-Élysées. Nous recherchons un(e) étudiant(e) pour la saison d'été.

- Vos missions: accueil des clients, gestion[3] des réservations et du planning.
- Le candidat doit répondre aux critères suivants: motivation, dynamisme, sérieux, bon relationnel,[4] facilité d'adaptation. Bon niveau en français et en anglais.

Merci d'envoyer votre candidature à l'adresse suivante:

M. Bonnenuit
5, rue de la Boétie
75008 Paris

[1]*intern* [2]*steps* [3]*management*
[4]bon... *good people skills*

Voici un exemple d'une lettre de motivation:

Los Angeles, Californie
le 4 avril

Cher Monsieur / **Chère** Madame,

Votre annonce de stagiaire parue dans le journal en ligne, *Le Monde,* a retenu toute mon attention. J'ai le plaisir de poser ma candidature pour ce stage. Je suis un étudiant universitaire qui se spécialise en marketing, je suis bilingue anglais-français et je recevrai mon diplôme l'année prochaine. Je suis dynamique, motivé, et j'ai une grande facilité d'adaptation.

Veuillez trouver ci-joint mon curriculum vitæ et mes coordonnées.

Dans l'attente de vous lire, je vous prie d'agréer, Monsieur / Madame, l'expression de mes salutations distinguées.

Peter Martin

Maintenant, en tenant compte de la stratégie et de l'exemple précédent, écrivez votre lettre sur une autre feuille de papier. Quand vous avez fini, relisez votre travail en tenant compte des conseils donnés dans la section **Vérifions.**

Vérifions!

I have used:
- ❑ the **Stratégie d'écriture** for this activity.
- ❑ appropriate words and expressions from **Chapitre 11** and the example letter.

I have proofread my writing and checked:
- ❑ for spelling errors, including accent marks.
- ❑ that I have used the correct verb endings and future stems for both regular and irregular verbs.
- ❑ that I have used the correct forms of the verbs **lire**, **dire**, and **écrire**.
- ❑ that I have used **falloir** and other impersonal verbs and expressions correctly.

CHAPITRE 12

En ville

Communication en direct

A. Où se trouve... ? Écoutez chaque question et indiquez la réponse logique. Vous allez entendre chaque question deux fois. À la fin de l'activité, écoutez pour vérifier vos réponses.

1. a. Désolé, je suis ici en vacances.
    b. Il y a un bon restaurant en face de la bibliothèque.
2. a. Il y a une banque à cinq minutes à pied.
    b. La poste, c'est tout au fond de cette rue, sur votre gauche.
3. a. C'est dans le bâtiment à gauche.
    b. Oui, il y a le parc Montsouris à 100 mètres d'ici.
4. a. Oui, il y a un bureau de poste dans le bâtiment à gauche.
    b. Oui, vous descendez le boulevard Saint-Michel jusqu'à la place de la Sorbonne.
5. a. Non, je ne suis pas d'ici.
    b. Tournez à gauche, puis continuez tout droit.
6. a. Oui, il y a une station de métro tout droit, à cinq minutes.
    b. Oui, je connais bien ce quartier.

B. Au centre de Paris. Regardez le plan du 8ᵉ arrondissement de Paris, et suivez les indications données en réponse à chaque question. Puis complétez la question en écrivant le monument ou l'endroit qu'on cherche.

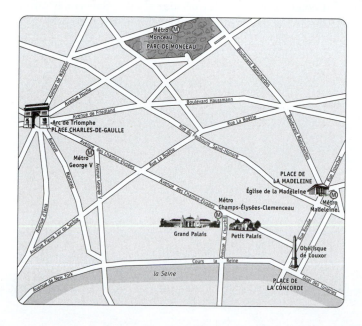

> l'arc de Triomphe
>
> l'église de la Madeleine
>
> l'obélisque (de Louxor)
>
> le parc de Monceau
>
> le Petit Palais
>
> la station de métro George V

1. Où se trouve _____?

   —Vous montez l'avenue des Champs-Élysées, jusqu'à la place Charles-de-Gaulle.

2. Pourriez-vous me dire où est _____?

   —Oui, bien sûr. Vous descendez les Champs-Élysées, et c'est au milieu de la place de la Concorde.

3. Pourriez-vous m'indiquer où se trouve _____?

   —Voyons… vous prenez l'avenue Hoche et c'est tout au fond.

4. Où se trouve _____?

   —C'est entre l'avenue des Champs-Élysées et la Seine, en face du Grand Palais. Ce n'est pas loin de la station de métro Champs-Élysées-Clémenceau.

5. Pourriez-vous me dire où se trouve _____?

   —Oui, c'est sur l'avenue des Champs-Élysées, à 10 minutes à pied.

6. Pourriez-vous me dire où se trouve _____?

   —Voyons… je ne connais pas très bien le quartier, mais je crois que vous allez tout droit dans la rue Royale. Ou bien prenez le métro! Il y a une station de métro du même nom.

Vocabulaire interactif

La vie urbaine   Talking about city living

A. Test de géographie. Écoutez ces phrases et décidez si elles sont vraies ou fausses. Vous allez entendre chaque phrase deux fois. À la fin de l'activité, écoutez pour vérifier vos réponses.

	VRAI	FAUX
1.	☐	☐
2.	☐	☐
3.	☐	☐
4.	☐	☐
5.	☐	☐
6.	☐	☐

B. Synonymes (ou quasi-synonymes). Pour chacun des termes dans la colonne de gauche, cherchez un terme de la colonne de droite qui a le même sens (ou un sens similaire). **Attention!** Il y a un terme de plus.

1. un arrondissement _____

2. une auberge _____

3. un bâtiment avec des appartements _____

4. un boulevard _____

5. un espace vert _____

6. une mairie _____

7. une tour (à 50 étages) _____

a. une avenue

b. un gratte-ciel

c. un hôtel de ville

d. un immeuble

e. un parc

f. un (petit) hôtel

g. un quartier

h. un tramway

C. La visite de Paris. À l'aide des images de Paris, complétez chaque légende (*caption*) avec le mot approprié.

1. La _____ Montparnasse, un gratte-ciel de 56 étages

2. Le _____ du Louvre, un des plus prestigieux du monde

3. L' _____ des Champs-Élysées, où se déroule le défilé du 14 juillet

4. Le _____ Napoléon III, qui traverse la Seine

5. Notre-Dame de Paris, une _____ de style gothique

6. Le Marais, un vieux _____ très animé des 3ᵉ et 4ᵉ arrondissements

7. Place de l'Étoile (ou Place Charles-de-Gaulle), avec un énorme _____ autour de l'Arc de Triomphe

8. Porte Dauphine, une bouche (entrée) de _____, de style Art nouveau

D. Ma vie en ville. Écoutez Sandrine décrire sa vie en ville. Vous allez entendre sa description deux fois. Cochez l'adjectif qui exprime le mieux son attitude envers chaque aspect de sa vie urbaine. À la fin de l'activité, écoutez pour vérifier vos réponses.

1. son loyer: ☐ assez bas   ☐ très élevé
2. la rue: ☐ bruyante   ☐ tranquille
3. le quartier: ☐ dangereux   ☐ sûr
4. la vie nocturne: ☐ divertissante   ☐ ennuyeuse
5. la population: ☐ diverse   ☐ homogène
6. le parc d'à côté: ☐ propre   ☐ sale

E. La vie à Genève.

Première étape. Complétez les commentaires de Raphaëlle sur Genève, sa ville d'origine, avec le vocabulaire de la liste. **Attention!** Utilisez chaque mot une seule fois.

les auberges	**une fontaine**	**la pollution**
des bâtiments	**de gratte-ciel**	**le port**
la circulation	**le lac**	**le tramway**
des esplanades	**des pistes cyclables**	

Le jet d'eau est l'emblème de la ville de Genève

Genève est une «petite» métropole de moins d'un million d'habitants, mais une ville très internationale

avec beaucoup des avantages d'une vie urbaine. Elle se trouve sur _____[1] Léman,

donc _____[2] est moins important pour le commerce que pour l'appréciation des habitants.

Il y a _____[3] à côté du lac où j'aime me balader, ou si on préfère, on peut aller faire

du vélo sur _____[4] On y voit l'emblème de la ville, un jet d'eau, semblable (*similar*)

à _____[5] En ville, il y a _____[6] officiels où se trouvent les bureaux

des Nations Unies et de la Croix Rouge, mais pas _____[7]: les Genevois n'apprécient pas

beaucoup ces symboles de la vie urbaine moderne! Il y a d'excellents transports en commun, ce qui aide à éviter

(*avoid*) certains problèmes urbains typiques, comme _____[8] et _____

de l'air.[9] Moi, je préfère prendre _____[10] Si vous décidez de venir à Genève, il y a

beaucoup d'hôtels de luxe; _____[11] moins chères sont à la campagne!

Deuxième étape. Quels sont les aspects positifs de *votre* ville? Écrivez trois ou quatre phrases pour en parler.

_____

_____

_____

_____

Prononcez bien!

Le e instable [ə] dans les monosyllabes   *je et ne*

1. In **Chapitre 11** you learned about unstable **e**, such as in **av<u>e</u>nue,** which is typically dropped from the pronunciation of words in rapid, everyday speech. This unstable **e** is also found in nine monosyllabic words (words consisting of a single syllable), all of which you are already familiar with; they are: **ce, de, je, le, me, ne, que, se,** and **te.**

2. When placed before a word beginning with a vowel or an *h* **muet,** the unstable **e** in monosyllables is *always* dropped from the pronunciation of a word and its spelling (replaced by an apostrophe)—a process called **élision** that you've known about since **Chapitre 1.** When placed before a word beginning with a consonant, unstable **e** in monosyllables can also be dropped in rapid, everyday speech. Note, however, that this does not affect spelling.

Before a vowel (*élision*)	Before a consonant (rapid speech)
Elle est **d'**Orléans.	Elle est **dé** Nantes.
Ils sont dans **l'**hôtel.	Ils sont dans **lé** musée.
Il va **s'**amuser ce soir.	Il va **sé** coucher tôt.
C'est une banque.	**Cé** sont des banques.

A. Essayons!

♦ **Première étape.** Lisez les dialogues suivants et écrivez le mot monosyllabique qui contient un **e** instable dans chaque phrase des dialogues.

EXEMPLE: Où se trouve la Tour Eiffel? _____se_____

1. —Il habite dans ce bâtiment? _____

    —Nous ne savons pas. _____

2. —Tu veux faire le tour du centre-ville? _____

    —Oui, je veux bien! _____

3. —Tu te détends à la plage? _____

    —Oui, ça me plaît beaucoup. _____

4. —Il y a assez de taxis? _____

    —Non, mais Marc croit que tu peux y aller en métro. _____

Attention! Avant de continuer, vérifiez vos réponses dans la clé de corrections à la fin du *Workbook / Laboratory Manual.*

Deuxième étape. Vous allez entendre les dialogues de la **Première étape** deux fois. La première fois on parle lentement, en prononçant le *e* instable des mots monosyllabiques. La deuxième fois, on parle plus vite, sans prononcer le *e* instable. Répétez seulement la deuxième version de chaque dialogue.

Pour bien prononcer

In some phrases, two (or more) monosyllables containing an *e* **instable** are found in a row, such as when the pronoun **je** is followed by the **ne** of negation, by **me** when using a pronominal verb, or by an object pronoun such as **le**. In these particular cases, the first *e* **instable** is pronounced and the second is dropped in rapid speech.

Je ne̸ sais pas!
Je me̸ suis levé(e) à 8 h.
Je le̸ vois cet après-midi.

One important exception is **je + te,** which shows the reverse pattern.

Je̸ te vois partout!

◆ **B. Un pas en avant.** Écoutez les dialogues suivants et complétez-les en employant les mots monosyllabiques que vous entendez. Vous allez entendre chaque dialogue deux fois. Attention aux cas d'**élision** (**n', l',** etc.). Suivez l'exemple.

> EXEMPLE: *Vous écoutez:* —Tu ne trouves pas l'hôtel?
>
> —Non, il n'est même pas marqué sur le plan!
>
> *Vous écrivez:* — Tu ___*ne*___ trouves pas ___*l'*___ hôtel?
>
> —Non, il ___*n'*___ est même pas marqué sur ___*le*___ plan!

1. —Il _____ y a pas _____ plage ici?

   —Je _____ sais pas, mais il y a beaucoup _____ auberges.

2. —Tu peux _____ aider à trouver _____ bâtiment?

   —Je _____ demande si _____ est une bonne idée.

3. —Ça _____ intéresse, _____ aller manger chinois?

   —Attends, _____ te donne l'adresse _____ mon restaurant préféré.

C. Dictée.

◆ **Première étape.** Complétez les phrases avec les mots que vous entendez. Vous allez entendre chaque phrase deux fois. **Attention!** On parle assez vite, sans prononcer le *e* instable des mots monosyllabiques.

1. Paris, capitale _____, _____ sur

   _____ Seine.

2. _____ beaucoup _____; en fait,

   c'est _____.

3. _____ tu penses _____? Moi,

   _____ c'est très joli!

4. _____ toujours _____ quand

   _____ dans _____.

Attention! Avant de continuer, vérifiez vos réponses dans la clé de corrections à la fin du *Workbook / Laboratory Manual.*

Deuxième étape. Écoutez encore une fois les phrases de la **Première étape,** et répétez-les rapidement, sans prononcer le *e* instable des mots monosyllabiques.

Grammaire interactive

12.1 Tu connais bien le quartier? The verbs connaître and reconnaître

A. Mes connaissances. Complétez les phrases suivantes avec la forme correcte du présent du verbe **connaître.**

1. Je _____ deux étudiantes d'échange qui habitent dans mon quartier.

2. Ma colocataire _____ bien le centre-ville de Bordeaux parce que son studio donne sur la place de la Victoire.

3. Nous _____ un bon restaurant dans une des ruelles, près du port, à Marseille.

4. Mes amis _____ la plupart de leurs voisins dans leur immeuble.

5. Tu _____ ma copine Sandrine? Aux heures de pointe, elle n'utilise jamais sa voiture!

6. Est-ce que vous _____ bien la «Ville Lumière» (c'est-à-dire, Paris)?

B. Les temps verbaux. Écoutez chaque phrase et indiquez si le verbe **connaître** ou **reconnaître** est au passé composé, à l'imparfait, ou au futur simple. Vous allez entendre chaque phrase deux fois. À la fin de l'activité, écoutez pour vérifier vos réponses.

	au passé composé	**à l'imparfait**	**au futur simple**
1.	☐	☐	☐
2.	☐	☐	☐
3.	☐	☐	☐
4.	☐	☐	☐
5.	☐	☐	☐
6.	☐	☐	☐
7.	☐	☐	☐

C. Villes francophones.

Première étape. Faites correspondre ces photos de villes francophones aux phrases que vous entendez en écrivant le numéro de la phrase sous la photo. Vous allez entendre chaque phrase deux fois. À la fin de l'activité, écoutez pour vérifier vos réponses.

a. _____

b. _____

c. _____

d. _____

e. _____

f. _____

Deuxième étape. Choisissez pour les photos de la **Première étape,** le nom du monument / de l'endroit (colonne A), puis écrivez le nom de la ville francophone où il se trouve (colonne B). Suivez l'exemple.

A
l'hôtel de ville
la Grand-Place
la médina
✓ l'arc de Triomphe
le château Frontenac
le palais présidentiel

B
Québec
Bruxelles
Papeete
✓ Paris
Port-au-Prince
Tunis

EXEMPLE: Moi aussi, je reconnais _____*l'arc de Triomphe*_____ sur la photo **a.** Elle se

trouve à _____*Paris*_____.

Moi aussi, je reconnais...

1. _____ sur la photo **b.** Elle se trouve à _____.

2. _____ sur la photo **c.** Il se trouve à _____.

3. _____ sur la photo **d.** Elle se trouve à _____.

4. _____ sur la photo **e.** Il se trouve à _____.

5. _____ sur la photo **f.** Il se trouve à _____.

D. *Savoir* et *connaître*.

Première étape. Décrivez votre vie dans la ville où vous habitez en commençant chaque phrase par **Je sais...** ou **Je connais...** selon le cas. (Vous pouvez également utiliser la forme négative **Je ne sais pas...** ou **Je ne connais pas...**).

1. _____ personnellement le maire (*mayor*) de ma ville.

2. _____ la plupart des (*most of*) quartiers de ma ville.

3. _____ pendant combien de temps j'habiterai ici.

4. _____ les meilleurs restaurants de la ville.

5. _____ où se trouve le centre commercial dans ma ville.

Deuxième étape. Choisissez une des phrases de la **Première étape.** Élaborez votre réponse en ajoutant des détails (par exemple, en expliquant pourquoi ou pourquoi pas).

_____

_____

_____

12.2 La ville que je connais le mieux The comparative and superlative of adverbs and nouns

A. Comparaisons. Écoutez les comparaisons suivantes et écrivez le mot comparatif (**plus, aussi** ou **moins**) à côté de l'adverbe que vous entendez. Vous allez entendre chaque phrase deux fois. À la fin de l'activité, écoutez pour vérifier vos réponses.

1. _____ rapidement
2. _____ facilement
3. _____ bien
4. _____ attentivement
5. _____ couramment
6. _____ souvent

B. Plus ou moins?

Première étape. Faites correspondre chaque adverbe de la colonne A à son opposé (son antonyme) de la colonne B.

A	B
1. agressivement	a. ____ distraitement
2. attentivement	b. ____ impoliment
3. bien	c. ____ lentement
4. poliment	d. ____ mal
5. souvent	e. ____ rarement
6. vite	f. ____ timidement

Deuxième étape. Utilisez le comparatif (**plus/aussi/moins... que**) avec un des adverbes de la **Première étape** pour compléter les phrases suivantes.

1. Je conduis (*drive*) _____ que les chauffeurs de taxi.

2. On surveille ses affaires (*look after one's things*) _____ en ville qu'à la campagne.

3. Les touristes à Paris connaissent certains arrondissements _____ que d'autres.

4. On demande _____ des directions à un passant (*passerby*) qu'à son ami.

5. On va _____ à la plage en hiver qu'en été.

6. On se déplace _____ en métro qu'en bus.

C. Le bien et le mal.

Première étape. Complétez le tableau suivant en écrivant les autres formes comparatives des adverbes **bien** et **mal**.

bien	mal
+ _____	+ _____
= _____ *aussi bien* _____	= _____ *aussi mal* _____
− _____	− _____

Attention! Avant de continuer, vérifiez vos réponses dans la clé de corrections à la fin du *Workbook / Laboratory Manual*.

Deuxième étape. Regardez ci-dessous les illustrations qui montrent Jeanne et son mari Marc. Complétez la phrase sous chaque illustration en utilisant le verbe approprié + une des expressions comparatives du tableau.

EXEMPLE:

Jeanne et Marc ne cuisinent pas très bien, mais Marc cuisine

_____ *(un peu) mieux que* _____ Jeanne.

1. Jeanne et Marc s'entendent assez bien avec leurs voisins les Martinet, mais Marc s'entend

_____ avec eux _____ Jeanne.

2. Marc et Jeanne parlent un peu l'arabe, mais Jeanne le parle _____
Marc.

3. Marc et Jeanne connaissent assez bien la banlieue parisienne, mais Jeanne la connaît

_____ Marc.

4. Jeanne et Marc ne dansent pas bien, mais Jeanne danse _____ Marc.

D. Dans sa ville universitaire. Décrivez votre vie dans la ville où vous faites vos études. Répondez à chaque question en faisant une comparaison entre vous et votre bande d'amis. Utilisez le comparatif ou le superlatif de l'adverbe entre parenthèses.

> EXEMPLE: Quand est-ce que vous vous levez le matin?
> (tôt) *Je me lève plus tôt qu'eux.*
> (ou) *Je me lève le plus tôt, à 6 h 30!*

1. Quand est-ce que vous quittez le campus l'après-midi/le soir?

   (tard) _____

2. De quelle façon est-ce que vous vous habillez pour aller en cours?

   (bien) _____

3. Comment est-ce que vous gérez le stress pendant les périodes d'examens?

   (mal) _____

4. Avec quelle fréquence est-ce que vous sortez le week-end?

   (souvent) _____

5. Avec quelle fréquence est-ce que vous faites du shopping au centre commercial?

   (rarement) _____

E. Ma ville, aujourd'hui et dans le passé.

Première étape. Luc décrit les choses qu'on trouve dans sa ville aujourd'hui en comparaison avec le passé (pendant son enfance). Complétez ses comparaisons avec l'expression appropriée selon les indications (+), (=) et (−). **Attention!** Ici, on fait la comparaison des *noms* (pas des adverbes).

Aujourd'hui...

1. On trouve (+) _____ cafés qu'avant.

2. Il y a (=) _____ espaces verts (avec piscines municipales) qu'avant.

3. Il me semble qu'il y a (−) _____ enfants qui jouent dehors, dans la rue ou aux parcs que pendant mon enfance.

4. Il y a (+) _____ bons restaurants «ethniques» (mexicains, asiatiques, etc.) qu'avant.

5. Il existe (=) _____ immeubles résidentiels qu'avant.

6. On trouve (+) _____ pistes cyclables qu'avant.

7. Il me semble qu'il y a (−) _____ crime (de vol [*theft*], par exemple) qu'avant.

Deuxième étape. Pensez maintenant à la ville où vous avez grandi. Faites *deux* comparaisons entre votre ville telle que (*such as*) vous la connaissez aujourd'hui et la ville telle que vous la connaissiez pendant votre enfance. Expliquez les raisons pour ces changements.

_____

_____

_____

_____

12.3 On y va? Synthesis of object pronouns

A. On y va! Pour chaque phrase, cochez (✓) le pronom qui remplace les mots soulignés.

	y	en	le/la/les	lui/leur
1. J'ai besoin <u>d'un taxi</u>.	☐	☐	☐	☐
2. Dans la cathédrale, il y a des pancartes (*signs*) qui invitent <u>les gens</u> à prier (*to pray*).	☐	☐	☐	☐
3. Plusieurs bateaux arrivent <u>au port</u>.	☐	☐	☐	☐
4. Les marchands vendent leurs produits <u>aux touristes</u>.	☐	☐	☐	☐
5. Nous rencontrons <u>nos amis</u> dans un resto.	☐	☐	☐	☐
6. Tu peux voir <u>la cathédrale</u> de chez toi.	☐	☐	☐	☐
7. Elle achète <u>des légumes</u> au marché en plein air.	☐	☐	☐	☐
8. Les touristes parlent <u>au guide</u>.	☐	☐	☐	☐

B. Un tour de la ville. Écrivez le numéro de la phrase que vous entendez à côté de la phrase correspondante. Vous allez entendre chaque phrase deux fois. À la fin de l'activité, écoutez pour vérifier vos réponses.

a. _____ On va les visiter.

b. _____ On y commence.

c. _____ Il faut en goûter.

d. _____ N'oubliez pas d'en prendre beaucoup!

e. _____ On peut leur envoyer les cartes.

f. _____ On peut en acheter.

g. _____ On y prend le métro pour aller déjeuner.

C. À Port-au-Prince. Lisez le texte suivant au sujet de la ville de Port-au-Prince. Ensuite, complétez les phrases qui suivent le texte en utilisant le pronom d'objet approprié.

> **Port-au-Prince**—ou **Pòtoprens** en créole haïtien—est non seulement la capitale d'Haïti mais aussi sa ville la plus peuplée. D'abord une base d'opérations des *flibustiers* (de vrais «pirates des Caraïbes»), la ville est devenue la capitale d'une colonie française en 1749, habitée principalement par des planteurs de canne à sucre. (Aujourd'hui encore, Port-au-Prince exporte toujours du sucre et du café.) D'après la légende, quand le capitaine de Saint-André est arrivé dans la baie sur le vaisseau (*boat*) *Le Prince,* pour protéger la colonie contre les Anglais, il a nommé la ville «Le Port du Prince». Aujourd'hui la capitale d'un pays indépendant, Port-au-Prince compte plus de 2.300.000 habitants. Les quartiers commerciaux de la ville se trouvent sur la côte tandis que[1] les quartiers résidentiels sont situés sur les nombreuses collines[2] qui entourent[3] la ville. Pour se déplacer en ville, on utilise le «tap-tap», ou taxi collectif.

[1]*whereas* [2]*hills* [3]*surround*

1. **Port-au-Prince:** On _____ appelle *Pòtoprens* en Créole haïtien.

2. **À Port-au-Prince:** Plus de 2.300.000 Haïtiens _____ habitent.

3. **Les pirates:** On _____ donne le nom de *flibustiers* (ou «free booters»).

4. **Au capitaine de Saint-André:** On _____ doit le nom de la ville, selon la légende.

5. **Du sucre et du café:** Port-au-Prince _____ exporte toujours beaucoup.

6. **Les quartiers résidentiels:** On _____ trouve sur les collines qui entourent la ville.

7. **Le tap-tap:** On peut _____ prendre pour se déplacer en ville.

D. Au contraire! Récrivez les phrases suivantes en changeant les rôles des personnes indiquées en caractères gras. **Attention!** Il faut utiliser les pronoms sujet (**je, tu,** etc.) et les pronoms d'objet (**me, te,** etc.) appropriés. Suivez l'exemple.

EXEMPLE: **Jacqueline** prête son plan de ville **à Thomas.**

Au contraire! *Il lui prête son plan de ville.*

1. **Martine et Théo** posent beaucoup de questions **aux touristes.**

   Au contraire! _____

2. **Nous t'**enverrons notre adresse tout de suite.

   Au contraire! _____

3. **Tu** expliques l'intrigue du film **aux enfants**?

   Au contraire! _____

4. **Maxime** cède (*gives up*) sa place dans le train **à la vieille dame**?

   Au contraire! _____

5. **Vous** parlez trop **au guide du musée**!

   Au contraire! _____

6. **Je** peux prêter mon studio **à ton frère** pendant les vacances!

   Au contraire! _____

E. Je compte y aller un jour. Vous savez déjà beaucoup au sujet des villes francophones dans le monde. Imaginez qu'à l'avenir vous irez visiter toutes ces villes. Indiquez ce que vous ferez en utilisant un pronom d'objet dans chaque phrase.

EXEMPLE: la tour Eiffel: *Je la monterai à pied.*

1. les plages de Tahiti: _____

2. le métro parisien: _____

3. les Montréalais: _____

4. la médina tunisienne: _____

5. l'île de Gorée au Sénégal: _____

6. de la bière belge à Bruxelles: _____

7. des chocolats suisses à Genève: _____

12.4 Vous l'avez déjà vu(e)? Use of object pronouns in the **passé composé**

A. Au village d'Y. Dans les phrases suivantes, on parle du village d'Y en Picardie dans le nord de la France (la commune de France au nom le plus court!). Mettez le pronom **y** à sa position correcte dans chaque phrase, selon le temps du verbe.

1. Benoît _____ habite _____ depuis 10 ans.

2. Les Bouchard _____ comptent _____ aller _____ le mois prochain.

3. Mlle Lapointe _____ va _____ habiter _____ pendant un an.

4. Nous _____ passerons _____ le week-end.

5. Son père _____ travaillait _____ beaucoup.

6. Natalie _____ a _____ fait _____ ses études secondaires.

7. Moi, je ne/n' _____ suis _____ jamais _____ allé(e)!

Le village d'Y: la commune de France au nom le plus court

B. Une question de prononciation. Écoutez les phrases suivantes, puis indiquez la phrase que vous venez d'entendre. Si c'est impossible à déterminer, indiquez-le. Vous allez entendre chaque phrase deux fois. Suivez l'exemple. À la fin de l'activité, écoutez pour vérifier vos réponses.

> EXEMPLE: *Vous entendez:* Je l'ai vu.
>
> *Vous voyez:* a. ☐ Je l'ai vu. b. ☐ Je l'ai vue. c. ☐ Impossible à déterminer.
>
> *Vous choisissez:* c. ☑ Impossible à déterminer.

1. a. ☐ Tu l'as déjà monté? b. ☐ Tu l'as déjà montée? c. ☐ Impossible à déterminer.
2. a. ☐ Nous l'avons offert à Jean. b. ☐ Nous l'avons offerte à Jean. c. ☐ Impossible à déterminer.
3. a. ☐ On l'a appris. b. ☐ On l'a apprise. c. ☐ Impossible à déterminer.
4. a. ☐ Ils les ont pris. b. ☐ Ils les ont prises. c. ☐ Impossible à déterminer.
5. a. ☐ Elle l'a faite. b. ☐ Elle les a faites. c. ☐ Impossible à déterminer.
6. a. ☐ Elles l'ont vendu. b. ☐ Elles les ont vendus. c. ☐ Impossible à déterminer.
7. a. ☐ Je les ai mis dans le sac. b. ☐ Je les ai mises dans le sac. c. ☐ Impossible à déterminer.
8. a. ☐ Vous les avez suivis? b. ☐ Vous les avez suivies? c. ☐ Impossible à déterminer.

C. L'accord. Faites l'accord du participe passé pour chaque phrase où c'est nécessaire. L'objet auquel chaque pronom fait référence est indiqué entre parenthèses. **Attention!** Si l'accord n'est pas nécessaire, marquez un tiret (–).

1. Je vous ai vu_____ avant de partir. (Élise et Marc)
2. Nous en avons pris_____ un à l'aéroport. (un taxi)
3. Elle leur a dit_____ «au revoir». (aux touristes)
4. Vous nous avez rencontré_____ devant l'hôtel. (Carrie et Mélanie)
5. On les a mis_____ sur la table. (les brochures [*f.*])
6. Ils l'ont beaucoup aimé_____. (le musée Picasso)
7. Je lui ai déjà acheté_____ un billet. (Manuel)
8. Qui m'a appelé_____ hier soir? (Hélène)

D. Un monde spectaculaire. Est-ce que vous avez déjà vu ces trésors dans le monde? Utilisez le pronom d'objet approprié et faites l'accord si nécessaire. Suivez l'exemple.

> EXEMPLE: *les chutes du Niagara*
>
> *Oui, je les ai déjà vues.*
>
> (*ou*) *Non, je ne les ai pas encore vues.*

1. *La Joconde* («The Mona Lisa») au musée du Louvre.

_____

2. *Un séquoia géant* en Californie.

_____

3. *L'aurore boréale* au Canada / en Alaska.

_____

4. *Des dauphins* dans la mer des Caraïbes.

   _____

5. *Le David* de Michel-Ange à Florence.

   _____

6. *Les dunes* du Sahara.

   _____

7. *Une étoile filante* (shooting star).

   _____

Culture en direct

Le coin lecture

Le métro parisien

> **Stratégies de lecture**
>
> In the previous three chapters, you learned to use your ever-increasing knowledge of French grammar to help you better understand texts in all their detail: the distinction between **passé composé** and **imparfait** forms for talking about the past, the use of **pronoms relatifs** for creating complex noun phrases, and the use of different grammatical structures such as imperatives and impersonal expressions such as **il faut** to express the same idea. Using such grammatical cues will help you become a more accurate reader of French.

Avant de lire

Commençons par le début! Voici quelques phrases tirées d'un article sur le métro parisien. Utilisez vos connaissances grammaticales pour lier (*join*) le début de chaque phrase dans la colonne A à sa fin dans la colonne B.

A	**B**
1. _____ Il est intéressant	a. a des œuvres d'art dans des vitrines.
2. _____ Le Louvre est aussi une station qui	b. explorer les stations culturelles.
3. _____ Une «rame» veut dire	c. l'on joue dans le métro.
4. _____ Il faut absolument	d. de connaître l'histoire du métro.
5. _____ Les Parisiens aiment la musique que	e. le train (composé de wagons [*cars*]) dans le métro.

Lecture

Le métro parisien

Le métro à Paris est aujourd'hui autant un trésor du patrimoine[1] national français qu'un incroyable réseau[2] de lignes qui dessert[3] tous les coins de Paris. Le métro a été créé en 1900 et de nouvelles stations ont été ouvertes au cours du 20e siècle, toutes différentes, toutes avec leur architecture, leur décoration, leurs innovations technologiques, et parfois, leur musique.

Dès l'origine, les murs des stations ont été utilisés comme support publicitaire. Certaines stations ont été aménagées[4] et décorées. La station Louvre-Rivoli est l'une des plus jolies avec ses copies d'œuvres d'art du musée du Louvre, exposées sur ses quais.[5] À la station Bastille, il y a des fresques révolutionnaires sur les murs. La station Tuileries est décorée de collages qui résument l'histoire du 20e siècle. Celle du Pont Neuf présente des reproductions de différentes pièces de monnaie et celle de Cluny-La Sorbonne a un plafond décoré de mosaïques. La station Arts et Métiers est recouverte de plaques de cuivre,[6] et les murs de la station Cadet représentent même le drapeau américain!

Les musiciens du métro parisien sont une tradition très ancienne. Mais, pour le plaisir des voyageurs, depuis 1997, les musiciens désireux de se faire connaître et de «gagner leur pain», doivent passer une audition auprès d'un jury de la RATP (la société qui gère[7] le métro), pour recevoir une carte de musicien EMA (Espace Métro Accords) et ont interdiction[8] de jouer sur les quais et dans les rames. Grâce à cette initiative, les souterrains du métro sont devenus plus vivants, plus accueillants.[9] Les gens ont commencé à s'arrêter pendant quelques minutes pour écouter la musique, laisser une petite pièce, avant de continuer leur chemin. On dit que les musiciens de métro sont devenus les troubadours des sociétés urbaines contemporaines.

[1]*heritage*   [2]*system, network*   [3]*serves*   [4]*fixed up, remodeled*   [5]*platforms*   [6]plaques... *copper sheets*   [7]*run*
[8]ont... *are forbidden*   [9]*welcoming*

Après la lecture

A. Avez-vous compris? Décidez si les phrases suivantes sont vraies ou fausses. Si une phrase est fausse, corrigez-la pour la rendre vraie.

	VRAI	FAUX
1. Le métro à Paris <u>ne dessert qu'une partie de la ville.</u>	☐	☐
2. Les premières lignes datent du début du 18e siècle.	☐	☐
3. Les stations de métro sont décorées de manières différentes.	☐	☐
4. L'EMA est la société qui gère le métro.	☐	☐
5. N'importe qui peut jouer de la musique dans les couloirs du métro.	☐	☐
6. Dans certaines stations, on a installé des expositions d'objets d'art.	☐	☐

B. Pour aller plus loin. Et vous? Qu'est-ce qui vous intéresse le plus dans le métro? Complétez la phrase suivante et expliquez vos raisons.

Pour moi, les deux informations les plus intéressantes sont...

_____

_____

Chez les Français / Chez les francophones

Utilisez les renseignements fournis dans les sections **Chez les Français** et **Chez les francophones** du manuel pour déterminer si les affirmations suivantes sont vraies ou fausses. Si une affirmation est fausse, corrigez-la en changeant les mots soulignés pour la rendre vraie.

		VRAI	FAUX
1.	Le Marais est un <u>joli quartier pittoresque</u> dans les 3e et 4e arrondissements de Paris.	☐	☐
2.	L'écrivain <u>Marcel Proust</u> a habité la place des Vosges dans le Marais.	☐	☐
3.	<u>Le Père-Lachaise</u> est un cimetière à Paris où beaucoup de personnes célèbres sont enterrées.	☐	☐
4.	Les catacombes de Paris sont <u>interdites</u> (*closed, prohibited*) au public.	☐	☐
5.	La Grand-Place («la plus belle place du monde») se trouve à <u>Bruxelles, en Belgique</u>.	☐	☐
6.	Dans la baie de Dakar, <u>au Sénégal</u>, se trouve l'île de Gorée, un site du patrimoine mondial.	☐	☐
7.	Genève est la ville principale de la Suisse <u>germanophone</u>.	☐	☐
8.	Port-au-Prince est la capitale et la plus grande ville <u>de Martinique</u>.	☐	☐
9.	La Guyane est un département/une région d'outre-mer (DROM) français en <u>Afrique</u>.	☐	☐
10.	C'est à <u>Kourou, en Guyane</u>, que l'Agence spatiale européenne lance la fusée *Ariane*.	☐	☐

Le coin écriture

Genre: Un dialogue

Thème: Vous rencontrez des touristes francophones qui visitent votre région pour la première fois. Quelles questions est-ce qu'ils vont vous poser? Qu'est-ce que vous allez leur conseiller de faire pendant leur visite? Sur une feuille de papier, écrivez une petite conversation sympa entre vous et les touristes en utilisant les **Expressions utiles** ci-dessous, les mots et expressions du chapitre et votre imagination.

EXPRESSIONS UTILES	
Bienvenue à...	Welcome to . . . [*your town*]
Je vous conseille le/la/les...	I recommend the . . . [*location or event*]
Ça vaut le détour!	It's definitely worth seeing!
Je vous souhaite un excellent séjour.	Enjoy your visit.

Une fois que vous avez fini, relisez votre travail en tenant compte des conseils de la section **Vérifions.**

Vérifions!

I have used:

☐ the **Stratégies d'écriture** introduced in earlier chapters.

☐ appropriate words and expressions from **Chapitre 12** of the textbook and the **Vocabulaire utile.**

I have proofread my writing and checked:

☐ for spelling errors, including accent marks.

☐ that I have used the verbs **connaitre** and **savoir** appropriately.

☐ that I have used the comparative and superlative forms of adverbs correctly, especially for the adverbs **bien** and **mal.**

☐ that I have used the preposition **de** when making comparisons with nouns (**plus de...** , **autant de...** , **moins de...**).

☐ my choice of object pronons (e.g. **lui, y,** etc), their position, and past participle agreement in the **passé composé** where necessary.

C HAPITRE 13

Bonnes vacances!

Communication en direct

A. Les Français à l'étranger. Chaque personne répond à la question **«Si vous pouviez faire le voyage de vos rêves, où iriez-vous?»** en précisant un pays étranger. Trouvez dans la colonne B la raison pour laquelle chaque personne dans la colonne A aimerait y aller.

A

1. Sandrine: «J'irais en Tunisie.»
2. Clara: «J'irais en Angleterre.»
3. Nicolas: «J'irais en Italie.»
4. Éric: «J'irais en Espagne.»
5. Guillaume: «J'irais en Allemagne.»
6. Élisabeth: «J'irais en Belgique.»

B

a. _____ «J'aimerais passer une semaine à Barcelone, puis sur les plages d'Ibiza.»

b. _____ «J'aimerais bien découvrir la vie nocturne à Berlin.»

c. _____ «Ça me plairait beaucoup de rendre visite à mes cousins en Flandre.»

d. _____ «J'aimerais bien explorer les petites ruelles de la médina et les souks.»

e. _____ «J'aimerais traverser tous les ponts du Grand Canal à Venise!»

f. _____ «Ça me plairait d'assister à une pièce de Shakespeare au *Globe Theater*.»

B. Qu'est-ce que tu ferais? Écoutez les gens parler de leurs préférences. Cochez (✓) l'activité que chaque personne ferait en toute probabilité si elle n'était pas obligée de travailler. Vous allez entendre deux fois ce que dit chaque personne. À la fin de l'activité, écoutez pour vérifier vos réponses.

1. ☐ j'apprendrais à surfer   ☐ j'écrirais un roman   ☐ j'apprendrais le japonais

2. ☐ j'irais à plus de concerts   ☐ j'irais en Afrique   ☐ j'irais à plus de matchs de foot

3. ☐ j'écrirais de la musique   ☐ je verrais plus souvent mes petits-enfants   ☐ je serais plus calme

4. ☐ je verrais beaucoup de films   ☐ je ferais du jardinage   ☐ je voyagerais beaucoup

5. ☐ je jouerais de la guitare   ☐ je jouerais aux cartes   ☐ je suivrais des cours de danse

Vocabulaire interactif

En vacances! Talking about vacations and travel

A. Des excursions. Complétez la phrase sous chacune des illustrations. **Attention!** N'oubliez pas d'utiliser la forme correcte de l'article partitif (**du, de la** ou **de l'**) après le verbe **faire**.

EXEMPLE:

On aime beaucoup faire _____ *du rafting* _____ .

1. On va faire _____ à Nice.

2. On fait _____ en Corse.

3. On va faire _____ dans le Massif Central.

4. On peut faire _____ dans le Jura.

5. On veut faire _____ à Chamonix.

6. On aimerait faire _____ dans les Pyrénées.

7. On fait _____ dans le Gard.

B. La météo.

Première étape. Écoutez les prévisions météo pour un week-end en novembre et, pour chaque ville française, marquez le numéro de la phrase qui correspond. Vous allez entendre chaque phrase deux fois. **Attention!** Pour deux villes sur la carte, vous n'entendrez pas de prévision météo. À la fin de l'activité, écoutez pour vérifier vos réponses.

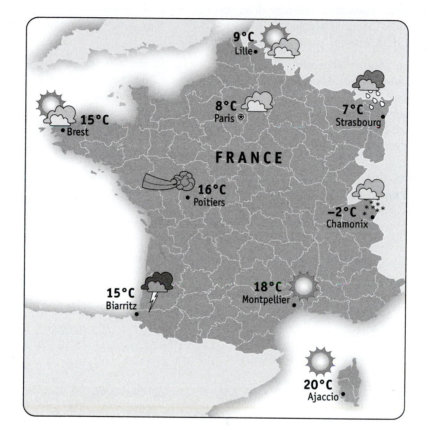

_____	Ajaccio	_____	Chamonix	_____	Paris
_____	Biarritz	_____	Lille	_____	Poitiers
_____	Brest	_____	Montpellier	_____	Strasbourg

Deuxième étape. Indiquez ce que les amis de Fabienne pourront faire (ou ne pourront pas faire) ce week-end selon les prévisions météo de la **Première étape.**

EXEMPLE: (18°C = 64°F) S'ils sont à Montpellier et qu'il y a du soleil, ils...

pourront faire une balade au bord de la mer.

(ou) ne pourront pas faire de la luge, c'est sûr!

1. (15°C = 59°F) S'ils sont à Biarritz et qu'il y a un orage, ils...

   _____

2. (8°C = 46°F) S'ils sont à Paris et que le ciel est couvert, ils...

   _____

3. (−2°C = 28°F) S'ils sont à Chamonix et qu'il neige beaucoup, ils…

_____

4. (7°C = 45°F) S'ils sont à Strasbourg et qu'il pleut, ils…

_____

C. Les petits détails. Vous allez entendre deux fois des bribes de conversation entre deux personnes qui planifient leurs prochaines vacances. Cochez (✓) l'option dans chaque paire qui complète le mieux leur conversation. À la fin de l'activité, écoutez pour vérifier vos réponses.

1. a. ☐ un hôtel de luxe au centre-ville   b. ☐ une auberge de jeunesse
2. a. ☐ une résidence près des pistes (*slopes*)   b. ☐ une petite auberge familiale
3. a. ☐ en avion?   b. ☐ en autocar?
4. a. ☐ en voiture (de location)   b. ☐ en train
5. a. ☐ par carte bancaire   b. ☐ en espèces
6. a. ☐ par carte de crédit   b. ☐ par chèque

D. Faire ses économies. Un jeune couple parle de leurs finances. Complétez les phrases en utilisant l'impératif (à la forme **nous**) du verbe logique de la liste. Suivez l'exemple.

> acheter   payer   retirer
> ✓ dépenser   régler   verser
> économiser

EXEMPLE: On doit faire attention, tu sais. Alors, ne _____*dépensons*_____ pas

trop cette année en vacances!

1. J'ai oublié mon chéquier (*checkbook*); _____ en espèces.

2. On dépense beaucoup trop! _____ de l'argent sur notre compte

d'épargne pour une fois!

3. N'_____ pas de billets d'avion. Une voiture de location coûte

moins cher.

4. Voilà un distributeur de billets. _____ de l'argent de notre compte

chèques.

5. Il faut quitter l'hôtel avant midi! _____ la facture tout de suite!

6. Au lieu d'acheter des meubles, _____ un peu d'argent pour notre

prochain voyage!

Prononcez bien!

Synthèse: La syllabation et l'enchaînement   *avec_une_amie*

---

1. In **Chapitre 1** you learned that syllables in French carry equal weight, aside from a slight **accent tonique** on the final syllable; in **Chapitre 2** you learned that syllables are either "open" (ending in a vowel sound) or "closed" (ending in a consonant sound). A syllable at the end of a word is closed if it ends in a pronounced final consonant or a consonant followed by **e,** since the **e** is silent.

Consonne finale prononcée	**Consonne +** *e* **muet**
che**f**	es | ca | la**de**
hô | te**l**	au | berge
ka | ya**k**	ski | nau | ti**que**
au | to | ca**r**	va | lise

2. Syllables not only link together to form words but can also link together *across* words in French—a general process known as **enchaînement**—whenever a pronounced consonant sound at the end of a word precedes a vowel sound at the start of a following word. For example:

ave**c**_un kayak	une plan**che**_à voile	pou**r**_un voyage
un cie**l**_orageux	une bala**de**_en forêt	une auber**ge**_espagnole

   Liaison, such as in **dans un hôtel,** can be considered a special case of **enchaînement**—one that involves a normally *silent* consonant at the end of a word becoming pronounced. You'll review cases of **liaison** in **Chapitre 14.**

A. Essayons!

Première étape. Indiquez si la phrase que vous entendez représente un cas d'enchaînement en cochant (✓) **oui** ou **non.** (La consonne en question est **en caractères gras** et soulignée pour vous.) Vous allez entendre chaque phrase deux fois. À la fin de l'activité, écoutez pour vérifier vos réponses.

> EXEMPLE: *Vous voyez et vous entendez:*   Quelle vali**se** ancienne!
>
> *Vous marquez:*   ☑ **oui**   ☐ **non**

		oui	non
1.	C'est l'auber**ge** en ville.	☐	☐
2.	L'hôte**l** est complet.	☐	☐
3.	Il nei**ge** beaucoup.	☐	☐
4.	C'est l'hive**r** à Chamonix.	☐	☐
5.	Elle por**te** ce maillot?	☐	☐
6.	Vous sortez ave**c** moi?	☐	☐

Deuxième étape. Vous allez entendre encore une fois les cas d'enchaînement dans les phrases de la **Première étape.** Répétez ces phrases en faisant attention aux mots «enchaînés».

B. Un pas en avant.

♦ **Première étape.** Vous allez entendre deux fois une série de phrases. Entre quels mots dans chaque phrase entendez-vous l'enchaînement d'une consonne finale et d'une voyelle? Mettez un cochet (✓) entre les deux. **Attention!** Dans la phrase 6, il y a deux cas d'enchaînement.

EXEMPLE: *Vous voyez et vous entendez:*   Quel _____ bel _____ endroit!

Vous marquez: Quel _____ bel _✓_ endroit!

1. Quelle _____ est _____ la _____ température?

2. Montez _____ dans _____ l'autocar _____ à _____ droite.

3. Ils _____ passent _____ une _____ semaine _____ au _____ Québec.

4. Elle _____ fait _____ du _____ surf _____ en _____ Californie.

5. On _____ peut _____ faire _____ de _____ la _____ luge _____ ici.

6. Cet _____ après-midi, _____ ils _____ vont _____ faire _____ une _____ randonnée.

Attention! Avant de continuer, vérifiez vos réponses à la **Première étape** dans la clé de corrections à la fin du *Workbook / Laboratory Manual*.

Deuxième étape. Vous allez entendre encore une fois les phrases de la **Première étape**. Répétez-les en faisant attention aux mots enchaînés.

Pour bien prononcer

Enchaînement, along with the dropping of the unstable **e** within words (**Chapitre 11**) and in monosyllables (**Chapitre 12**), serve to "erase" word boundaries, giving the impression that all the words in a French phrase or sentence run together. This can make understanding the individual words of a phrase more difficult when listening than when reading, but you will soon get used to it with practice, such as that provided in Activity C.

C. Dictée. Vous allez entendre deux fois une série de phrases prononcées assez rapidement. La première fois, essayez de reconnaître les mots individuels de chaque phrase. La deuxième fois, récrivez la phrase en ajoutant les espaces et les apostrophes nécessaires. Suivez l'exemple.

EXEMPLE: *Vous voyez et vous entendez:*   Jailaissémonchienavecuneamie.

J'ai laissé mon chien avec une amie.

1. Lecielestcouvertcematin.

_____

2. Laplageestàdeuxkilomètresdici.

_____

3. Cestdansleparcàcôtédelhôtel.

_____

4. Jechercheunbelhôtelpourceweek-end?

_____

5. Jeneveuxpasyallercetautomne.

_____

Attention! Avant de continuer, vérifiez vos réponses à la **Première étape** dans la clé de corrections à la fin du *Workbook / Laboratory Manual*.

Deuxième étape. Écoutez encore une fois les phrases de la **Première étape**. Répétez-les rapidement, en faisant attention aux cas d'enchaînement et d'élision.

Grammaire interactive

13.1 Qui va conduire? Indicating movement with verbs such as **conduire**

A. Tout le monde conduit! Complétez le tableau avec les conjugaisons du verbe **conduire** au présent, à l'imparfait et au futur simple.

	présent	imparfait	futur simple
je	_____	*conduisais*	_____
tu	*conduis*	_____	_____
il/elle/on	_____	_____	*conduira*
nous	_____	*conduisions*	_____
vous	*conduisez*	_____	_____
ils/elles	_____	_____	*conduiront*

 **B. Une leçon de conduite effrayante** (*scary*). Vous allez entendre un moniteur d'auto-école (*driving instructor*) parler à son élève. Écrivez le numéro de la phrase que vous entendez sous le panneau correspondant. Vous allez entendre chaque phrase deux fois. À la fin de l'activité, écoutez pour vérifier vos réponses.

EXEMPLE: *Vous entendez:* 1. Mais qu'est-ce que vous attendez? Allez-y! Vous avez le feu vert!

Vous voyez:

Vous écrivez: a. _1_

b. _____

c. _____

d. _____

e. _____   f. _____

C. Fais gaffe! (*Watch out!*) Raphaël vient d'obtenir son permis de conduire. Mais cela ne veut pas dire qu'il conduit toujours prudemment! Complétez les phrases suivantes en utilisant le verbe entre parenthèses au présent. Ensuite, cochez (✓) les actions que l'on peut considérer «imprudentes».

C'est imprudent!

1. Il envoie quelquefois des textos pendant qu'il _____ (conduire). ☐

2. Quand il _____ (s'approcher) d'un rond-point, il cède le passage. ☐

3. S'il neige beaucoup, il _____ (quitter) l'autoroute pour éviter un accident. ☐

4. Il _____ (ne pas s'arrêter) toujours au feu rouge. ☐

5. Il fait très attention aux cyclistes et aux gens qui _____ (traverser) la rue. ☐

6. Il _____ (aller) quelquefois dans le mauvais sens dans une rue à sens unique. ☐

♦ **D. Les transports.** Jérémie parle des moyens de transport qui peuvent remplacer la voiture. Écoutez et complétez chaque phrase avec l'expression que vous entendez. Vous allez entendre chaque phrase deux fois.

1. Quand je sors tard le samedi soir, je prends _____.

2. S'il fait beau, je vais faire mes courses _____.

3. Mon copain préfère conduire _____ quand il fait beau.

4. En hiver, je prends souvent _____ pour aller à la fac.

5. Mes cousins habitent à la campagne, donc on fait souvent des promenades _____.

6. Quand je suis à Paris, j'adore prendre _____—c'est rapide et pas cher!

7. Pour les touristes à Paris, les visites _____ sont recommandées!

8. Mes parents vont _____ au marché le samedi matin.

E. Déplacements. Considérez bien le sens des deux phrases avant de choisir le terme approprié pour les compléter.

1. **aller en voiture / conduire**

   a. Est-ce que vous savez _____?

   b. Si on va au cinéma ce soir, je préfère y _____. Il pleut!

2. **aller à pied / marcher**

   a. On peut _____ au marché Jean Talon. Ce n'est pas loin d'ici.

   b. Il est parfois dangereux de/d' _____ dans la rue, surtout la nuit!

3. **en courant / courir**

   a. J'aime bien _____ dans le parc en face de chez moi. C'est du bon exercice.

   b. L'étudiant était tellement (*so*) en retard pour son examen à 9 h du matin qu'il est entré dans la salle de classe _____!

4. **rentrer / revenir**

   a. Je dois _____. J'ai laissé mon passeport dans ma chambre!

   b. Nous n'allons jamais _____ à cet hôtel. Quelle mauvaise expérience!

13.2 Où iriez-vous en vacances? The conditional mood

A. Un séjour à Tahiti. Vous allez entendre deux fois une série de phrases. Indiquez si on parle d'un projet d'avenir (**le futur simple**) ou d'une situation hypothétique (**le conditionnel**). Vous allez entendre chaque phrase deux fois. À la fin de l'activité, écoutez pour vérifier vos réponses.

	un projet d'avenir	**une situation hypothétique**
1.	☐	☐
2.	☐	☐
3.	☐	☐
4.	☐	☐
5.	☐	☐
6.	☐	☐
7.	☐	☐

B. Une question de politesse. Dans le bar-hôtel *Gustavia* à Chamonix, vous entendez parler la clientèle. Récrivez la partie **en caractères gras** des phrases suivantes au conditionnel, pour les rendre plus polies. Suivez le modèle.

> EXEMPLE: «**Je préfère** faire du ski cet après-midi.»
>
> *Je préférerais* faire du ski cet après-midi.»

1. «**Pouvez-vous** m'aider?»

   _____

2. «**Je prends** bien un verre de vin rouge. Merci.»

   _____

3. «**Nous aimons mieux** une chambre au rez-de-chaussée.»

   _____

4. «**Tu veux** m'accompagner?»

_____

5. «**Il doit** régler le compte.»

_____

6. «**Ils peuvent** monter nos valises.»

_____

C. Le loto. Il y a 15.000 euros à gagner à la loterie. Ce n'est pas le gros lot (_jackpot_), mais c'est quand même une belle somme! Choisissez trois personnes de la liste suivante et décrivez ce qu'elles feraient avec tout cet argent. **Attention!** Utilisez la forme appropriée du verbe **gagner** à l'imparfait, puis le conditionnel. Suivez l'exemple.

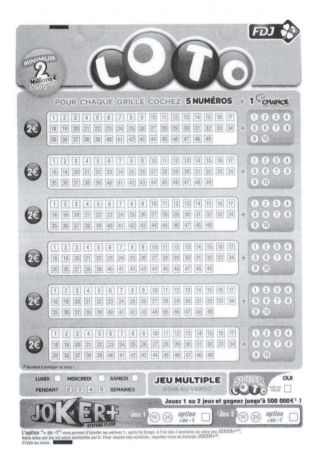

ma famille et moi	mon copain / ma copine	mon prof de français
mes grands-parents	mon meilleur ami / ma meilleure amie	mes amis et moi
✓ mon colocataire	mon père / ma mère	mes frères / mes sœurs et moi

EXEMPLE: Si _____ _mon colocatire gagnait_ _____ 15.000 euros à la loterie, il

continuerait à habiter avec moi, mais nous habiterions dans un

plus bel appartement!

1. Si _____ 15.000 euros à la loterie, _____

   _____

2. Si _____ 15.000 euros à la loterie, _____

   _____

3. Si _____ 15.000 euros à la loterie, _____

   _____

D. À sa place... (*If it were me, . . .*). Andrew, un étudiant anglais, passe ses vacances à Saint-Tropez. Qu'est-ce que vous feriez à sa place, si vous étiez dans les mêmes situations? Suivez l'exemple.

> EXEMPLE: Il fait beau le matin, mais Andrew regarde la télé dans sa chambre jusqu'à midi.
>
> À sa place, *je prendrais mon petit déjeuner dans un café au bord de la mer.*

1. Andrew laisse son passeport sur le lit de sa chambre d'hôtel.

   À sa place, _____

2. Il insiste à parler anglais au propriétaire de l'hôtel.

   À sa place, _____

3. À la plage, il loue une planche à voile, mais il ne sait pas nager.

   À sa place, _____

4. Pour le dîner, il prend un hamburger et des frites au MacDo.

   À sa place, _____

5. Après une soirée au bar, il décide de rentrer à l'hôtel à pied tout seul.

   À sa place, _____

13.3 Allons-y! Object pronouns with the imperative

A. Une colonie de vacances (*Summer camp*). Le petit Nicolas va passer une semaine dans une colonie de vacances. Sa mère lui donne des conseils. Décidez si les phrases à l'impératif correspondent à ses conseils. Vous allez entendre ses conseils deux fois. À la fin de l'activité, écoutez pour vérifier vos réponses.

		oui	non
1.	Dépense-le le premier jour!	☐	☐
2.	Dis-leur toujours merci!	☐	☐
3.	Prends-en le matin!	☐	☐
4.	Vas-y en pyjama!	☐	☐
5.	Prête-lui ton sweat (*Lend him your sweatshirt*)!	☐	☐
6.	Téléphone-nous si tu veux!	☐	☐
7.	Brosse-toi les dents!	☐	☐

B. *Si!* M. et Mme Lebec se disputent pendant leur voyage. Vous allez entendre une série d'ordres au négatif de la part de M. Lebec. Jouez le rôle de Mme Lebec en donnant l'équivalent affirmatif, précédé de *Si!*. Après une petite pause, écoutez pour vérifier votre réponse, puis répétez-la. Suivez l'exemple.

> EXEMPLE: *Vous entendez:* Des billets perdus? N'en parlons pas!
>
> *Vous dites:* Si! Parlons-en!
>
> *Vous entendez:* Si! Parlons-en!
>
> *Vous répétez:* Si! Parlons-en!

1. ...   2. ...   3. ...   4. ...   5. ...   6. ...   7. ...

C. Le guide perd patience. M. Perret donne des tours du château d'Henri IV à Pau. Vers la fin de la journée, il commence à perdre patience! Remplacez les mots **en caractères gras** dans ses demandes «polies» (la colonne A) par le pronom d'objet approprié pour compléter ses demandes «impolies» (la colonne B).

A	B
1. Présentez votre billet d'entrée **au gardien.**	Présentez- _____ votre billet!
2. Entrez directement **dans le château.**	Entrez-_____!
3. Il ne faut pas toucher **aux meubles.**	N'_____ touchez pas!
4. Vous pouvez **me** poser des questions.	Posez- _____ vos questions plus tard!
5. Ne prenez pas **de photos** à l'intérieur.	N'_____ prenez pas à l'intérieur!
6. Vous remarquez **les tapisseries du Moyen Âge?**	Remarquez-_____!
7. Vous pouvez **vous** promener dans le parc.	Promenez- _____ dans le parc!
8. En sortant, il faut traverser **le pont de Nemours.**	Traversez-_____!

D. Sur la route. Bérénice, son mari et leur chien vont à Toulouse en voiture. Il conduit; elle lui donne des ordres. Complétez ses suggestions en utilisant l'impératif du verbe entre parenthèses (à la forme **tu**). Ensuite, identifiez à qui ou à quoi se réfère le pronom d'objet en écrivant l'expression appropriée de la liste. Suivez l'exemple.

> au péagiste (*tollbooth worker*)   l'autoroute A64   les toilettes
> aux policiers   ✓ le chien   une carte routière
> du café   les clés de la voiture

> EXEMPLE: (**promener**) _____*Promène*_____-le un peu dans le petit parc là-bas.
>
> _____*le chien*_____

1. (**donner**) _____-lui ce billet de 20 euros. _____

2. (**suivre**) _____-la jusqu'à la sortie 11. _____

3. (**acheter**) _____-en une dans la station service. Mon GPS ne marche pas.

   _____

4. (**perdre**) Ne les _____ pas cette fois-ci, hein? _____

5. (**boire**) N'en _____ pas trop. _____

6. (**aller**) N'y _____ pas. Elles sont fermées. _____

7. (**dire**) _____-leur que nous sommes en panne d'essence (*out of gas*).

   _____

Culture en direct

Le coin lecture

La Corse: terre d'aventure

> **Stratégie de lecture**   Determining the structure (organization) of paragraphs within a text
>
> To understand the evolution of an idea, argument, or description within a text, take note of connecting words (for example, **d'abord, premièrement, deuxièmement,** etc.), usually found at the start of paragraphs or at the beginning of sentences within a paragraph. These serve as markers of how the author develops and elaborates upon his/her idea or description.

Avant de lire

Commençons par le début! Attribuez un numéro de 1 à 5 aux segments suivants pour les mettre dans l'ordre logique.

Avant de conclure…   _____

Ensuite…   _____

Tout d'abord…   _____

Deuxièmement…   _____

En conclusion…   _____

Maintenant, en tenant compte des expressions de liaison **en caractères gras** (page 256), lisez le texte.

Lecture

La Corse: terre d'aventure

Si vous vouliez partir dans un endroit propice[1] aux sports d'aventure, vous devriez envisager[2] la Corse. Vous pourriez y faire de longues randonnées à pied ou à cheval, surfer les vagues et vous profiteriez de vues magnifiques sur la mer.

La Corse, surnommée «l'île de beauté», se trouve dans la mer Méditerranée. Cette île, entourée d'une eau cristalline, n'est accessible que par avion, bateau ou ferry. **Une fois sur place,** il y a tellement d'activités pour les amoureux de la nature et de sports qu'il est difficile de savoir par où commencer!

Depuis la côte française, **débutez** donc votre séjour à Bastia, un des deux chefs-lieux[3] de l'île. **Après avoir visité le vieux port,** partez faire de la voile à Cap Corse, la pointe nord de l'île. **Puis** descendez vers le sud pour faire de la plongée sous-marine près de Porto Vecchio. **Enfin,** faites-vous dorer[4] sur la plage et prenez des photos du soleil couchant.

Bonifacio, en Corse

Vous êtes plutôt randonneur de montagne? Pas de problème. **Pour la deuxième étape de votre voyage,** quittez la côte pour découvrir les terres de l'intérieur de l'île, avec ses montagnes rocheuses et ses nombreux sentiers de bergers.[5] Il y aurait plus de 1.500 km de sentiers en Corse! Si vous êtes plus sportif, vous pouvez parcourir[6] ces chemins en VTT, **avant de** vous installer confortablement dans un kayak pour glisser et tourbillonner[7] sur les rivières et les lacs de montagne qui sillonnent[8] le paysage. **Vous pourrez finir** votre séjour par une journée de pêche ou sur un cours de golf, car la Corse est aussi l'endroit idéal pour se reposer.

Enfin, quel que soit[9] le type de vacances que vous aimeriez passer en Corse, n'oubliez pas, **tout au long de votre séjour,** de goûter la nourriture locale, notamment le fromage de chèvre, la charcuterie et le muscat.[10] **Après** des émotions fortes, il faut bien se restaurer!

[1]*favorable* [2]*consider* [3]*administrative cities* [4]*faites-vous… get some color* [5]*sentiers… paths used by shepherds* [6]*travel down* [7]*swirl*
[8]*criss-cross* [9]*quel… whatever* [10]*muscatel (sweet wine made from the muscat grape)*

Après la lecture

A. Avez-vous compris?

Première étape. Groupez les expressions de temps en caractères gras dans le texte précédent en trois catégories.

1. pour indiquer une chose à faire en premier: *une fois sur place*
   _____

2. pour indiquer une chose à faire après: _____
   _____

3. pour indiquer une chose à faire en dernier: _____
   _____

Deuxième étape. Remettez les suggestions dans l'ordre où elles sont mentionnées dans le texte.

_____ a. faire de la voile

_____ b. prendre des photos du coucher du soleil

_____ c. arriver en ferry

_____ d. faire une randonnée

_____ e. pêcher

_____ f. visiter le vieux port de Bastia

B. Pour aller plus loin. Et vous? Si vous faisiez un séjour dans votre endroit préféré, quelles activités choisiriez-vous et dans quel ordre? Écrivez cinq phrases en utilisant le conditionnel et les expressions suivantes.

après + *nom*	**deuxièmement**	**premièrement**
avant de + *verbe à l'infinitif*	**enfin**	**puis**
d'abord	**ensuite**	**troisièmement**

EXEMPLE: *Avant de partir*, je mangerais une dernière fois dans un restaurant qui sert des

spécialités locales.

J'irais à _____

_____

_____

_____

Chez les Français / Chez les francophones

Utilisez les renseignements fournis dans les sections **Chez les Français** et **Chez les francophones** du manuel pour déterminer si les affirmations suivantes sont vraies ou fausses. Si une affirmation est fausse, corrigez-la en changeant les mots soulignés pour la rendre vraie.

		VRAI	FAUX
1.	La destination préférée des Français à l'étranger est <u>les pays scandinaves (la Suède et la Norvège)</u>.	☐	☐
2.	Pour les jeunes Français en vacances, la destination principale reste <u>d'autres régions en France</u>.	☐	☐
3.	La forêt royale <u>de Fontainebleau</u> est une forêt très riche en faune et flore.	☐	☐
4.	Chamonix est une célèbre station de sport d'hiver dans <u>les Pyrénées</u>.	☐	☐

5. Le pont du Gard est un aqueduc qui date <u>de l'époque romaine</u>. ☐ ☐

_____

6. Biarritz est une <u>station balnéaire</u> sur la côte atlantique du Pays basque. ☐ ☐

_____

7. En France, l'âge légal pour conduire est <u>21 ans</u>. ☐ ☐

_____

8. En France, on peut tourner à droite <u>au feu rouge, comme au feu vert</u>. ☐ ☐

_____

9. L'île de la Réunion est un département / une région d'outre-mer français dans <u>l'océan Indien</u>. ☐ ☐

_____

10. La population de la Réunion est composée de <u>groupes ethniques variés</u>. ☐ ☐

_____

Le coin écriture

Stratégie d'écriture   Using your five senses in writing

To describe a place, visualize yourself in that location. To bring your writing to life, imagine your dream destination in terms of the five senses (seeing, smelling, hearing, tasting, touching). Incorporate as many of these senses as possible to make your description more colorful and exciting (e.g., food you want to taste, smell of the ocean or lavender fields, French music on the radio, holding a baguette in your hand, etc.). When you use this technique, your essay will be sure to rise to the top!

Genre: Une petite rédaction (_essay_)

Thème: Écrivez une petite rédaction pour gagner un billet d'avion d'Air France vers une destination de votre choix. Le sujet de votre composition: la destination de vos rêves, et pourquoi vous voudriez y aller. Utilisez au moins cinq verbes au conditionnel et les verbes de la liste de vocabulaire qui suit.

VOCABULAIRE UTILE	
entendre	_to hear_
goûter	_to taste_
sentir	_to feel_
toucher	_to touch_
voir	_to see_

Maintenant, en tenant compte de la stratégie et la liste de vocabulaire utile, écrivez votre rédaction sur une feuille de papier. Une fois que vous avez fini, relisez votre travail en tenant compte des conseils donnés dans la section **Vérifions.**

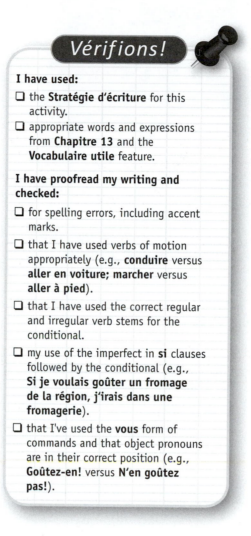

Vérifions!

I have used:

❑ the **Stratégie d'écriture** for this activity.

❑ appropriate words and expressions from **Chapitre 13** and the **Vocabulaire utile** feature.

I have proofread my writing and checked:

❑ for spelling errors, including accent marks.

❑ that I have used verbs of motion appropriately (e.g., **conduire** versus **aller en voiture; marcher** versus **aller à pied**).

❑ that I have used the correct regular and irregular verb stems for the conditional.

❑ my use of the imperfect in **si** clauses followed by the conditional (e.g., **Si je voulais goûter un fromage de la région, j'irais dans une fromagerie**).

❑ that I've used the **vous** form of commands and that object pronouns are in their correct position (e.g., **Goûtez-en!** versus **N'en goûtez pas!**).

C H A P I T R E **14**

Ici on parle français!

Communication en direct

A. À votre avis. Lisez chaque conversation. Décidez si l'opinion de la personne qui répond à la question est **affirmative, négative** ou **indifférente.**

	affirmative	négative	indifférente
1. —À notre époque, est-ce qu'il est important de parler une autre langue? —Je trouve qu'aujourd'hui, c'est essentiel.	☐	☐	☐
2. —À votre avis, est-ce qu'il est essentiel de parler anglais? —Comme c'est une langue dominante, je pense que oui.	☐	☐	☐
3. —À votre avis, est-ce qu'il faut étudier les langues à l'école? —À mon avis, non; on peut étudier tout seul ou faire des séjours linguistiques.	☐	☐	☐
4. —À ton avis, est-ce qu'il est important de connaître d'autres cultures? —Je crois que c'est très important pour comprendre le monde et les autres gens.	☐	☐	☐
5. —À votre avis, est-ce qu'il est essentiel de voyager pour connaître d'autres cultures? —Je ne sais pas... si on peut voyager, c'est idéal. Mais il y a aussi d'autres opportunités!	☐	☐	☐
6. —À ton avis, est-ce qu'il est nécessaire de savoir parler toutes les langues de son pays? —Ben... à mon avis, ça pourrait être utile, mais difficile aussi! Je ne sais pas, en fait.	☐	☐	☐

B. Raisons. Plusieurs personnes répondent à la question: **Pourquoi étudiez-vous une deuxième langue?** Écoutez deux fois chaque explication et choisissez la raison pour laquelle chaque personne veut parler une langue étrangère. À la fin de l'activité, écoutez pour vérifier vos réponses.

a.   pour communiquer quand je voyage en Amérique du Sud.
b.   parce que j'ai de la famille en France.
c.   pour aider les touristes.
d.   parce que c'est la langue dominante sur Internet.
e.   parce que j'ai beaucoup de passagers américains.
f.   car je suis chanteur d'opéra.

1. _____   2. _____   3. _____   4. _____   5. _____   6. _____

Vocabulaire interactif

La langue française—du passé à l'avenir   Talking about a country's history and language(s)

A. La terminologie. Faites correspondre les «thèmes» de la colonne A aux termes de la colonne B qu'on emploie pour en parler.

A	B
1. pour parler des actions militaires: _____	a. l'orthographe, un accent, un dialecte
2. pour mentionner des chefs (*leaders*): _____	b. un explorateur, un colon, un esclave
3. pour évoquer des gouvernements: _____	c. une armée, une guerre, une bataille
4. pour parler des langues: _____	d. un empire, une monarchie, une république
5. pour discuter des périodes différentes: _____	e. une reine, un empereur, un président
6. pour décrire la colonisation: _____	f. un siècle, une décennie, une époque

B. Quel terme est-ce qu'on définit? Vous allez entendre deux fois une série de définitions. Écrivez la lettre de chaque définition à côté du mot qu'on définit. À la fin de l'activité, écoutez pour vérifier vos réponses.

1.   une colonie _____

2.   le commerce _____

3.   un conquérant _____

4.   une guerre _____

5.   une monarchie _____

6.   une nation _____

7.   une révolution _____

C. Familles de mots. Complétez les mots croisés en écrivant le nom apparenté (*related*) à chaque adjectif ou à chaque verbe dans les deux listes, horizontalement (*across*) et verticalement (*down*). Suivez l'exemple.

EXEMPLE: colonial(e) →   une __*colonie*__

explorer →   l'*exploration*

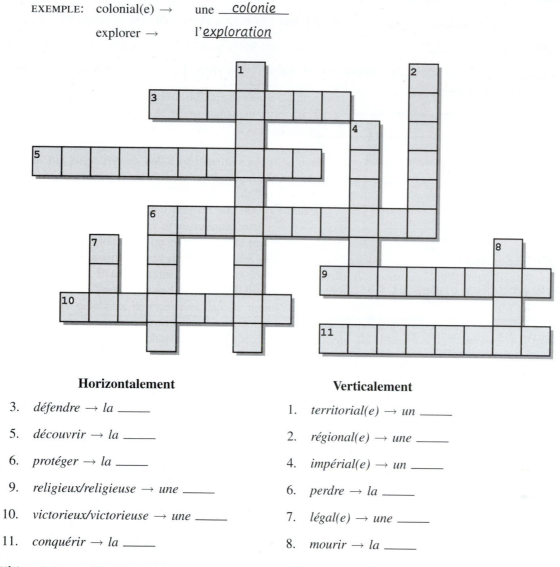

Horizontalement	Verticalement
3. *défendre* → la _____	1. *territorial(e)* → un _____
5. *découvrir* → la _____	2. *régional(e)* → une _____
6. *protéger* → la _____	4. *impérial(e)* → un _____
9. *religieux/religieuse* → une _____	6. *perdre* → la _____
10. *victorieux/victorieuse* → une _____	7. *légal(e)* → une _____
11. *conquérir* → la _____	8. *mourir* → la _____

D. L'histoire américaine.

Première étape. Complétez cette liste de points de repère historiques par le mot correct tiré de la liste ci-dessous.

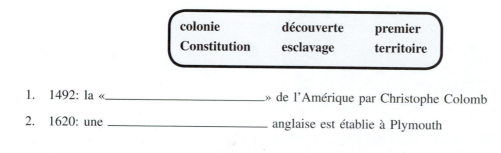

colonie	découverte	premier
Constitution	esclavage	territoire

1. 1492: la «_____» de l'Amérique par Christophe Colomb

2. 1620: une _____ anglaise est établie à Plymouth

3. 1787: la _____ des États-Unis est adoptée à Philadelphie

4. 1863: l'abolition de l'_____ aux États-Unis

5. 1959: un _____ d'outre-mer (*overseas*), Hawaï, devient le cinquantième état

6. 2008: l'élection du _____ président afro-américain aux États-Unis

Deuxième étape. Écrivez, en lettres, le nombre ordinal indiqué pour situer dans son siècle chaque événement de la liste de la **Première étape.**

1. 1492 = le 15ᵉ (_____) siècle

2. 1620 = le 17ᵉ (_____) siècle

3. 1787 = le 18ᵉ (_____) siècle

4. 1863 = le 19ᵉ (_____) siècle

5. 1959 = le 20ᵉ (_____) siècle

6. 2008 = le 21ᵉ (_____) siècle

Prononcez bien!

Synthèse: voyelles orales et nasales   *la belle langue française*

> In **Chapitres 3–6,** you learned the ten oral vowels (**voyelles orales**) of French; in **Chapitre 9** you learned that three of these oral vowels have a nasal equivalent (**voyelles nasales**). Each of these thirteen vowels is listed below, along with a vocabulary word from this chapter.
>
> [i] **empire**   [y] **d<u>uc</u>**   [u] **r<u>ou</u>te**
>
> [e] **époque**   [ɛ] **conqu<u>ê</u>te**   [ɛ̃] **rom<u>ain</u>**
>
> [o] **G<u>au</u>le**   [ɔ] **ép<u>o</u>que**   [ɔ̃] **col<u>on</u>**
>
> [ø] **d<u>eu</u>xième**   [œ] **emper<u>eu</u>r**
>
> [a] **p<u>a</u>pe**   [ã] **langue**

A. Essayons!

Première étape. Vous allez entendre deux fois une série de mots à trois syllabes. Une des trois syllabes dans chaque mot contient une voyelle nasale. Identifiez-la en cochant (✓) la case appropriée. À la fin de l'activité, écoutez pour vérifier vos réponses.

		Syllabe				**Syllabe**	
	1	**2**	**3**		**1**	**2**	**3**
1.	In	do	chine	5.	pré	si	dent
	☐	☐	☐		☐	☐	☐
2.	con	qué	rir	6.	lin	gui	stique
	☐	☐	☐		☐	☐	☐
3.	dif	fu	sion	7.	Re	nais	sance
	☐	☐	☐		☐	☐	☐
4.	Nor	man	die	8.	im	pé	rial
	☐	☐	☐		☐	☐	☐

Deuxième étape. Vous allez entendre encore une fois les mots de la **Première étape.** Répétez-les en faisant attention à la qualité de la voyelle dans chaque syllabe.

> ## Pour bien prononcer
>
> Always remember to give each vowel in French—whether oral or nasal—its full quality in every syllable, no matter how many syllables there are in a word. This is different from English, where vowels that don't receive stress (**accent tonique**) are "reduced"—that is, they receive less than their full vowel quality. Compare the pronunciation of *Alabama* in English and French. In English, although the same letter *a* represents the vowel in each syllable, do you notice how the vowel quality differs? By contrast, in French, each written **a** represents the same vowel sound: [a la ba ma], with a slight **accent tonique** at the end (the final syllable). Since French and English share so many cognates (**mots apparentés**), it is extremely important to pronounce the *French* version of each cognate, following *French* pronunciation rules, as you'll practice in Activity B.

B. Un pas en avant. Vous allez entendre deux fois les mots apparentés anglais–français de la liste suivante. La première fois, notez bien la différence dans la qualité des voyelles entre les deux mots de chaque paire. La deuxième fois, répétez-les.

1. royal
2. latin
3. culture
4. empire
5. dynasty/dynastie
6. religion
7. cardinal
8. commercial
9. indivisible
10. illustration

C. Dictée.

Première étape. Complétez les phrases avec les mots que vous entendez. Vous allez entendre chaque phrase deux fois. Attention à l'orthographe des mots apparentés anglais–français!

1. Henri IV était le premier _____ de la _____ des Bourbon.

2. Il n'y a pas de _____ en France depuis la Restauration, au 19ᵉ _____.

3. Plusieurs _____ françaises sont devenues des _____ indépendants.

4. Parfois, la _____ est la meilleure solution à un _____.

5. Le québécois est un _____ du français, parlé en _____ du Nord.

6. Les _____ s'intéressent à l'occitan, une langue _____ de France.

Attention! Avant de continuer, vérifiez vos réponses dans la clé de corrections à la fin du *Workbook / Laboratory Manual.*

Deuxième étape. Écoutez encore une fois les phrases de la **Première étape** et répétez-les en faisant attention à la qualité de la voyelle dans chaque syllabe et à l'accent tonique.

Grammaire interactive

14.1 Apprendre à parler français   Linking verbs to an infinitive with **à** or **de**

A. Un séjour au Québec. William, un étudiant américain, passera un an au Québec, à l'Université McGill à Montréal. Vous allez entendre deux fois comment il prépare son séjour. Ensuite, faites correspondre les verbes conjugués de la colonne A aux infinitifs de la colonne B. À la fin de l'activité, écoutez pour vérifier vos réponses.

L'Université McGill à Montréal

A	B
1. _____ Il commence à…	a. parler français.
2. _____ Il ne sait pas…	b. se débrouiller.
3. _____ Il aimerait…	c. préparer son séjour.
4. _____ Il trouve un livre qui l'aide à…	d. suivre des cours.
5. _____ Il essaie de/d'…	e. apprendre quelques expressions.
6. _____ Il tient à…	f. bien prononcer.

B. L'étude d'une langue étrangère. Comment faire des progrès dans l'étude d'une langue étrangère? Choisissez la préposition appropriée (**à** ou **de [d']**) pour compléter les déclarations suivantes. Si la préposition n'est pas nécessaire, laissez les deux cases vides.

	à	de (d')	
1. J'aime	☐	☐	surfer les sites web français.
2. J'invite mes camarades	☐	☐	étudier avec moi.
3. Je cherche	☐	☐	parler à des francophones en dehors (*outside*) de la classe.
4. Je demande au prof	☐	☐	répéter si je n'ai pas compris.
5. J'essaie constamment	☐	☐	améliorer (*improve*) ma prononciation.
6. Je n'oublie jamais	☐	☐	préparer la leçon.
7. Je refuse	☐	☐	parler anglais en classe.
8. J'espère	☐	☐	faire un séjour académique en France.

C. L'Académie française. Complétez le passage suivant en donnant la préposition approprié: **à, de (d')** ou **par.**

L'Académie française à Paris

L'Académie française, fondée en 1635 par le cardinal de Richelieu, continue _____[1] «normaliser»

et _____[2] «perfectionner» la langue française. Elle cherche _____[3] la rendre «pure» et com-

préhensible par tous. Dans cet esprit, l'Académie a commencé _____[4] composer un dictionnaire:

la première édition a été publiée en 1694 et la neuvième est actuellement en cours d'élaboration (*in*

development). À l'origine une Académie Royale, les Révolutionnaires de 1789 ont essayé _____[5] l'abolir,

mais en 1803 Napoléon a décidé _____[6] la restaurer comme une division de l'Institut de France.* Lors de

(*Upon*) la mort d'un de ses quarante membres, l'Académie invite un écrivain ou scientifique renommé

_____[7] poser sa candidature. Très peu ont refusé _____[8] prendre leur place parmi les «Immortels» et

_____[9] porter l'habit vert! Est-ce que l'Académie réussit vraiment _____[10] imposer un standard?

Dans certains cas, oui; dans d'autres cas, on finit _____[11] suivre «l'usage»—c'est-à-dire la forme

(l'orthographe ou la règle de grammaire) la plus communément utilisée—par exemple, tous les Français disent

le week-end au lieu d'utiliser l'expression «correcte» *la fin de semaine.*

---

*L'Institut de France** is a cultural institution composed of five **académies,** the most famous of which is the **Académie française.** The mission of **l'Institut** is to improve the arts and sciences and to manage the operation of and donations to the many cultural foundations under its jurisdiction.

D. Pour connaître une autre culture. Expliquez ce qu'il faut faire pour connaître une autre culture, en complétant les phrases suivantes. Attention au cas où il faut (ou il ne faut pas) utiliser une préposition pour lier le verbe conjugué à l'infinitif.

1. On doit _____

2. On peut _____

3. On commence _____

4. On cherche _____

5. On essaie _____

6. On évite _____

… Et comme ça, on finit par connaître assez bien une autre culture!

14.2 Toute la francophonie Specifying groups of people and things using **tout/tous/toute(s)** and other quantifiers

A. Il y en a plusieurs!

Première étape. Vous allez entendre une série de noms précédés du mot **plusieurs**. Remplacez **plusieurs** par la forme appropriée de **nombreux/nombreuses** selon le genre du nom puis, après une petite pause, écoutez pour vérifier votre réponse.

> EXEMPLE: *Vous entendez:* plusieurs pays
> *Vous dites:* de nombreux pays
> *Vous entendez:* de nombreux pays

1. … 2. … 3. … 4. … 5. … 6. … 7. … 8. …

Deuxième étape. Maintenant, complétez le tableau suivant en utilisant la forme approprié de **divers/diverses** ou de **certains/certaines** avec les noms que vous avez entendus dans la **Première étape.**

divers/diverses		certains/certaines	
1. _____ batailles		5. _____ colons	
2. _____ patois		6. _____ armées	
3. _____ conflits		7. _____ régions	
4. _____ langues		8. _____ empereurs	

B. Les périodes de temps. Vous allez entendre deux fois une série d'expressions pour parler du temps. Cochez la forme de **tout** (**toute, tous, toutes**) qu'on utilise dans chaque expression. À la fin de l'activité, écoutez pour vérifier vos réponses.

1. a. ☐ tout   b. ☐ toute   c. ☐ tous   d. ☐ toutes
2. a. ☐ tout   b. ☐ toute   c. ☐ tous   d. ☐ toutes
3. a. ☐ tout   b. ☐ toute   c. ☐ tous   d. ☐ toutes
4. a. ☐ tout   b. ☐ toute   c. ☐ tous   d. ☐ toutes
5. a. ☐ tout   b. ☐ toute   c. ☐ tous   d. ☐ toutes
6. a. ☐ tout   b. ☐ toute   c. ☐ tous   d. ☐ toutes
7. a. ☐ tout   b. ☐ toute   c. ☐ tous   d. ☐ toutes

C. Sondage. M. Aurel a donné un sondage à ses étudiants pour savoir quelles villes ils ont visitées. Regardez le tableau ci-dessous et finissez les phrases selon les résultats.

	Paris	Bruxelles	Genève	Québec	Tunis
Alice	✓		✓		
Sébastien	✓	✓			
Manon	✓	✓		✓	
Renée	✓	✓	✓		✓
Blaise	✓				
Clément	✓	✓	✓		✓

EXEMPLE: Plusieurs _étudiants ont visité Genéve._

1. Tous _____

2. Certains _____

3. De nombreux _____

4. Un seul _____

D. Les DROM. Lisez le passage, puis complétez les phrases qui suivent en utilisant la forme appropriée du mot entre parenthèses. Attention à l'accord en genre et en nombre (quand c'est nécessaire).

La France est composée non seulement de 22 régions administratives métropolitaines (*mainland*) mais aussi de cinq anciennes colonies devenues des départements puis des régions (administratives) d'outre-mer (ou «DROM»): la Guyane en Amérique du Sud, les îles de la Martinique et la Guadeloupe aux Antilles et, en 1946, l'île de la Réunion dans l'océan Indien. Mayotte, dans l'archipel des Comores entre le continent africain et Madagascar, n'est devenue un DROM qu'en 2011. Rattachés à la France, les habitants des DROM sont donc de nationalité française, sont représentés dans le gouvernement français à Paris et utilisent l'euro. Même si le français y reste la langue officielle, d'autres langues locales sont aussi utilisées. D'autres anciennes colonies aux Antilles, comme Haïti, et dans l'océan Indien, comme Madagascar, sont devenues, par contre, des pays indépendants.

Fort-de-France, en Martinique

1. (seul) La Guyane est la _____ région d'outre-mer en Amérique du Sud.

2. (plusieurs) _____ régions d'outre-mer se situent dans des îles.

3. (chaque) Les habitants de _____ région d'outre-mer sont de nationalité française.

4. (tout) _____ les régions d'outre-mer utilisent l'euro.

5. (divers) _____ langues sont utilisées dans les régions d'outre-mer.

6. (certain) _____ anciennes colonies de l'empire sont devenues des pays indépendants.

14.3 Au 21ᵉ siècle   Indicating what one should do using the present subjunctive

A. La même forme? Si le subjonctif de chaque verbe dans la liste diffère de l'indicatif, cochez (✓) la case et écrivez la forme appropriée du subjonctif. Si les deux formes ne diffèrent pas, laissez la case vide. Suivez l'exemple.

EXEMPLE: **Je pense que tu...**   ☐ lis beaucoup.

Il faut que tu...   ☑ _____*lises*_____ beaucoup.

Je pense que tu...   **Il faut que tu...**

1. sors souvent.   ☐ _____ souvent.

2. finis tout de suite.   ☐ _____ tout de suite.

3. t'habilles chaudement.   ☐ _____ chaudement.

4. apprends à bien danser.   ☐ _____ à bien danser.

5. comprends mon problème.   ☐ _____ mon problème.

6. parles assez fort.   ☐ _____ assez fort.

7. attends longtemps.   ☐ _____ longtemps.

8. m'aides beaucoup.   ☐ _____ beaucoup.

B. Un voyage aux Antilles. Les membres de la famille Hébert se préparent à partir pour les Antilles. Écoutez chaque phrase, puis indiquez la forme du verbe (**indicatif** ou **subjonctif**) que vous entendez. Vous allez entendre chaque phrase deux fois. À la fin de l'activité, écoutez pour vérifier vos réponses.

	indicatif	**subjonctif**
1.	☐ finissez	☐ finissiez
2.	☐ mets	☐ mette
3.	☐ prends	☐ prennes
4.	☐ partons	☐ partions
5.	☐ donnez	☐ donniez
6.	☐ vois	☐ voies
7.	☐ vend	☐ vende
8.	☐ arrivons	☐ arrivions

C. Avant de quitter la maison. La famille Hébert continue ses préparatifs de voyage. Écrivez la forme appropriée du subjonctif de chaque verbe dans la liste ci-dessous, sous l'illustration correspondante.

dire au revoir aux voisins

fermer la porte à clé (*lock the door*)

mettre ses nouvelles bottes

prendre une douche

ranger un peu le salon

sortir les poubelles

1. Il est essentiel que Cécile et Sébastien

_____

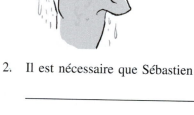

2. Il est nécessaire que Sébastien

_____

3. Il est indispensable que M. Hébert

_____

4. Il faut que Cécile

_____

5. Il faut que M et Mme Hébert

_____

6. Il est important que Mme Hébert

_____

D. Pour voyager utilement. Voici une liste de conseils pour voyager «utilement», inspirée par *Voyages en Hollande* de Denis Diderot (philosophe français du 18e siècle). Imaginez que Diderot vous parle directement: Récrivez ses conseils en utilisant **Il faut que vous...** ou **Il ne faut pas que vous...** + le subjonctif. Suivez les exemples.

EXEMPLES: Apprenez la langue!

Il faut que vous appreniez la langue.

N'insistez pas pour parler anglais!

Il ne faut pas que vous insistiez pour parler anglais.

1. Apprenez un peu l'histoire du pays.

   _____

2. Ne jugez pas sur l'apparence.

   _____

3. Ne restez pas uniquement dans la plus grande ville.

   _____

4. Essayez les plats traditionnels.

   _____

5. N'oubliez pas que c'est *vous*, «l'étranger».

   _____

6. Écrivez vos expériences dans un journal intime (*diary*).

   _____

Culture en direct

Le coin lecture

«Je vous remercie mon Dieu»

Stratégie de lecture Determining main themes and identifying where they reoccur

The structure of many texts consists of an introductory section—a paragraph (in a traditional prose text) or stanza (in a traditional poem) that presents the main themes or central ideas of the text as a whole. These normally reoccur in subsequent sections along with supporting descriptions, explanations, facts and figures, etc. When you read challenging foreign language texts such as poetry, it is important to determine the text's main themes so that you can more easily comprehend them when they reoccur in subsequent sections.

Avant de lire

Commençons par le début! Vous allez lire un poème de Bernard Dadié (1916–), écrivain ivoirien qui a toujours lutté (*fought*), en littérature comme en politique, pour assurer la libération de l'homme noir et contre toute forme de colonialisme. Voici des mots ou groupes de mots tirés de la première strophe de son poème «Je vous remercie, mon Dieu». Faites-les correspondre aux thèmes suivants: **l'esclavage, l'homme, la gratitude, la mythologie, la race, la spiritualité.**

1. «Je vous remercie» → _____

2. «Dieu» → _____

3. «de moi», «sur ma tête» → _____

4. «la somme (*total*) de toutes les douleurs (*pain*)» → _____

5. «le noir», «le blanc» → _____

6. «le Centaure» → _____

Lecture

Maintenant, lisez le texte en faisant attention à la répétition des thèmes principaux dans les strophes.

Je vous remercie, mon Dieu

Je vous remercie mon Dieu, de m'avoir créé Noir,
d'avoir fait de moi
la somme de toutes les douleurs,
mis sur ma tête
le Monde.
J'ai la livrée du Centaure*
Et je porte le Monde depuis le premier matin.
Le blanc est une couleur de circonstance
Le noir, la couleur de tous les jours
Et je porte le Monde depuis le premier soir.

Je suis content
de la forme de ma tête
faite pour porter le Monde,
satisfait
de la forme de mon nez
qui doit humer[1] tout le vent du Monde,
heureux
de la forme de mes jambes
prêtes à courir toutes les étapes du Monde.

Je vous remercie mon Dieu, de m'avoir créé Noir,
D'avoir fait de moi
La somme de toutes les douleurs.

Trente-six épées ont transpercé[2] mon cœur.
Trente-six brasiers ont brûlé[3] mon corps.
Et mon sang sur tous les calvaires[4] a rougi la neige,
Et mon sang à tous les levants[5] a rougi la nature.

Je suis quand même
content de porter le Monde,
content de mes bras courts
    de mes bras longs
        de l'épaisseur[6] de mes lèvres.

Je vous remercie mon Dieu, de m'avoir créé Noir
Le blanc est une couleur de circonstance
Le noir, la couleur de tous les jours
Et je porte le Monde depuis l'aube des temps.[7]
Et mon rire[8] sur le Monde, dans la nuit, crée le Jour.

Je vous remercie mon Dieu, de m'avoir créé Noir.

—Bernard Dadié

[1]*breathe in* [2]*épées... swords have pierced* [3]*brasiers... intense fires have burned* [4]*refers to Calvary, the hill where Christ was crucified, by extension: martyrdom, suffering* [5]*sunrises* [6]*thickness* [7]*l'aube... dawn, beginning of time* [8]*laughter*

*Elément de la mythologie grecque: «la livrée du Centaure» fait référence à Héraclès qui, une fois, a porté le monde sur ses épaules, pour remplacer Atlas.

Après la lecture

A. Avez-vous compris?

Première étape. Dans le contexte du poème, choisissez la bonne réponse.

1. Le narrateur dans le poème est _____.
   a. noir
   b. blanc

2. Le narrateur dans le poème _____.
   a. se plaint
   b. se réjouit (*rejoices*)

3. Le poème offre un contraste entre _____.
   a. la douleur de l'esclavage et la joie d'être un homme
   b. la joie d'être blanc parmi les esclaves

4. Le narrateur est content d'être Noir _____.
   a. parce qu'il ne connaît pas la douleur
   b. parce qu'il est responsable du Monde

5. Le narrateur _____.
   a. blâme Dieu pour l'esclavage des Blancs
   b. remercie Dieu pour son corps robuste et la nature

6. Pour le narrateur, la domination du blanc sur le noir est _____.
   a. un fait établi pour toujours
   b. une situation temporaire et circonstancielle

Deuxième étape. Les personnages. Dans ce poème, certains éléments sont personnalisés ou valorisés, notamment par une lettre majuscule. Qui sont ces personnages et que représentent-ils? Complétez les phrases suivantes avec les termes proposés. Faites les changements nécessaires.

blanc	**Dieu**	**(le) Monde**
(le) Christ	**la France**	**la tête**

1. L'homme noir est comparé à une figure de la mythologie qui portait le monde sur ses épaules. Dadié adapte la légende au contexte africain où les gens portent en général les choses sur _____.

2. À cause du *N* majuscule, *Noir* représente un groupe uni d'êtres humains alors que le _____ n'est qu'une (*is only a*) couleur.

3. Dadié compare la souffrance de l'homme noir à celle du _____.

4. Le poème présente une vision du _____ qui met en harmonie l'homme noir et la nature.

5. Selon le poème, le Noir porte le Monde depuis son commencement grâce à _____.

6. En Côte d'Ivoire, il ne neige pas. Il est donc possible que la neige symbolise _____, le pays colonisateur.

B. Pour aller plus loin. Et vous? Pouvez-vous adopter l'attitude positive de Bernard Dadié dans les moments difficiles liés à la vie moderne? Voici une situation difficile. Complétez la phrase avec un contrepoint positif, puis ajoutez quelques détails pour soutenir le «thème» principal.

Même si on se sent exclu (rejeté, victime d'une discrimination), l'essentiel, c'est de...

_____

_____

_____

Chez les Français / Chez les francophones

Utilisez les informations fournies dans les sections **Chez les Français** et **Chez les francophones** du manuel et décidez si les affirmations suivantes sont vraies ou fausses. Si une affirmation est fausse, changez les mots soulignés pour la rendre vraie.

		VRAI	**FAUX**
1.	Le verlan est une <u>langue régionale</u>.	☐	☐
2.	Selon les règles du verlan, un mot de deux syllabes comme *bizarre* deviendrait <u>zarbi</u>.	☐	☐
3.	Le français est la <u>seconde langue</u> de nombreux Algériens.	☐	☐
4.	La majorité des Belges parle <u>français</u>.	☐	☐
5.	Au Canada, le français est une langue <u>officielle, mais minoritaire</u>.	☐	☐
6.	La Suisse est une confédération de <u>26 cantons</u> ayant 4 langues officielles.	☐	☐
7.	La République française <u>n'a pas de langue officielle</u>.	☐	☐
8.	<u>Toutes les</u> langues régionales de France sont des langues romanes.	☐	☐

Le coin écriture

Stratégie d'écriture Free writing

Sometimes, the purpose and intended audience for a written piece—and even its format (prose, poetry, dialogue, etc.)—might emerge only after the actual writing process begins. A minimal amount of organization can often facilitate such free writing and enhance the creative process.

Genre: Conte (*Short story*) / Dialogue / Poème

Thème: Écrivez une courte histoire, un dialogue ou bien un petit poème qui tourne sur vos dix mots préférés de la langue française. En écrivant, essayez de suivre les suggestions ci-dessous.

1. D'abord, réfléchissez, puis écrivez vos dix mots préférés.
2. Ensuite, si vos dix mots partagent des relations au niveau du sens (par exemple, des relations associatives/sémantiques) ou du son, par exemple, des lettres ou des séquences de lettres similaires), organisez-les selon ces critères (comme vous avez fait dans le **Chapitre 2**).
3. Répondez à la question: **Qu'est-ce que ces mots évoquent pour vous? Est-ce qu'ils vous font penser à un certain endroit, à une ou plusieurs personnes ou à un événement (fictif ou réel) précis?** Choisissez un ou plusieurs de ces éléments comme sujet de votre conte, dialogue ou poème.
4. Rangez vos dix mots dans un ordre logique par rapport au sujet que vous avez choisi.
5. Finalement, écrivez votre conte, dialogue ou poème sur une feuille de papier.

Une fois que vous avez fini, relisez votre travail en tenant compte des conseils donnés dans la section **Vérifions.**

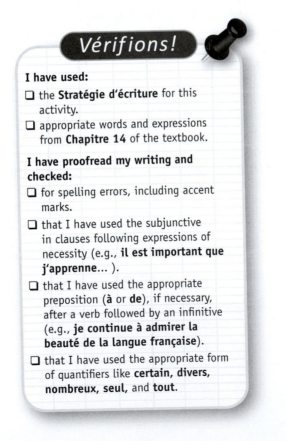

Vérifions!

I have used:
- ❏ the **Stratégie d'écriture** for this activity.
- ❏ appropriate words and expressions from **Chapitre 14** of the textbook.

I have proofread my writing and checked:
- ❏ for spelling errors, including accent marks.
- ❏ that I have used the subjunctive in clauses following expressions of necessity (e.g., **il est important que j'apprenne...**).
- ❏ that I have used the appropriate preposition (**à** or **de**), if necessary, after a verb followed by an infinitive (e.g., **je continue à admirer la beauté de la langue française**).
- ❏ that I have used the appropriate form of quantifiers like **certain, divers, nombreux, seul**, and **tout**.

CHAPITRE 15

Engagez-vous!

Communication en direct

A. Réponses logiques. Écoutez la question, et indiquez la réponse la plus logique. Vous allez entendre chaque question deux fois. À la fin de l'activité, écoutez pour vérifier vos réponses.

1. a. Je fais du recyclage.
   b. Oui, je m'y intéresse énormément.

2. a. Oui, je pense que c'est important.
   b. Je me déplace à pied ou à vélo.

3. a. Oui, c'est un problème énorme pour toute la planète.
   b. La crise économique ne s'améliore pas.

4. a. Oui, ça m'intéresse beaucoup.
   b. Moi, j'utilise ma voiture tous les jours.

5. a. Je ne trie jamais mes déchets, ca prend trop de temps et c'est inutile.
   b. Bien sûr, je veux laisser une planète propre à mes enfants!

6. a. Je suis très concerné(e) par toutes ces guerres.
   b. Absolument, je recycle systématiquement.

B. Sentiments. Complétez les phrases en exprimant vos peurs, vos souhaits ou vos émotions. Utilisez les expressions suivantes.

J'ai peur que/qu'… / Je souhaite que/qu'… / Je suis triste que/qu'…

1. _____ on respecte moins l'environnement que dans le passé.

2. _____ il y ait encore des gens qui meurent de faim dans le monde.

3. _____ il y ait trop d'inégalités, même dans les pays riches.

4. _____ les gens soient plus tolérants envers les autres cultures.

5. _____ il y ait tant de violence dans les écoles.

6. _____ la guerre continue à séparer des familles.

Vocabulaire interactif

Vive la différence!   Talking about France's social and environmental issues

A. L'émission de radio. En changeant de canal (*station*), vous entendez des gens faire différents commentaires à la radio. Écrivez la lettre qui correspond au thème de chaque commentaire. Vous allez entendre chaque commentaire deux fois. À la fin de l'activité, écoutez pour vérifier vos réponses.

1. _____ a. la conscription
2. _____ b. l'énergie renouvelable
3. _____ c. les impôts
4. _____ d. la lutte contre le terrorisme
5. _____ e. les quartiers défavorisés
6. _____ f. les syndicats

B. Les gros titres (*headlines*)**.** Complétez chaque gros titre avec un mot de la liste.

conscription	lutte	sans-papiers
fermes	réchauffement	soins de santé
forces armées		

(1) Avances dans la _____ contre le SIDA

(2) **Enfants des** _____ **à l'école**

(3) **Ministre de la Défense s'adresse aux militaires:** la _____ **ou pas?**

(4) _____ **familiales menacées par** *l'agro-business*

(5) **Nouvelles informations sur le** _____ **de la planète**

(6) **La France offre les meilleurs** _____ **en Europe**

(7) **Nouvelles mesures prises: les** _____ **assurent la sécurité de l'aéroport**

C. Chassez l'intrus.

Première étape. Indiquez quel mot dans chaque série ne va pas avec les autres.

EXEMPLE: l'échec scolaire, le port du voile islamique, ~~les forces armées~~, l'enseignement laïc

1. une grève, un produit agricole, une émeute, une manifestation
2. la population active, le taux de chômage, un syndicat, le terrorisme
3. une HLM, un produit bio(logique), une ferme, un OGM
4. un(e) immigré(e), un(e) citoyen(ne), une maladie, un titre de séjour
5. la conscription, le SIDA, les forces armées, le terrorisme

Attention! Avant de continuer, vérifiez vos réponses dans la clé de corrections à la fin du *Workbook / Laboratory Manual.*

Deuxième étape. Trouvez dans la **Première étape** le numéro des expressions qui correspondent à chacun des thèmes suivants.

a. _____ Ce sont des expressions pour parler du statut légal d'un résident.

b. _____ Ces expressions évoquent la défense d'un pays.

c. _____ On associe ces expressions à l'activisme social.

d. _____ On utilise ces expressions pour parler du travail.

e. _____ Ces expressions font penser à la production agricole.

D. Devinettes.
Lisez chaque définition ou description et écrivez le mot de vocabulaire (avec son article défini) qui correspond.

1. C'est une personne qui habite dans un pays, mais est originaire d'un autre.

   _____

2. C'est l'endroit d'où viennent les produits agricoles.

   _____

3. C'est le terme qui décrit la fonction des écoles et professeurs.

   _____

4. C'est une façon de générer de l'électricité en utilisant le vent.

   _____

5. C'est une situation où les gens ne peuvent pas trouver de travail.

   _____

6. C'est quand les employés refusent de travailler pour accomplir un objectif.

   _____

7. C'est quand les étudiants ne réussissent pas à l'école.

   _____

8. C'est le moment où on s'arrête de travailler, à partir de l'âge de 62 ans (ou plus).

   _____

E. Quelques opinions. Complétez chaque phrase avec l'infinitif ou l'expression logique de la liste.

faire grève	**lutter**	**soutenir**
interdire	**manifester**	**subventionner**

1. On doit _____ les émissions ou films trop violents à la

    télévision pour protéger les enfants.

2. Les travailleurs ont raison de _____ ou de

    _____ quand leurs conditions de travail leur semblent

    inacceptables.

3. L'État doit _____ le développement d'énergies renouvelables:

    il peut _____ le prix de ces formes d'énergie.

4. Le gouvernement fait déjà assez d'efforts pour _____

    contre un taux de chômage trop élevé.

Prononcez bien!

Synthèse: La liaison obligatoire et interdite *aux États-Unis et // en France*

1. Throughout the book and workbook, you've seen many cases of **liaison**—a process by which a normally silent final consonant is pronounced when followed by a word beginning with a vowel or silent **h.** The letters **s, z,** and **x** are all pronounced as [z] in **liaison;** the letters **t** and **d** are both pronounced as [t]; the letter **n** is pronounced as [n].

2. There are four cases in which French speakers virtually always make **liaison** (often called **les liaisons «obligatoires»**). They are:

   • between a pronoun and a conjugated verb.

      on [n] interdit   **vont-[t]-ils…?**   **je vous [z] écoute!**

   • between an article, numeral, or quantifier and a noun.

      un [n] immigré   **huit [t] ans**   **plusieurs [z] émeutes**

   • between a preposition and a noun.

      en [n] avril   **devant [t] un tribunal**   **dans [z] un pays**

   • between a preceding adjective and a noun.

      un petit [t] état   **un grand [t] homme**   **les prochaines [z] élections**

3. There are also a couple of contexts in which French speakers virtually *never* make **liaison** (often called **les liaisons «interdites»**). As you learned in **Chapitre 8,** for example, **liaison** does not occur before words beginning with an *h* aspiré (for example, **les // hanches**). Two other cases are:

   • between the conjunction **et** and any following word.

      trente et // un   **Chantal et // André**

   • between a singular noun and an adjective or between a singular noun and a verb.

      la population // active   **le président // arrive**

A. Essayons!

◆ **Première étape.** Vous allez entendre deux fois une série de phrases. Si vous entendez un cas de **liaison obligatoire,** cochez (✓) la consonne de liaison. Sinon, ne marquez rien (il s'agit d'une **liaison interdite**).

	[n]	[t]	[z]		[n]	[t]	[z]		[n]	[t]	[z]		[n]	[t]	[z]		[n]	[t]	[z]
1.	☐	☐	☐	3.	☐	☐	☐	5.	☐	☐	☐	7.	☐	☐	☐	9.	☐	☐	☐
2.	☐	☐	☐	4.	☐	☐	☐	6.	☐	☐	☐	8.	☐	☐	☐	10.	☐	☐	☐

Attention! Avant de continuer, vérifiez vos réponses dans la clé de corrections à la fin du *Workbook / Laboratory Manual.*

Deuxième étape. Écoutez encore une fois les phrases de la **Première étape** et répétez-les en faisant attention aux liaisons obligatoires et aux liaisons interdites.

1. ils organisent
2. en octobre
3. l'enfant est petit
4. un grand empire
5. un produit agricole
6. certains états
7. Paris et Orléans
8. on a fait grève
9. ce sont des héros
10. vingt immigrés

Pour bien prononcer

It is important to pronounce a normally silent final **s, x,** or **z** as [z] in **les liaisons obligatoires;** doing so will sometimes help distinguish between two phrases with different meanings! For example, **trois ans,** pronounced with the **liaison** consonant [z], means "three years"; **trois cents,** without **liaison,** means "three hundred." You'll come across other pairs of phrases like this in Activity B.

B. Un pas en avant.

Première étape. Vous allez entendre deux fois une série d'expressions. Cochez (✓) l'expression que vous entendez. À la fin de l'activité, écoutez pour vérifier vos réponses.

1. a. ☐ ils sont — b. ☐ ils ont
2. a. ☐ des sommes — b. ☐ des hommes
3. a. ☐ vous savez — b. ☐ vous avez
4. a. ☐ il arrive — b. ☐ ils arrivent
5. a. ☐ mes sœurs — b. ☐ mes heures
6. a. ☐ elle oublie — b. ☐ elles oublient
7. a. ☐ ils s'envoient — b. ☐ ils en voient

Deuxième étape. Maintenant, écoutez chaque série d'expressions de la **Première étape.** Répétez-les en faisant attention à la liaison obligatoire dans la *seconde* expression.

C. Dictée.

Première étape. Écoutez, et complétez les phrases avec les mots que vous entendez. Vous allez entendre chaque phrase deux fois.

1. _____ manifester _____

   contre les _____?

2. Depuis _____ 80, la France cherche à protéger

   _____ culturelle face à la dominance

   _____.

3. _____ conférenciers (*speakers*) ont discuté du port du

   _____.

4. L'_____ reste un problème en France

   _____ en Belgique.

Attention! Avant de continuer, vérifiez vos réponses dans la clé de corrections à la fin du *Workbook / Laboratory Manual.*

Deuxième étape. Vous allez entendre encore une fois les phrases de la **Première étape.** Répétez-les en faisant attention aux liaisons obligatoires (dans les phrases 1 et 2) et aux liaisons interdites (dans les phrases 3 et 4).

Grammaire interactive

15.1 Ce n'est pas évident!   Indicating uncertainty by using the present subjunctive

A. C'est possible. Écoutez les phrases, et pour chacune indiquez s'il s'agit d'une expression de possibilité, d'incertitude ou de doute. Vous allez entendre chaque phrase deux fois. À la fin de l'activité, écoutez pour vérifier vos réponses.

	possibilité	incertitude	doute
1.	☐	☐	☐
2.	☐	☐	☐
3.	☐	☐	☐
4.	☐	☐	☐
5.	☐	☐	☐
6.	☐	☐	☐

B. Est-ce que tout le monde le fait?

Première étape. Complétez les phrases suivantes en écrivant la forme appropriée du verbe entre parenthèses, au subjonctif.

1. Il n'est pas certain que tout le monde _____ (savoir) raccommoder ses vêtements.

2. Je doute que tous les gens _____ (baisser) le chauffage en hiver ou la clim en été.

3. Il se peut qu'un jour nous _____ (recycler) tous nos boîtes et bouteilles.

4. Il est douteux que tout le monde _____ (faire) du jardinage biologique.

5. Il n'est pas vrai que la plupart des gens _____ (installer) des ampoules fluocompactes.

6. Il n'est pas clair que nous _____ (pouvoir) tous composter nos déchets.

Deuxième étape. Faites correspondre les phrases de la **Première étape** aux illustrations suivantes.

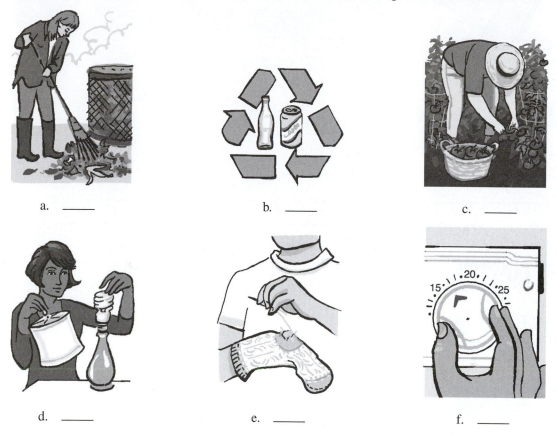

a. _____

b. _____

c. _____

d. _____

e. _____

f. _____

C. Vous et vos amis. À l'aide des illustrations et légendes (*captions*), indiquez si vous faites ces gestes pour protéger l'environnement. Et vos amis? Qu'est-ce qu'ils font? Exprimez votre certitude (**Je sais que… , Il est certain que…** , etc.) en utilisant l'indicatif, ou vos doutes (**Je doute que… , Il est douteux que…**) en utilisant le subjonctif. Suivez l'exemple.

EXEMPLE:

se servir de sacs réutilisables au supermarché

Moi: *Je ne me sers jamais de sacs réutilisables au supermarché.*

Mes amis: *Je sais que mes amis s'en servent très souvent.*

1. **débrancher ses appareils**

   Moi: _____.

   Mes amis: _____.

2. **prendre les transports en commun**

   Moi: _____.

   Mes amis: _____.

3. **boire de l'eau dans une gourde**

   Moi: _____.

   Mes amis: _____.

D. Tout est possible. Indiquez votre opinion sur la probabilité des événements suivants en écrivant une phrase avec **douteux, possible, probable** ou **clair. Attention!** N'oubliez pas d'utiliser le subjonctif, si c'est nécessaire.

> EXEMPLE: L'énergie éolienne peut jouer un rôle de plus en plus important.
>
> *Il est clair que l'énergie éolienne peut jouer un rôle de plus en plus important.*
>
> *(ou) Il n'est pas clair que l'énergie éolienne puisse jouer un rôle de plus en plus important.*

1. On sait inverser les effets du réchauffement de la planète.

   _____

2. Les OGM rendent la nourriture moins chère mais aussi moins saine.

   _____

3. Les scientifiques peuvent bientôt trouver un remède (*cure*) contre le SIDA.

   _____

4. Le taux de chômage continue à augmenter.

   _____

5. Notre gouvernement fait face au terrorisme.

   _____

15.2 Qu'on soit plus tolérant! Saying what one wishes using the present subjunctive

A. Au sujet de Théo. Vous allez entendre deux fois une série de petits dialogues entre deux personnes au sujet de leur ami commun, Théo. Indiquez s'il s'agit, dans la réponse à chaque question, d'une expression d'émotion ou de préférence. À la fin de l'activité, écoutez pour vérifier vos réponses.

	émotion	**préférence**
1.	☐	☐
2.	☐	☐
3.	☐	☐
4.	☐	☐
5.	☐	☐
6.	☐	☐

B. Les formes des verbes.

Première étape. Complétez le tableau avec les formes correctes des verbes **aller, avoir** et **être.**

	aller	avoir	être
... que je (j')	_aille_	_____	_____
... que tu	_____	_aies_	_____
... qu'il/elle/on	_____	_____	_soit_
... que nous	_allions_	_____	_____
... que vous	_____	_ayez_	_____
... qu'ils/elles	_____	_____	_soient_

Attention! Avant de continuer, vérifiez vos réponses dans la clé de corrections à la fin du *Workbook / Laboratory Manual.*

Deuxième étape. Maintenant, complétez chacune des phrases suivantes par un des verbes de la **Première étape** à la forme appropriée du subjonctif.

1. Je suis content(e) que mes amis _____ tolérants et compréhensifs.

2. Je ne suis pas surpris(e) que tu _____ l'esprit ouvert.

3. J'aimerais (au moins!) que mon futur mari ne _____ pas sexiste.

4. C'est dommage que vous _____ des préjugés contre ces gens.

5. Mon prof souhaite que nous _____ tous à l'étranger découvrir une autre culture.

6. Ma copine veut que j'_____ avec elle à une manifestation de SOS Racisme.

C. La culture contemporaine.
Quelle est votre réaction à ce qui se passe dans la culture française contemporaine? Choisissez d'abord une des expressions de la liste pour commencer chacune des phrases suivantes, puis écrivez la forme appropriée du verbe entre parenthèses au subjonctif. Suivez l'exemple.

> C'est dommage   C'est regrettable
>
> C'est étrange   Je (ne) suis (pas) content(e)
>
> C'est normal   Je (ne) suis (pas) surpris(e)

EXEMPLE: _C'est normal_ que chaque Français ___défende___ (défendre) activement

son identité culturelle.

1. _____ qu'il n'y _____ (avoir) plus de service

militaire obligatoire en France.

2. _____ que l'immigration clandestine _____

(être) un gros problème en France.

3. _____ que les travailleurs français _____

(faire) souvent grève.

4. _____ que le gouvernement _____

(interdire) le port des signes religieux à l'école.

5. _____ qu'un pourcentage important de jeunes dans les

quartiers défavorisés ne/n' _____ (aller) plus à l'école.

D. Se vanter de son enfant. Voici quelques qualités et traits dont les parents d'un enfant se vantent (*brag*) souvent. Aimeriez-vous que votre enfant (ou un[e] futur[e] enfant) ait ces mêmes caractéristiques? Si oui, utilisez une expression de préférence: **J'aimerais bien que… , Je souhaite que… ,** etc.; si non, utilisez: **Il n'est pas nécessaire que…**

Samsha, une petite fille, très intelligente

EXEMPLES: «Mon enfant lit beaucoup.»
Je voudrais que mon enfant lise beaucoup.

1. «Mon enfant sait jouer d'un instrument de musique.»

_____.

2. «Mon enfant va aux meilleures écoles.»

_____.

3. «Mon enfant a l'esprit ouvert.»

_____.

4. «Mon enfant fait tout ce que je lui demande.»

_____.

5. «Mon enfant sait qu'il/elle peut vraiment tout me dire.»

_____.

6. «Mon enfant est très tolérant(e) envers ses pairs (*peers*).»

_____.

15.3 Vouloir, c'est pouvoir   Use of an infinitive versus the subjunctive

A. Vanessa et sa sœur. Vanessa parle de sa vie quotidienne dans l'appartement qu'elle partage avec sa sœur. Indiquez ce que fait Vanessa dans chaque situation en cochant (✓) la case appropriée. Vous allez entendre chaque phrase deux fois. À la fin de l'activité, écoutez pour vérifier vos réponses.

1. a. ☐ Elle préfère nettoyer la salle de bains elle-même.
   b. ☐ Elle préfère que sa sœur la nettoie.

2. a. ☐ Elle est contente de s'occuper des chiens.
   b. ☐ Elle est contente que sa sœur s'en occupe.

3. a. ☐ Elle souhaite décorer le salon elle-même.
   b. ☐ Elle souhaite que sa sœur le décore.

4. a. ☐ Elle veut aller au marché elle-même.
   b. ☐ Elle veut que sa sœur y aille.

5. a. ☐ Elle aime parler à la concierge.
   b. ☐ Elle aime que sa sœur lui parle.

B. Six conseils pour une vie plus saine.

Première étape. Complétez les conseils suivants à l'aide des infinitifs de la liste.

> **dormir   faire   fumer   gérer   manger   voir**

1. Il est important de _____ de l'exercice.

2. Il est nécessaire de _____ au moins six heures par nuit.

3. Il est essentiel de _____ des repas équilibrés.

4. Il vaut mieux arrêter de _____.

5. Il faut apprendre à _____ le stress.

6. Il est préférable d'aller _____ un médecin une fois par an.

Deuxième étape. Qui, parmi vos amis ou les membres de votre famille, ne suit pas les conseils de la **Première étape?** Choisissez trois conseils et indiquez ce que chaque personne devrait faire en utilisant une des expressions ci-dessus + **que** + le subjonctif. Justifiez votre réponse. Suivez l'exemple.

EXEMPLE: Il est important de faire de l'exercice.

Il est important que mon père (en particulier) fasse de l'exercice parce qu'il grossit un peu.

1. _____
   _____

2. _____
   _____

3. _____
   _____

C. En séquence logique. Décrivez ce que fait Nicolas dans chaque illustration, en utilisant les deux expressions indiquées et **avant de** ou **avant que** selon le cas.

EXEMPLE:

étudier à la
bibliothèque   passer son examen

Il étudie à la bibliothèque avant de passer son examen.

dire au revoir   partir en vacances

1. _____

acheter un bouquet   offrir à sa grand-mère

2. _____

retirer de
l'argent

aller en boîte

3. _____

mettre la table

venir dîner chez lui

4. _____

D. De bons amis.

Première étape. Donnez votre avis sur ce qui constitue un(e) bon(ne) ami(e). Complétez la phrase suivante en utilisant trois infinitifs différents. Suivez l'exemple.

Pour être un(e) bon(ne) ami(e), il est important de (d')…

EXEMPLE: *être très compréhensif (compréhensive).*

1. _____
2. _____
3. _____

Deuxième étape. En tenant compte de vos réponses de la **Première étape,** décrivez votre meilleur(e) ami(e) en utilisant une expression de possibilité, d'(in)certitude, de doute, d'émotion ou de préférence.

EXEMPLE: *Il est évident qu'il (elle) est compréhensif (compréhensive).*

Par exemple…

(*ou*)

J'aimerais qu'il (elle) soit un peu plus compréhensif (compréhensive).

Par exemple…

1. _____
   _____

2. _____
   _____

3. _____
   _____

Culture en direct

Le coin lecture
La Dernière Classe

> **Stratégie de lecture** Determining the tone of a text / Inferring an author's (or narrator's) attitude
>
> Aside from presenting main ideas and supporting details in a text, an author will often adopt a particular tone, suggesting his or her overall attitude toward those ideas—either in his/her own "voice" (as in a newspaper editorial) or through the voice of a narrator (as in a novel or short story). Both vocabulary items and grammatical structures can be used to achieve a particular tone, as well as the author's use of figures of speech such as hyperbole and metaphors. Analyzing the choices that the author or narrator has made can help you determine whether the tone of the text is sarcastic, ironic, tragic, sentimental, hyperbolic, etc.

Avant de lire

Vous allez lire un extrait du conte *La Dernière Classe* d'Alphonse Daudet, une histoire qui se déroule (*takes place*) en Alsace à la fin de la guerre franco-prussienne (ou «franco-allemande») de 1870–1871. Franz, un écolier alsacien, apprend en arrivant dans le cours de français de M. Hamel qu'il sera bientôt obligé d'étudier l'allemand à la place du français car l'Alsace et la Lorraine, deux régions contestées pendant la guerre, tombent maintenant sous le contrôle des Prussiens. L'auteur insiste sur la tristesse de l'instructeur à la perte de son identité française et sur l'importance de cette dernière leçon.

Commençons par le début!

Première étape. Étudiez les quatre «outils» (*tools*) de la liste ci-dessous que l'auteur utilise pour bien montrer l'attitude du narrateur.

    a. L'auteur utilise la négation **ne... jamais** pour montrer la finalité de ce qui se passe.
    b. L'auteur utilise le quantificateur **tout/tous/toute(s)** pour mettre en valeur la quantité.
    c. L'auteur utilise le comparatif ou le superlatif (**plus, aussi, moins**) pour insister sur une qualité.
    d. L'auteur utilise une métaphore pour évoquer à la fois (*at the same time*) la tristesse et l'espoir (*hope*).

Deuxième étape. Indiquez quel outil de la **Première étape** est exemplifié dans chacune des phrases suivantes en écrivant la lettre correspondante. **Attention!** Dans la dernière phrase, l'auteur utilise plusieurs de ces outils.

1. … c'était la plus belle langue du monde, la plus claire, la plus solide… _____

2. … quand un peuple tombe esclave, tant qu'il tient bien sa langue, c'est comme s'il tenait la clé de sa prison… _____

3. Je crois aussi que je n'avais jamais si bien écouté et que lui non plus n'avais jamais mis autant de (*as much*) patience à ses explications _____.

4. … le pauvre homme voulait nous donner tout son savoir… _____

5. … et en appuyant de toutes ses forces, il écrivit aussi gros qu'il put… _____ _____

Lecture

Maintenant, lisez le texte en tenant compte du fait que le narrateur est un jeune garçon.

La Dernière Classe

Alors, d'une chose à l'autre, M. Hamel se mit[1] à nous parler de la langue française, disant que c'était la plus belle langue du monde, la plus claire, la plus solide; qu'il fallait la garder entre nous et ne jamais l'oublier, parce que, quand un peuple tombe esclave, tant qu'il[2] tient bien sa langue, c'est comme s'il tenait la clé de sa prison… Puis il prit[3] une grammaire et nous lut[4] notre leçon. J'étais étonné[5] de voir comme je comprenais. Tout ce qu'il disait me semblait facile, facile. Je crois aussi que je n'avais jamais si bien écouté et que lui non plus n'avais jamais mis autant de[6] patience à ses explications. On aurait dit[7] qu'avant de s'en aller, le pauvre homme voulait nous donner tout son savoir, nous le faire entrer dans la tête d'un seul coup.[8]

La leçon finie, on passa[9] à l'écriture. Pour ce jour-là, M. Hamel nous avait préparé des exemples tout neufs, sur lesquels était écrit en belle ronde[10] *France, Alsace, France, Alsace.* Cela faisait comme des petits drapeaux qui flottaient tout autour de la classe, pendus à la tringle de nos pupitres.[11] Il fallait voir comme chacun s'appliquait, et quel silence! On n'entendait rien que le grincement des plumes[12] sur le papier. […] Sur la toiture de l'école, des pigeons roucoulaient tout bas,[13] et je me disais en les écoutant: «Est-ce qu'on ne va pas les obliger à chanter en allemand, eux aussi?»

De temps en temps, quand je levais les yeux de dessus ma page, je voyais M. Hamel immobile dans sa chaire[14] et fixant[15] les objets autour de lui, comme s'il avait voulu emporter dans son regard[16] toute sa petite maison d'école… Pensez! depuis quarante ans, il était là à la même place, avec sa cour en face de lui et sa classe toute pareille. […] Quel crève-cœur[17] ça devait être pour ce pauvre homme de quitter toutes ces choses, et d'entendre sa sœur qui allait, venait, dans la chambre au-dessus, en train de fermer leurs malles![18] Car ils devaient partir le lendemain, s'en aller du pays pour toujours.

[*L'horloge de l'église sonna[19] midi.*]

—Mes amis, dit-il, mes… je… je…

Mais quelque chose l'étouffait.[20] Il ne pouvait achever sa phrase.

Alors il se tourna[21] vers le tableau, prit un morceau de craie, et en appuyant de toutes ses forces, il écrivit[22] aussi gros qu'il put:[23]

Vive la France!

Puis il resta[24] là, la tête appuyée au mur et, sans parler, avec sa main, il nous faisait signe: «C'est fini… allez-vous-en.»

[1]= s'est mis [2]*tant… as long as it (the group of people)* [3]= a pris [4]= a lu [5]*astonished, surprised* [6]*autant… so much* [7]*On… You would have thought* [8]*nous… plant it in our heads in one fell swoop* [9]= est passé [10]*en… beautiful penmanship, handwriting*
[11]*Cela… They (the penmanship samples written on small slips of paper) looked like little flags waving all around the classroom, hanging from the metal rod that connected the fronts of our desks.* [12]*rien que… nothing but the scratching of feather pens* [13]*roucoulaient… were softly cooing* [14]*pulpit* [15]*staring at* [16]*emporter… capture in his mind's eye* [17]*heartbreak* [18]*trunks* [19]= a sonné
[20]*choked him up* [21]= s'est tourné [22]= a écrit [23]= a pu [24]= est resté

Après la lecture

A. Avez-vous compris?

Première étape. Décidez si les affirmations suivantes sont vraies ou fausses. Si une affirmation est fausse, corrigez-la.

	VRAI	FAUX
1. L'Alsace était une région contestée pendant la guerre franco-allemande.	☐	☐
2. M. Hamel conseille aux étudiants de ne pas oublier la langue française.	☐	☐
3. M. Hamel est plutôt joyeux pendant la leçon de français.	☐	☐
4. Ce jour-là, Franz trouve la leçon de français difficile.	☐	☐
5. La leçon d'écriture se déroule en silence.	☐	☐
6. M. Hamel et sa sœur partiront le lendemain en vacances.	☐	☐

Deuxième étape. Complétez chaque phrase avec le mot approprié de la liste.

> Culture   enthousiasme   fier   menacé   pays   triste

1. M. Hamel semble être très _____ de sa langue maternelle.
2. Pour M. Hamel, le français semble représenter son _____ et sa _____.
3. Selon M. Hamel, le français et tout ce qu'il représente est _____ par la guerre.
4. Franz est visiblement _____ que M. Hamel doive partir.
5. M. Hamel a enseigné avec tant d'énergie et d' _____ parce que c'était sa dernière leçon.

B. Pour aller plus loin.
Pourquoi, à votre avis, est-ce que M. Hamel a décidé d'enseigner cette dernière leçon de français? Qu'est-ce qu'il voulait faire comprendre aux élèves?

_____

_____

_____

Chez les Français / Chez les francophones

Utilisez les renseignements fournis dans les sections **Chez les Français** et **Chez les francophones** du manuel pour déterminer si les affirmations suivantes sont vraies ou fausses. Si une affirmation est fausse, corrigez-la en changeant les mots soulignés pour la rendre vraie.

		VRAI	FAUX
1.	Bien qu'il existe des partis «verts», l'écologie est un sujet qui préoccupe <u>tous les partis politiques</u>.	☐	☐
	_____		
2.	Le Rwanda est une ancienne colonie <u>française</u>.	☐	☐
	_____		
3.	<u>L'écotourisme</u> est l'un des principaux attraits du Rwanda.	☐	☐
	_____		
4.	Le Président de la République française est élu pour <u>7 ans</u>.	☐	☐
	_____		
5.	En France, il y a un ministère spécial consacré <u>à la culture</u>.	☐	☐
	_____		
6.	L'emploi des termes «droite» et «gauche» en politique remonte à l'époque de <u>la Deuxième guerre mondiale</u> en France.	☐	☐
	_____		
7.	En France, <u>le président</u> est le chef du gouvernement.	☐	☐
	_____		
8.	Bruxelles est la capitale <u>«non-officielle»</u> de l'Union Européenne.	☐	☐
	_____		

Le coin écriture

Stratégie d'écriture Listing pros and cons / Presenting both sides of an argument

Exploring the pros and cons of an issue and the beliefs shared by those on both sides of the argument is an important strategy for critical thinking and writing. When writing an editorial piece, take all possible viewpoints into account by listing the pros and cons of your issue in two columns. What opposing arguments are typically presented by people who are for or against this issue? Once you have considered the problem from different perspectives, you will be better equipped to write your editorial and propose a workable solution.

Genre: Votre contribution (*Op-ed piece*)

Thème: Selon vous, est-ce qu'il y a un grave problème qui menace la société ou l'environnement? Écrivez une contribution pour le journal de votre université qui exprime votre opinion et qui offre des solutions possibles au problème.

1. D'abord, identifiez le problème social ou environnemental dont vous allez discuter. Par exemple, est-ce que vous trouvez qu'il y a trop de pollution / de déchets et/ou pas assez d'efforts pour préserver les ressources naturelles (pas assez de recyclage, etc.) dans votre ville ou région? Ou bien, est-ce que vous croyez qu'on doit faire plus d'efforts pour régler un problème social comme le chômage, l'itinérance, etc.?

2. Ensuite, faites une liste des pour et contre et considérez comment vous pouvez adresser les objections éventuelles de votre lecteur ou lectrice.

3. Expliquez ce qu'on fait maintenant pour faire face au problème, et pourquoi ce n'est pas suffisant.

4. Finalement, proposez une solution qui, selon vous, pourrait améliorer le problème.

Une fois que vous avez fini, relisez votre travail en tenant compte des conseils donnés dans la section **Vérifions.**

Vérifions!

I have used:

❑ the **Stratégie d'écriture** for this activity.

❑ appropriate words and expressions from **Chapitre 15** of the textbook.

I have proofread my writing and checked:

❑ my spelling, including accent marks.

❑ which verbs and expressions do *not* take the subjunctive when used in the affirmative (e.g., **je crois que**, **il est certain que**, **il est probable que**, **il me semble que**, **je pense que**, etc.).

❑ that I have used both regular and irregular forms of the subjunctive correctly.

❑ that I have used **de** + infinitive as an alternative to using the subjunctive whenever necessary.

CHAPITRE 16

Une célébration des arts

Communication en direct

A. Quelque chose à dire. Écoutez chaque question, puis choisissez la réponse appropriée. Vous allez entendre chaque question deux fois. À la fin de l'activité, écoutez pour vérifier vos réponses.

1. a. Il y a beaucoup à découvrir en France: l'histoire, la culture et la cuisine.
   b. On a une culture très riche au Québec qu'on veut préserver.

2. a. Pour moi, la cuisine est un aspect important de la culture.
   b. Ce n'est pas très facile, le français, mais ça vaut la peine de l'apprendre!

3. a. Bien sûr! C'est une ville cosmopolite qu'il faut vraiment visiter.
   b. Vous devriez venir en France pour pratiquer votre français.

4. a. Si vous y allez, visitez aussi les petites villes au Québec!
   b. Oui, il faut surtout venir visiter les musées et admirer sa belle architecture!

5. a. Vous devriez faire un séjour linguistique dans un autre pays, si possible.
   b. Oui, c'est une excellente manière de découvrir une autre culture.

6. a. Elle est si diverse, si riche que vous pouvez passer toute une vie pour la connaître!
   b. C'est une ville superbe, avec des monuments incroyables.

B. Qu'est-ce qu'on dit? Complétez les phrases avec l'expression appropriée à chaque situation. **Attention!** Pour certaines situations, il y aura plusieurs possibilités.

1. Albane va rentrer à la fin d'une soirée entre copines:

   «_____»

2. Vos grands-parents partent en vacances à Tahiti:

   «_____»

3. Un ami se prépare pour les examens de fin de semestre:

   «_____»

4. Des étudiants d'échange sénégalais visitent votre fac:

   «_____»

5. Gabrielle finit sa conversation au téléphone avec une bonne amie:

« _____ »

6. Un ami apprend à jouer du piano: « _____ »

7. Vos voisins viennent de vous souhaiter une bonne année:

« _____ »

Vocabulaire interactif

Les «sept arts»   Talking about the arts

A. C'est quel domaine? Mettez chacun des mots ou expressions suivants dans la catégorie appropriée.

en marbre	un coup de pinceau	sous-titré
le tournage	une fresque	un recueil
sur pointes	une toile	un vitrail
un compositeur		

1. **L'architecture:** un arc-boutant, une gargouille, _____

2. **La sculpture:** un thème religieux ou mythologique, une statue, en bronze,

   _____

3. **La peinture:** une image, un tableau, _____,

   _____, _____

4. **La musique (l'opéra):** un acte, _____

5. **La poésie:** un poète, un poème, _____

6. **La danse (le ballet):** une danseuse, une technique, _____

7. **Le cinéma:** un long métrage, la sortie d'un film, _____,

   _____

B. Parlons de nos œuvres préférées. Écoutez chaque personne parler d'une œuvre ou des œuvres artistiques qu'elle aime particulièrement. Faites correspondre les œuvres de la liste suivante à chaque commentaire que vous entendez. Vous allez entendre chaque commentaire deux fois. À la fin de l'activité, écoutez pour vérifier vos réponses.

   a. un tableau impressionniste
   b. un édifice gothique
   c. un long métrage
   d. des fresques
   e. des vitraux dans une église
   f. un opéra romantique

1. _____ 2. _____ 3. _____ 4. _____ 5. _____ 6. _____

C. Professions artistiques. Complétez les mots croisés en écrivant les noms des professions artistiques, à l'aide des indices (*clues*) dans les deux listes.

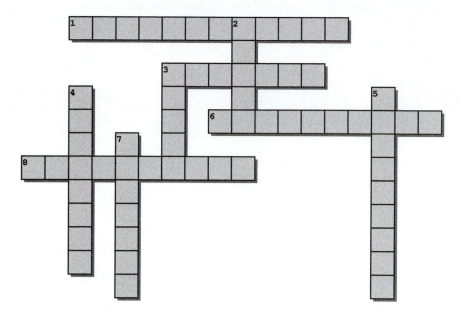

Horizontalement	Verticalement
1. Elle fait des films (synonyme de «cinéaste»).	2. Il chante à l'opéra (rôle pour homme).
3. Il fait des tableaux.	3. Il écrit des poèmes.
6. Il conçoit des bâtiments ou d'autres édifices.	4. Elle danse (au ballet, par exemple).
8. Elle joue de la musique.	5. Il fait des statues ou d'autres sculptures.
	7. Elle interprète un rôle dans un film.

D. La vie de George Sand (1804–1876).

Première étape. Lisez le passage suivant sur George Sand.

George Sand était une femme écrivain française du 19e siècle, un véritable personnage à son époque. George Sand doit sa renommée[1] à ses œuvres littéraires, plus de trente romans dont les plus célèbres sont *Indiana,* le premier à être publié sous son pseudonyme George Sand, *La Mare au diable* et *La Petite Fadette.* Elle est aussi connue pour sa manière de s'habiller comme un homme et de fumer en public, son engagement politique et ses nombreuses relations amoureuses. Parmi ses amants[2] on compte entre autres, Jules Sandeau, le romancier qui a inspiré son pseudonyme *Sand,* Prosper Mérimée, l'auteur de la nouvelle[3] *Carmen* sur laquelle l'opéra du même nom est basé, Alfred de Musset, un dramaturge[4] et poète français, et, bien sûr, le célèbre pianiste et compositeur polonais Frédéric Chopin. George Sand reste une figure énigmatique et importante de la littérature française.

[1]*fame* [2]*lovers* [3]*novella* [4]*playwright*

George Sand

Deuxième étape. Choisissez le mot ou le groupe de mots qui complète le mieux chaque phrase pour résumer le texte de la **Première étape.**

1. Malgré (*Despite*) son pseudonyme masculin, George Sand était une _____.
   - a. femme sculpteur
   - b. femme écrivain
   - c. femme peintre

2. Elle reste une figure importante de la littérature _____.
   - a. française
   - b. québécoise
   - c. suisse

3. Pendant sa carrière, elle a écrit plus de trente _____.
   - a. poèmes
   - b. romans
   - c. contes

4. Un de ses amants, Prosper Mérimée, était l'auteur _____.
   - a. de la nouvelle *Carmen*
   - b. du recueil *Alcools*
   - c. de fables

5. Un de ses derniers amants, Frédéric Chopin, était pianiste et _____.
   - a. danseur
   - b. dramaturge
   - c. compositeur

6. Son comportement ne correspondait pas toujours aux mœurs (*morals*) du _____ siècle.
   - a. 20^e
   - b. 17^e
   - c. 19^e

Prononcez bien!

Les virelangues (*Tongue twisters*)   *Un ver vert dans un verre vert à l'envers*

Here are some French tongue twisters to test your tongue's twistability (and to review the correspondence between sound and spelling in French):

- the letters *j* and *g* (when followed by the letter *e, i,* or *y*):

  Juste juge, jugez Gilles jeune et jaloux.

- the letters *s* and *c* (when followed by the letter *e, i,* or *y*):

  ces six cents six saucissons-ci

- the combination *ch*:

  Les chaussettes de l'archiduchesse sont-elles sèches? Archi-sèches!

- the vowels [o] as in **beau** and [ɔ] as in **bonne**:

  Un gros porc dort au bord du beau port de Bordeaux.

- the vowels [i] as in **dire** and [y] as in **dur**:

  La pipe au papa du Pape Pie pue.*

- the nasal vowels:

  Même maman m'a mis ma main dans mon manchon (*muff*).

---

*This tongue twister is attributed to the French poet Jacques Prévert and means "Pope Pius's father's (tobacco) pipe stinks."

A. Essayons!

◆ **Première étape.** Écoutez les virelangues suivants, et cochez (✓) le mot que vous entendez. Vous allez entendre chaque virelangue deux fois.

1. **Six** ☐ / **Ces** ☐ cerises sont si sûres qu'on ne sait pas si c'en sont.
2. Les mots doux sonnent faux (*don't ring true*) dans sa **bouche** ☐ / **bûche** ☐.
3. **Le mur** ☐ / **L'amour** ☐ murant Paris rend Paris murmurant.
4. Poisson **sa** ☐ / **sans** ☐ boisson, c'est poison!
5. La robe rouge de Rosalie est **ravissant** ☐ / **ravissante** ☐.
6. La grosse rose **jaune** ☐ / **jeune** ☐ de gauche est autre chose que la vôtre.

Attention! Avant de continuer, vérifiez vos réponses dans la clé de corrections à la fin du *Workbook / Laboratory Manual.*

Deuxième étape. Écoutez encore une fois les virelangues de la **Première étape** et répétez-les.

> ## Pour bien prononcer
>
> In **Chapitre 14,** you reviewed the oral and nasal vowels of French. Recall from **Chapitre 7** that there are also three semi-vowels, which combine with another vowel within the same syllable: [j] as in **tiens!,** [w] as in **toit,** and [ɥ] as in **tuile.** English speakers sometimes incorrectly pronounce the semi-vowel in one syllable and the vowel that follows in the next—especially in the case of the semi-vowel [j]; pronouncing the English–French cognate *lion,* for instance, in two syllables (**li | on**) instead of one (**lion**). Be sure to keep both the semi-vowel and the following vowel within the same syllable as you try out the tongue twisters in Activity B.

B. Un pas en avant.

Vous allez entendre deux fois d'autres virelangues. La première fois que vous entendez chaque phrase, faites bien attention à la prononciation des semi-voyelles. La deuxième fois, répétez le virelangue.

1. Tr<u>oi</u>s tortues trottaient sur un trott<u>oi</u>r très étr<u>oi</u>t.
2. L'h<u>ui</u>ssier (*usher*) mange h<u>ui</u>t h<u>uî</u>tres dans de l'h<u>ui</u>le.
3. Le l<u>ieu</u>tenant trouve un l<u>io</u>n et un l<u>iè</u>vre (*hare*) dans le l<u>ie</u>rre (*ivy*).

◆ C. Dictée.

Première étape. Complétez les virelangues avec les mots que vous entendez. Vous allez entendre chaque virelangue deux fois.

1. Jeanne est trop _____ pour être la _____ d'un tel jeune

   _____ .

2. Voilà _____ _____ qu'il _____ moins que

   _____ .

3. Pauvre _____ pêcheur, _____ patience pour

   _____ plusieurs petits _____ .

4. Six fraises, plus une fraise fraîche, plus six fraises, font _____

   _____ _____ .

Attention! Avant de continuer, vérifiez vos réponses dans la clé de corrections à la fin du *Workbook / Laboratory Manual.*

Deuxième étape. Écoutez encore une fois les virelangues de la **Première étape** et répétez-les.

Grammaire interactive

Rappel: Infinitives, verb groups, and irregular verbs

A. Pour parler de l'art.

Première étape. Vous allez entendre deux fois une série de phrases. Dans chaque phrase, identifiez l'infinitif du verbe que vous entendez et dites-le à haute voix. Après une petite pause, écoutez pour vérifier votre réponse.

> EXEMPLE: *Vous entendez:* Il écrit beaucoup de poèmes en ce moment.
>
> *Vous dites:* écrire
>
> *Vous entendez:* écrire

1. … 2. … 3. … 4. … 5. … 6. … 7. … 8. …

♦ **Deuxième étape.** Écoutez les phrases une deuxième fois et écrivez l'infinitif dans la catégorie appropriée.

verbes en -*er* comme *parler*	verbes en -*ir*/ -*iss* comme *finir*	verbes en -*ir* comme *dormir*	verbes en -*re* comme *rendre*	verbes irréguliers
_____	_____	_____	_____	*écrire*
_____	_____	_____	_____	_____
_____	_____	_____	_____	_____

B. Paris: ville historique, ville culturelle, ville moderne.
Complétez chaque phrase en utilisant le présent de l'indicatif du verbe entre parenthèses. Faites attention à la catégorie du verbe (régulier ou irrégulier) et à l'accord sujet-verbe.

1. La France _____ (continuer à) jouer un rôle important dans l'Union européenne.

2. «Je _____ (savoir) que la France est divisée en départements et que la ville de Paris _____ (se trouver) dans le département Paris (numéro 75).»

3. Chaque année, sa capitale, Paris, _____ (recevoir) des millions de touristes.

4. Un Français sur six _____ (vivre) dans la région parisienne.

5. Le touriste typique _____ (ne jamais visiter) la banlieue parisienne et _____ (ne pas connaître) ses problèmes.

6. Il y a de nombreux ponts, comme le Pont Neuf, qui _____ (traverser) la Seine.

7. Beaucoup de Parisiens _____ (prendre) le métro chaque matin pour se rendre au travail.

8. Il _____ (ne pas être) facile de circuler en ville pendant les heures de pointe.

9. On _____ (pouvoir) se renseigner sur les lignes de métro en consultant les plans affichés.

10. Il y _____ (avoir) souvent des perturbations, comme par exemple des étudiants qui manifestent ou des travailleurs qui _____ (faire) grève.

C. Mon côté original. (*What makes me special.*)

Première étape. On dit que chaque artiste a son «côté original». Et vous? Qu'est-ce qui constitue votre côté original? Complétez les phrases suivantes en employant le verbe entre parenthèses, puis indiquez si la phrase vous décrit bien. (Ensuite, ajoutez une septième phrase pour parler d'un autre détail qui vous caractérise.)

	Oui, ça me décrit bien!
1. Je _____ (**prendre**) de belles photos.	☐
2. J' _____ (**avoir**) le sens de la mode.	☐
3. J' _____ (**écrire**) des poèmes et/ou des nouvelles.	☐
4. Je _____ (**vivre**) pour voyager.	☐
5. Je _____ (**savoir**) cuisiner de très bons plats.	☐
6. Je _____ (**joue**) d'un instrument peu commun.	☐
7. Je _____.	☑

Deuxième étape. Choisissez une phrase de la **Première étape** qui vous décrit bien et expliquez plus en détail pourquoi elle vous représente bien.

_____

_____

_____

Rappel: Question formation

A. Une réponse courte. Choisissez la réponse logique à chaque question selon le mot interrogatif en caractères gras.

1. **Qui** a peint ce tableau?
   a. Un pinceau. b. Van Gogh. c. *La Nuit étoilée.*

2. **Quel** roman a-t-il lu?
   a. *Madame Bovary* b. Gustave Flaubert c. Emma Bovary

3. **Où** se trouve le théâtre?
   a. Avec le dîner. b. Avant le spectacle. c. Devant la mairie.

4. **Quand** est le spectacle?
   a. En face du restaurant.　　b. *Le Cid.*　　　　　c. Jeudi, vendredi et samedi.

5. **De quoi** s'agit-il?
   a. Par Cocteau.　　　　　　b. Du lundi au jeudi.　　c. De la vie de Paul Verlaine.

6. **Comment** préfère-t-il aller en ville?
   a. À 20 h.　　　　　　　　b. Avec Isabelle　　　　c. En voiture.

B. La vie d'Auguste Rodin. Vous allez entendre deux fois des questions sur la vie du sculpteur Auguste Rodin. Écrivez la lettre de la réponse logique à côté du numéro de la question. Vous allez entendre chaque question deux fois. À la fin de l'activité, écoutez pour vérifier vos réponses.

1. _____　　　a.　*Le Penseur.*

2. _____　　　b.　Le dessin et la peinture.

3. _____　　　c.　Avec Rose Beuret.

4. _____　　　d.　À Paris.

5. _____　　　e.　En 1840.

6. _____　　　f.　Marie Cheffer et Jean-Baptiste Rodin.

C. La question à ta réponse. Lisez les phrases en faisant attention aux mots soulignés, puis écrivez une question appropriée. Utilisez une expression interrogative de la liste.

à qui	combien de	où	qu'est-ce que / que
avec qui	de quoi	pourquoi	qui

EXEMPLES:　Je cherche un tableau impressionniste.

Qu'est-ce que tu cherches?

(*ou*) *Que cherches-tu?*

1. Monet a peint *Impression, soleil levant.*

   _____

2. Arthur Rimbaud a vécu en Angleterre avec Paul Verlaine.

   _____

3. Pendant sa vie, Van Gogh a peint environ 900 tableaux.

   _____

4. Van Gogh a peint beaucoup de tableaux dans le sud de la France.

   _____

5. Napoléon III a censuré *Les Fleurs du mal* parce que quelques poèmes étaient considérés un outrage à la morale publique.

   _____

6. Les conférenciers parlent <u>du mouvement surréaliste</u>.

_____

7. Nous admirons <u>les œuvres de Picasso</u>.

_____

8. George Sand a écrit des lettres <u>à Gustave Flaubert, un bon ami</u>.

_____

Rappel: Subject and object pronouns

A. Qui l'a dit? Regardez d'abord les listes de choses à faire aujourd'hui d'un architecte, d'un compositeur et d'un réalisateur. Puis, lisez les phrases impératives et indiquez qui donne l'ordre à son assistant administratif.

	l'architecte	**le compositeur**	**le réalisateur**
1. Achètez-en.	☐	☐	☐
2. Assistez-y.	☐	☐	☐
3. Faites-en un.	☐	☐	☐
4. Finissez-la.	☐	☐	☐
5. Prenez-en.	☐	☐	☐
6. Téléphonez-leur.	☐	☐	☐
7. Trouvez-les.	☐	☐	☐
8. Faites-les.	☐	☐	☐

B. Des goûts artistiques. Lisez la première phrase en faisant attention au complément d'objet. Ensuite, complétez la deuxième phrase avec le pronom d'objet approprié.

1. Sandrine montre sa peinture à Lucette.

   Sandrine _____ montre sa peinture.

2. Élodie lit attentivement le premier roman de Michel Houllebecq.

   Élodie _____ lit attentivement.

3. Tu vas au cinéma ce soir? Il y a une rétrospective Truffaut.

   Tu _____ vas?

4. Ils écoutent la symphonie de Chopin.

   Ils _____ écoutent.

5. J'offre ces belles photos à Quentin et Luc.

   Je _____ offre ces belles photos.

6. Elle va écrire une lettre à qui? —À moi?

   Oui, elle va _____ écrire une lettre.

7. Vous achetez des collages?

   Vous _____ achetez?

8. Franck pense à son prochain projet.

   Franck _____ pense.

C. La vie d'une artiste.

Première étape. Écoutez la description du week-end de Léonie, photographe professionnelle. Décidez si les phrases suivantes sont vraies ou fausses. Vous allez entendre le passage deux fois. À la fin de la **Première étape,** écoutez pour vérifier vos réponses.

	VRAI	FAUX
1. Elle vit à Lyon depuis deux ans.	☐	☐
2. Elle prend le petit déjeuner.	☐	☐
3. Elle cherche ses affaires avant de partir.	☐	☐
4. Elle préfère la lumière de l'aube (*dawn*).	☐	☐
5. Elle voit beaucoup de gens aujourd'hui.	☐	☐
6. Elle pose des questions aux gens.	☐	☐
7. L'homme au chapeau plaît à Léonie.	☐	☐

Deuxième étape. Selon vos réponses de la **Première étape,** récrivez les phrases en utilisant un pronom d'objet à l'affirmatif si vous avez répondu «vrai» ou au négatif si vous avez répondu «faux». Suivez l'exemple des deux premières phrases.

1. Elle vit à Lyon depuis deux ans. (vrai)

   Elle y vit depuis deux ans. _____

2. Elle prend le petit déjeuner. (faux)

   Elle ne le prend pas. _____

3.   Elle prend ses affaires avant de partir.

_____

4.   Elle préfère la lumière de l'aube.

_____

5.   Elle voit beaucoup de gens aujourd'hui.

_____

6.   Elle pose des questions aux gens.

_____

7.   L'homme au chapeau plaît à Léonie.

_____

Rappel: Past-tense forms

A. Des participes passés.

Première étape. Écrivez l'infinitif qui correspond à chaque participe passé, puis, indiquez si le verbe est conjugué au passé composé avec l'auxiliaire **avoir** ou **être**.

		avoir	être
1.	attendu _____	☐	☐
2.	fait _____	☐	☐
3.	fini _____	☐	☐
4.	mort _____	☐	☐
5.	parti _____	☐	☐
6.	pris _____	☐	☐
7.	pu _____	☐	☐
8.	resté _____	☐	☐
9.	venu _____	☐	☐

Deuxième étape. Maintenant, mettez le verbe entre parenthèses au passé composé à la personne indiquée.

1.   (aller) elle _____

2.   (avoir) nous _____

3.   (choisir) ils _____

4.   (comprendre) tu _____

5.   (devoir) vous _____

6.   (monter) il _____

7.   (naître) elles _____

8.   (ouvrir) on _____

9.   (savoir) je _____

B. Un événement important. Vous allez entendre deux fois le récit d'un événement important de la vie d'Alain. Écoutez une fois, puis lisez les phrases de la liste. Écoutez une deuxième fois, puis, dans chaque cas, cochez (✓) la phrase qui reflète le mieux ce qui s'est vraiment passé. À la fin de l'activité, écoutez pour vérifier vos réponses.

1. a. Alain parle de l'année où il **avait** vingt-cinq ans.
   b. Alain parle du jour où il **a eu** vingt-cinq ans.

2. a. Il **faisait** un temps agréable en hiver dans sa région.
   b. Il n'**a** pas **fait** beau le jour de son anniversaire.

3. a. Il **regardait** un film quand quelqu'un a sonné à la porte.
   b. Il **a regardé** deux fois de suite (*in a row*) le même film.

4. a. D'après sa mère, son cadeau **allait arriver** par la poste.
   b. Le cadeau d'un bon ami **est arrivé** par la poste.

5. a. Avant de recevoir ce cadeau, il **était** triste.
   b. Il **a été** triste quand il a vu ce qu'il y avait dans le colis.

6. a. Il **lisait** le roman quand un étranger lui a téléphoné.
   b. Il **a lu** le roman entier en quelques heures.

7. a. Il n'**avait** pas envie de lire le roman, alors il a regardé le film.
   b. Après la lecture de ce roman, il **a eu** envie d'écrire un livre.

8. a. Sa vie **changeait** constamment à cet âge.
   b. Ce jour-là, sa vie **a changé** brusquement.

C. Cambriolage (*Robbery*) **au musée!*** À l'aide des illustrations et des verbes suggérés, écrivez en quelques phrases **au passé** l'histoire d'un cambriolage dans un musée. Utilisez **l'imparfait** pour décrire la scène, l'état mental des personnages, les causes, les événements en cours; utilisez le **passé composé** pour raconter les événements spécifiques de l'intrigue, les décisions prises, leurs conséquences, etc.

faire nuit, le voleur / se cacher (*to hide*)**, être nerveux, le gardien / ne pas le voir**

_____

_____

_____

---

*Cette histoire s'inspire d'un événement réel: Selon Interpol, cinq tableaux qui valaient environ 100 millions d'euros (dont un Matisse et un Picasso) ont été dérobés (*stolen*) lors d'un cambriolage au Musée d'Art Moderne à Paris dans la nuit du 19 au 20 mai 2010.

entrer par, laisser tomber ... par terre, porter

_____

_____

_____

avoir peur, décrocher (*take down*), **entendre sonner l'alarme**

_____

_____

_____

chercher son pinceau et sa palette, se dépêcher, mettre un tablier (*smock, apron*)

_____

_____

_____

arriver, avoir l'air paniqué, être sur le point de

_____

_____

_____

Culture en direct

Le coin lecture

Le cimetière des artistes

> **Stratégies de lecture**   Using the reading strategies introduced in earlier chapters
> In the previous three chapters, you learned to analyze texts above the level of the sentence:
> determining the structure (organization) of paragraphs within a text, determining main themes
> and identifying where they recur, and determining the tone of a text, thereby inferring an
> author's (or narrator's) attitude. Using such strategies, along with those presented in earlier
> sections of the workbook, will help you become not only a more accurate reader of French, but
> a more _critical_ reader of texts in any language.

Avant de lire

Commençons par le début!

Première étape. Parcourez des yeux les quatre paragraphes du texte suivant intitulé _Le cimetière des artistes_
pour déterminer son organisation et pour voir de quels thèmes l'auteur va parler. Ensuite, associez chaque thème
au paragraphe approprié.

1. Paragraphe 1 _____
2. Paragraphe 2 _____
3. Paragraphe 3 _____
4. Paragraphe 4 _____

a.   le patrimoine culturel
b.   des «habitants» étrangers
c.   les «habitants» célèbres
d.   des faits historiques

Deuxième étape. En vous basant sur le titre du texte et les thèmes que vous avez relevés dans la **Première
étape,** quel genre de texte allez-vous lire?

a.   un texte littéraire
b.   un texte comique

c.   un texte journalistique
d.   un texte scientifique

Lecture

Maintenant, lisez le texte.

Le cimetière des artistes

Dû au grand nombre de personnes célèbres, françaises et étrangères, enterrées[1] là, le cimetière du Père Lachaise n'est pas seulement le plus grand cimetière de Paris, mais c'est aussi un fascinant dédale[2] de tombes de personnalités dont les carrières légendaires ont donné son prestige au patrimoine artistique français.

Établi par Napoléon en 1804, ce cimetière est situé dans le 20ème arrondissement. Il est devenu célèbre après le transfert des dépouilles[3] des grands auteurs français Jean de la Fontaine et Molière. Il y aurait aujourd'hui près de 300 000 personnes enterrées là, sans compter les urnes crématoires!

Parmi les célébrités dont on peut visiter la tombe, on trouve des poètes (Apollinaire, Alfred de Musset), des écrivains (Balzac, Colette, Proust), des compositeurs de musique (Chopin, Bizet, Rossini), des acteurs (Sarah Bernhardt), des peintres (Caillebotte, Ingres), et des chanteurs comme Yves Montand et surtout Édith Piaf, «la Môme», qui reste toujours une des artistes françaises les plus célébrées en France et dans le monde même quarante ans après sa mort.

Les touristes étrangers se recueillent[4] surtout sur la tombe de deux figures anglophones enterrées là: l'écrivain Oscar Wilde et le chanteur du groupe de rock les Doors, Jim Morrison. La tombe de Jim Morrison est assez simple au premier abord,[5] mais elle a attiré beaucoup d'attention car des fans des Doors ont continué à la décorer pendant des années et à s'y retrouver en groupes. La pierre tombale a souvent été abîmée[6] et recouverte de graffitis. La tombe d'Oscar Wilde est très originale, de style art déco, aussi recouverte de graffitis et... de marques de rouge à lèvres[7] laissées par des femmes qui ont embrassé la pierre![8]

[1]*buried*   [2]*maze*   [3]*remains*   [4]*gather*   [5]*au... at first sight*   [6]*damaged*   [7]*lipstick*   [8]*stone*

Le cimetière du Père-Lachaise

16, rue du Repos – Paris 20ᵉ

☎ 01.55.25.82.10

Tarif: (entrée gratuite)

Horaire: du lundi au vendredi, de 8 h 00 à 18 h 00; le samedi et le dimanche, de 8 h 30 à 18 h 00.

Ⓜ Philippe Auguste

L'un des plus beaux cimetières du monde et l'un des plus remarquables. De nombreuses personnes célèbres—de Molière à Jim Morrison—y sont enterrées dans des tombes décorées de façon artistique et situées le long de chemins ombragés.

Après la lecture

A. Avez-vous compris? Indiquez si les phrases sont vraies ou fausses.

	VRAI	FAUX
1. Le cimetière du Père-Lachaise se situe au centre de Paris.	☐	☐
2. Le cimetière du Père-Lachaise est le plus grand de Paris.	☐	☐
3. On y trouve uniquement les tombes d'artistes français.	☐	☐
4. La célèbre chanteuse Édith Piaf y est enterrée.	☐	☐
5. Les gens aiment laisser des messages inattendus sur la tombe d'Oscar Wilde.	☐	☐
6. La tombe de Jim Morrison est une des plus grandes et élégantes du cimetière.	☐	☐

B. Pour aller plus loin. Qu'est-ce que vous en pensez? Pour les questions suivantes, choisissez l'option qui reflète le mieux votre opinion personnelle, et justifiez votre réponse.

1. Qu'on veuille visiter la tombe d'une personne célèbre vous paraît…
   a. normal.
   b. inhabituel.
   c. complètement bizarre.

Pourquoi?

_____

2. Les grands artistes, après leur mort, devraient être enterrés…
   a. ensemble dans un cimetière spécial et prestigieux pour que les gens puissent visiter plusieurs tombes en même temps.
   b. avec leur famille ou dans l'endroit spécial qu'ils ont choisi.
   c. dans un endroit privé où on ne peut pas aller.

Pourquoi?

_____

Le coin écriture

Stratégie d'écriture   Using the writing strategies introduced in earlier chapters
In this activity you will be writing a film review (**une critique de film**). This is your opportunity to reuse some of the writing strategies you learned in **Chapitres 1–12,** as well as some of those encountered in the previous three chapters: using your five senses in writing (an especially appropriate strategy here!), free writing (not letting concerns about format and organization block your creativity in the initial stages), and presenting both sides of an argument (an important strategy for giving as objective an account of a film as possible).

Genre: Critique de film

Thème: En vous basant sur la critique de film *Le Petit Nicolas* ci-dessous, écrivez sur une feuille de papier une critique d'un des films que vous avez vus en classe (ou d'un autre film francophone que vous avez vu récemment).

1. Résumez l'intrigue en quelques phrases en mentionnant les moments les plus importants.
2. Décrivez les personnages.
3. Classez le film; donnez-lui entre une et quatre étoiles. C'est un film à voir ou à éviter? Expliquez.

FILMS SÉANCES PHOTOS CRITIQUES

Le Petit Nicolas

Date de sortie: 30 Septembre 2009

Réalisé par: Laurent TIRARD

Avec: Valérie Lemercier, Kad Merad et Maxime Godart

Durée: 1 h 30 min

Résumé: Nicolas mène[1] une existence paisible. Il a des parents qui l'aiment, une bande de chouettes[2] copains avec lesquels il s'amuse bien, et il n'a pas du tout envie que cela change… Mais un jour, Nicolas surprend[3] une conversation entre ses parents qui lui laisse penser que sa mère est enceinte.[4] Il panique alors et imagine le pire: bientôt un petit frère sera là, qui prendra tellement de place que ses parents ne s'occuperont plus de lui, et qu'ils finiront même par l'abandonner dans la forêt comme le Petit Poucet[5]…

D'après l'œuvre de René Goscinny et Jean-Jacques Sempé.

Journal du dimanche - Jean Pierre Lacomme *

(…) le film est à la hauteur.[6] Anne Goscinny peut être tranquille: à l'écran le Petit Nicolas de son père n'a rien perdu de son âme[7] d'enfant.

[1]*leads* [2]*great* [3]*surprises* (or here: *overhears*) [4]*pregnant* [5]*Hop-o'-My-Thumb, French fairy-tale character (similar to the English fairy-tale character Tom Thumb) whose parents planned to abandon him in the woods because they were too poor to take care of all of their children* [6]*à… measures up (to book that inspired it)* [7]*soul*

Une fois que vous avez fini, relisez votre travail en tenant compte des conseils donnés dans la section **Vérifions.**

Vérifions!

I have used:
- ❑ the **Stratégies d'écriture** introduced in earlier chapters.
- ❑ appropriate words and expressions from **Chapitres 1–16** of the textbook.

I have proofread my writing and checked:
- ❑ my spelling, including accent marks.
- ❑ all verb conjugations and subject-verb agreement.
- ❑ that I have used the **passé composé** and **imparfait** correctly and that I have made the appropriate agreement on past participles, if necessary.
- ❑ that I have used the appropriate interrogative words when asking questions.
- ❑ that I have used the correct object pronouns as needed.

Par la suite

CHAPITRE 1

1.1 Gender   More about gender

A. Des abréviations. Write the abbreviated form of each word in the list along with the appropriate form of the indefinite article (**un** or **une**). Follow the model.

> EXEMPLE: automobile → _____ *une auto* _____

1. photographie → _____

2. professeur → _____

3. bibliothèque → _____

4. appartement → _____

5. cinéma → _____

B. Un sens (meaning) **totalement différent!** You will hear a series of sentences beginning with **C'est un...** or **C'est une...** . As you listen, pay careful attention to the gender of the noun, then indicate which object is being identified by writing the number of the sentence you hear beneath the corresponding illustration. You will hear each sentence twice. At the end of the activity, listen to verify your answers.

a. _____   b. _____   c. _____   d. _____

e. _____   f. _____   g. _____   h. _____

C. Masculin ou féminin? Place the following nouns in the appropriate column in the chart, each one preceded by **un** or **une**. To decide whether the noun is masculine or feminine, pay careful attention to its ending (shown in italics). The first noun has been done for you.

✓ académ*ie*	compart*iment*	publi*cité*	abrévia*tion*
diction*naire*	organ*isme*	le*cture*	tri*age*

masculin	féminin
1. _____	1. _____ *une académie* _____
2. _____	2. _____
3. _____	3. _____
4. _____	4. _____

1.2 Number   More about number

A. Au pluriel. In each pair of nouns below, one noun follows the regular pattern of adding an **-s** in the plural, whereas the other does not. Write the plural form of each noun preceded by the indefinite article **des.** Follow the model.

EXEMPLE: a.   un bijou   _____ *des bijoux* _____

  b.   un clou   _____ *des clous* _____

1. a.   un carnaval _____

   b.   un journal _____

2. a.   un travail _____

   b.   une muraille (*high wall*) _____

3. a.   un trou _____

   b.   un chou _____

4. a.   une paille (*soda straw*) _____

   b.   un vitrail _____

5. a.   un cheval _____

   b.   un festival _____

B. Singulier ou pluriel? You will hear a series of words in French that differ from their English equivalents in terms of number (singular versus plural). Repeat the word you hear and see along with the appropriate indefinite article (**un, une,** or **des**). After a brief pause, listen to verify your answer, then repeat the correct response. Follow the model.

> EXEMPLE: *You hear and see:* applaudissements
> *You say:* des applaudissements
> *You hear:* des applaudissements
> *You repeat:* des applaudissements

1. pantalon
2. progrès (*pl.*)
3. fiançailles
4. feu d'artifice

5. short
6. jean
7. funérailles
8. divertissements

CHAPITRE 2

2.1 The verb *avoir*   Additional expressions with **avoir**

A. La vie (*life*) **d'Ibrahim.** For each illustration, choose the expression with **avoir** that best describes Ibrahim and use that expression in a sentence. Follow the model.

EXEMPLE:

avoir froid ou **avoir peur?**

Il a peur.

avoir raison ou **avoir tort?**

1. _____.

avoir chaud ou **avoir de la chance?**

2. _____.

avoir de la chance ou **avoir sommeil?**

3. _____.

avoir chaud ou **avoir sommeil?**

4. _____.

avoir froid ou **avoir tort?**

5. _____.

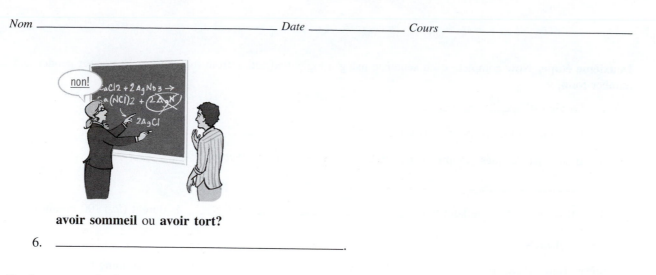

avoir sommeil ou **avoir tort?**

6. _____.

B. Au contraire! Create a sentence with the opposite (or near-opposite) meaning of the sentences below by replacing the underlined elements with one of the expressions with **avoir** from the list. **Attention!** Use each expression only once.

avoir de la chance	avoir l'air sympa	avoir sommeil
avoir froid	avoir peur	avoir tort

1. Ils <u>ont très chaud</u>. _____

2. Nous <u>avons raison</u>. _____

3. Tu <u>es très courageux</u>! _____

4. Vous <u>avez beaucoup d'énergie</u>? _____

5. J'ai <u>beaucoup de problèmes</u> dans la vie. _____

6. Le chien <u>est sans doute (*no doubt*) méchant</u>. _____

2.3 Adjective agreement Additional irregular adjective forms

A. La forme des adjectifs.

Première étape. Complete the chart below by writing in the missing adjective forms.

masculin singulier	masculin pluriel	féminin singulier	féminin pluriel
doux	*doux*	_____	_____
frais	*frais*	_____	_____
_____	_____	*publique*	*publiques*
_____	_____	*longue*	*longues*

Deuxième étape. Now complete each sentence using a logical adjective from the chart in its correct gender and number form.

1. La vie est _____!

2. Les nuits (f.) en mars et avril sont encore _____.

3. Est-ce que Jacques comprend (understand) que son profil sur *Facebook* est

   _____?!

4. Mes cours d'histoire sont très _____; ils durent (last) 90 minutes.

B. C'est Claude.

Première étape. Based on the form of the adjective, decide whether each sentence is describing Claude (a man—**un homme**) or Claude (a woman—**une femme**).

	Claude (un homme)	Claude (une femme)
1. Claude est toujours très discret.	☐	☐
2. Claude est fière de moi.	☐	☐
3. Claude est absolument fou!	☐	☐
4. Claude n'est pas toujours gentille.	☐	☐

Attention! Before continuing, check your answers to the **Première étape** in the Answer Key at the back of the *Workbook / LaboratoryManual.*

Deuxième étape. Now provide the opposite gender form of the adjectives used in the **Première étape.**

1. _____

2. _____

3. _____

4. _____

C. Au singulier et au pluriel.

Première étape. Make the following sentences plural by making all necessary changes to the singular forms of articles, nouns, the verb **être,** and adjectives.

1. Le poème est banal. _____

2. La condition est idéale. _____

3. Le poison est fatal. _____

4. La décision est finale! _____

Deuxième étape. Now make the following sentences singular by making all necessary changes to the plural forms of articles, nouns, the verb **être,** and adjectives.

1. Les mélodies sont banales. _____

2. Les sites web sont idéals / idéaux. _____

3. Les infections sont fatales. _____

4. Les échanges (exchanges) (m.) sont finals / finaux. _____

D. Impressions. Listen as Benoît describes his class using the expression **avoir l'air.** You will hear each sentence twice. Check (✓) the form of the adjective that is used in each sentence. **Attention!** Because some adjective forms are pronounced the same way, you'll need to pay particular attention to the subject of the sentence. At the end of the activity, listen to verify your answers.

1. a. ☐ gentil   b. ☐ gentils   c. ☐ gentille   d. ☐ gentilles
2. a. ☐ banal   b. ☐ banals   c. ☐ banale   d. ☐ banales
3. a. ☐ discret   b. ☐ discrets   c. ☐ discrète   d. ☐ discrètes
4. a. ☐ idéal   b. ☐ idéals   c. ☐ idéale   d. ☐ idéales
5. a. ☐ sérieux   b. ☐ sérieux (pl.)   c. ☐ sérieuse   d. ☐ sérieuses
6. a. ☐ fou   b. ☐ fous   c. ☐ folle   d. ☐ folles

CHAPITRE 3

3.1 Regular -er verbs   Additional spelling changes

A. Un anniversaire. Listen to the following story about a birthday party. You will hear the story twice. Check (✓) the appropriate response to each question. At the end of the activity, listen to verify your answers.

	Amélie	le père d'Amélie	les amis d'Amélie
1. Qui célèbre son (his/her) anniversaire?	☐	☐	☐
2. Qui appelle ses amis?	☐	☐	☐
3. Qui achète des cadeaux (gifts)?	☐	☐	☐
4. Qui paie l'addition (check)?	☐	☐	☐
5. Qui suggère d'aller en boîte après?	☐	☐	☐
6. Qui préfère rentrer?	☐	☐	☐

B. La forme des verbes.

Première étape. Complete the following chart by writing in the letter needed to correctly spell each verb form.

	acheter e ou è?	appeler l ou ll?	espérer é ou è?	payer y ou i?
je (j')	ach____te	appe____e	esp____re	pa____e
tu	ach____tes	appe____es	esp____res	pa____es
il/elle/on	ach____te	appe____e	esp____re	pa____e
nous	ach____tons	appe____ons	esp____rons	pa____ons
vous	ach____tez	appe____ez	esp____rez	pa____ez
ils/elles	ach____tent	appe____ent	esp____rent	pa____ent

Deuxième étape. Now answer the following questions using the list below.

célébrer	**employer**	**préférer**
envoyer	**essayer**	**répéter**

1. Which verbs follow the same spelling-change rules as **espérer?** _____ ,

   _____ , _____

2. Which verbs follow the same spelling-change rules as **payer?** _____ ,

   _____ , _____

C. Questions.

Première étape. Complete each question (addressed to you personally) with the **tu** form of the verb indicated. Then, answer each question using the **je** form of the same verb. Follow the model.

EXEMPLE: **envoyer**   Tu _envoies_ souvent des méls aux profs?

Non, en général, je n'envoie pas souvent de méls aux profs.

1. **acheter**   Tu _____ beaucoup de manuels scolaires (*textbooks*)?

   _____

2. **préférer**   Tu _____ étudier les sciences ou les arts et les lettres?

   _____

3. **espérer**   Tu _____ visiter la France un jour?

   _____

Deuxième étape. Now complete each question (addressed to you and the other students in your French class) with the **vous** form of the verb indicated. Then, answer the question using the **nous** form of the same verb.

1. **essayer**   Vous _____ de toujours parler français en classe?

   _____

2. **répéter**   Vous _____ souvent des mots de vocabulaire en classe?

   _____

3. **appeler**   Vous _____ le prof de français par son (*his/her*) prénom?

   _____

3.3 Information questions Inversion with nouns

A. Les étudiants. Listen to the following questions featuring subject-verb inversion. You will hear each question twice. Check (✓) the appropriate response to each question. At the end of the activity, listen to verify your answers.

1. a. ☐ Demain. b. ☐ De 9 h à 11 h.
2. a. ☐ À la biblio. b. ☐ Au ciné.
3. a. ☐ Le week-end. b. ☐ Elles ont besoin d'argent.
4. a. ☐ Il a vingt ans. b. ☐ Il est malade.
5. a. ☐ Trois ou quatre. b. ☐ À midi.
6. a. ☐ En été. b. ☐ En bus.

B. Les loisirs.

Première étape. Complete each question using inversion of the verb **faire** and a pronoun. Follow the model.

EXEMPLE: Tes (*Your*) cousins et toi _*faites-vous*_ des randonnées?

1. Philippe _____ du cheval?

2. Les Durand _____ du jardinage?

3. Émilie _____ de la natation?

4. Juliette et Laure _____ du ski?

Deuxième étape. Rewrite the questions from the **Première étape,** this time using the expression **aimer faire.** **Attention!** The verb **aimer** will need to be inverted (but not **faire**) and a **-t-** will need to be added between certain forms of **aimer** and the pronoun. Follow the model.

EXEMPLE: Tes (*Your*) cousins et toi *aimez-vous faire* des randonnées?

1. Philippe _____ du cheval?

2. Les Durand _____ du jardinage?

3. Émilie _____ de la natation?

4. Juliette et Laure _____ du ski?

C. Tâches ménagères.

Create negative questions using **pourquoi** + inversion and **ne... pas** to ask why the following people *don't* do certain household chores. Follow the model.

EXEMPLE: Lise ne fait pas le ménage.
Pourquoi Lise ne fait-elle pas le ménage?

1. Grégoire ne fait pas la vaisselle tous les jours.

_____

2. Luc et son colocataire Jules ne font pas souvent les courses.

_____

3. Stéphanie et sa colocataire Audrey ne font pas la lessive toutes les semaines.

_____

3.4 Adjective position   Adjectives appearing before and after the noun

A. Les paraphrases. Check (✓) the sentence of each pair (**a.** or **b.**) that most closely matches the meaning of each numbered sentence.

1. Le texte date de 300 av. J.-C. (*BCE*).
   a. ☐ C'est un ancien texte.
   b. ☐ C'est un texte très ancien.

2. La voiture appartient (*belongs*) à Julie.
   a. ☐ Elle a sa propre voiture.
   b. ☐ Elle a une voiture très propre.

3. Mme Lenoir ne va pas bien aujourd'hui.
   a. ☐ Oh, la pauvre femme!
   b. ☐ C'est une femme très pauvre.

4. Le collier (*necklace*) coûte 15 000 euros!
   a. ☐ C'est son (*her*) cher bijou.
   b. ☐ C'est un bijou très cher.

5. Le nouveau joueur de basket mesure 2 m 11 (*6 ft. 11 in.*).
   a. ☐ C'est un grand homme.
   b. ☐ C'est un homme très grand.

B. Descriptions. Complete each sentence by placing the adjective in parentheses in its appropriate position (depending on meaning). **Attention!** Be sure to make the adjective agree in gender and number with the noun.

1. (ancien) Jacques Chirac est le/l'_____ président _____

   de la République française.

2. (cher) Le président français commence souvent un discours (*speech*) par «Mes

   _____ compatriotes (*m. pl.*) _____ … ».

3. (propre) Paris est, en général, une _____ ville (*city*)

   _____.

4. (pauvre) À la périphérie de Paris, on trouve des _____ quartiers

   (*neighborhoods*) _____.

5. (grand) Le Louvre est un _____ musée _____ d'art.

CHAPITRE 4

4.3 Prepositions   Prepositions used with additional geographical locations

A. Destinations et points de départ. Listen to the following sentences about travel plans featuring the verb **arriver**. You will hear each sentence twice. Based on the preposition you hear, indicate whether each location is a destination (**arriver à/en/dans**) or a point of departure (**arriver de**). At the end of the activity, listen to verify your answers.

	une destination	un point de départ
1. Hawaï	☐	☐
2. les Seychelles	☐	☐
3. le Québec	☐	☐
4. Israël	☐	☐
5. Haïti	☐	☐
6. la Bretagne	☐	☐
7. le Texas	☐	☐
8. le Kentucky	☐	☐

B. Bienvenue! (*Welcome!*) Study the following chart of geographical locations (some of which might be unfamiliar to you). Based on the *type* of location, its gender, and whether it begins with a consonant or vowel, complete each welcome greeting using the appropriate preposition (**à, au[x], dans le,** or **en**).

Îles	Régions françaises / États américains	Pays
Cuba Haïti les (îles) Marquises la Sardaigne	✓ la Californie le Limousin le Maryland la Picardie la Virginie Occidentale	l'Arabie Saoudite (*f.*) l'Azerbaïdjan (*m.*) la Côte d'Ivoire le Viêtnam

EXEMPLE: Bienvenue... __*en*__ Californie!

1. _____ Cuba!

2. _____ Haïti!

3. _____ (îles) Marquises

4. _____ Sardaigne!

5. _____ Limousin!

6. _____ Maryland!

7. _____ Picardie!

8. _____ Virginie Occidentale!

9. _____ Arabie Saoudite!

10. _____ Azerbaïdjan!

11. _____ Côte d'Ivoire!

12. _____ Viêtnam!

C. Ils viennent d'où? Based on where each person lives, indicate where he or she comes from using the verb **venir** and the appropriate preposition (**du, de, d',** or **des**).

EXEMPLE: Anne: «J'habite au Québec.»
Elle vient du Québec.

1. Patrick: «J'habite dans le Mississippi.»

_____.

2. Marina: «J'habite en Ukraine.»

_____.

3. Wei et sa femme Lily: «Nous habitons à Taïwan.»

_____.

4. Les frères Desqueroux: «Nous habitons dans les Landes.»

_____.

D. D'origine française. Here are some American cities with French names (or names believed to be derived from French). Indicate in which U.S. state in the list below they are located using the appropriate preposition (**au, en, dans le,** or **dans l'état de**).

la Californie	✓ l'Iowa	l'État de New York	le Vermont
l'Indiana	la Louisiane	le Texas	le Wisconsin

EXEMPLE: Des Moines ("of the monks") _en Iowa_

1. Montpelier _____

2. Terre Haute ("high ground") _____

3. Bel Air _____

4. Buffalo (*beau fleuve* "beautiful river") _____

5. Paris _____

6. Eau-Claire _____

7. Baton Rouge ("red stick") _____

4.4 Situating events in time   Additional temporal expressions

A. Une famille très active. Listen as Anne-Marie describes her family's activities. You will hear each sentence twice. Check (✓) whether she is making a general statement about them (**en général**) or is describing what they're doing right now (**en ce moment**). At the end of the activity, listen to verify your answers.

	en général	en ce moment
1.	☐	☐
2.	☐	☐
3.	☐	☐
4.	☐	☐
5.	☐	☐
6.	☐	☐
7.	☐	☐

B. Juste avant de... Based on the times given, combine the two sentences using the expression **juste avant de (d')** + infinitive. Follow the model.

EXEMPLE: 12 h 00 Les étudiants révisent leurs notes.

12 h 30 Les étudiants passent l'examen.

Les étudiants révisent leurs notes juste avant de passer l'examen.

1. 9 h 10 Hélène parle à son patron (*boss*).

9 h 25 Hélène envoie les documents.

_____

2. 14 h 00 Le prof achète un café.

14 h 10 Le prof va en cours.

_____

3. 17 h 40 Nous téléphonons à Louise.

18 h 00 Nous faisons nos devoirs.

_____

4. 19 h 55 Marc ferme la porte de son bureau.

20 h 00 Marc rentre à la maison.

_____

C. Pendant *(During)* **la journée.** Create a sentence to describe what has (just) occurred, is (now) occurring, or is (soon) going to occur in each illustration by using a temporal expression from column A and one of the activities from column B.

A	B
aller	acheter un ordinateur portable
être en train de (d')	faire une scène
être sur le point de (d')	jouer aux cartes
venir de (d')	passer leurs vacances en France

1. Les Beaumont

_____.

2. Marc et Stéphanie

_____.

3. Nathalie

_____.

4 Benoît

_____.

CHAPITRE 5

5.4 Negation   Using **ne... personne** and **ne... rien** with prepositions

A. Sociable ou solitaire? Complétez les phrases dans la colonne à droite avec **personne** ou **rien,** selon le cas, pour faire un contraste entre quelqu'un de sociable et de solitaire. Suivez l'exemple.

EXEMPLE: **quelqu'un de sociable**   **quelqu'un de solitaire**

Il habite avec deux colocataires.   Il n'habite _avec personne._

quelqu'un de sociable	**quelqu'un de solitaire**
1. Il fait confiance (*trusts*) à tout le monde.	Il ne fait confiance _____.
2. Il compte sur sa famille.	Il ne compte _____.
3. Il joue au basket avec ses frères et sœurs.	Il ne joue _____ avec ses frères et sœurs.
4. Il prend un verre avec des collègues.	Il ne fait _____ avec ses collègues.
5. Il rend visite à ses grands-parents.	Il ne rend visite _____.
6. Il invite tout le monde chez lui.	Il n'invite _____ chez lui.
7. Il a besoin de ses amis.	Il n'a besoin _____.

B. Chacun ses goûts.

Première étape. À l'aide des illustrations, décrivez les goûts de Madeline en utilisant l'expression et le verbe indiqués. Suivez l'exemple.

EXEMPLE:

ne... que / prendre: du thé, des céréales ou un fruit?

Le matin, au petit déjeuner, elle ___*ne prend que du thé*___.

et... et... / manger: une salade, un sandwich, un yaourt ou des frites?

1. Au déjeuner, elle _____.

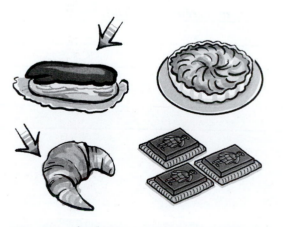

ou... ou... / acheter: un éclair, une tartelette, un croissant ou des biscuits?

2. Pour le goûter, elle _____ à la pâtisserie.

ou... ou... / boire: du jus d'orange, du vin rouge, du café ou de l'eau minérale?

3. Au café, elle _____.

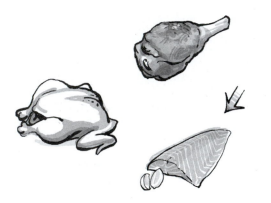

ne... que / aimer: le poulet, l'agneau ou le saumon?

4. Au dîner, comme plat principal, elle _____.

Deuxième étape. Toujours à l'aide des illustrations de la **Première étape,** nommez les deux aliments/boissons parmi les trois que Madeleine ne prend pas (n'achète pas, etc.). Utilisez l'expression **ne... ni... ni. Attention!** Ajoutez l'article défini quand c'est nécessaire.

EXEMPLE: Le matin, au petit déjeuner, elle *ne prend ni céréales ni fruit.*

1. Au déjeuner, elle _____.

2. Pour le goûter, elle _____ à la pâtisserie.

3. Au café, elle _____.

4. Au dîner, comme plat principal, elle _____.

CHAPITRE 6

6.1 Demonstrative articles   Demonstrative pronouns **celui, celle, ceux, celles**

A. Quel vêtement? Écoutez deux amis parler des vêtements et des accessoires dans un grand magasin. Cochez (✓) le vêtement ou l'accessoire dont ils parlent. Vous allez entendre chaque phrase deux fois. À la fin de l'activité, écoutez pour vérifier vos réponses.

1. a. ☐ ce tee-shirt   b. ☐ cette chemise   c. ☐ ces gants
2. a. ☐ ce short   b. ☐ ces gants   c. ☐ ces chaussures
3. a. ☐ cet imperméable   b. ☐ cette jupe   c. ☐ ces bottes
4. a. ☐ ce jean   b. ☐ ces chapeaux   c. ☐ ces lunettes de soleil
5. a. ☐ cette jupe   b. ☐ ces pull-overs   c. ☐ ces boucles d'oreilles
6. a. ☐ ce manteau   b. ☐ ces foulards   c. ☐ ces sandales
7. a. ☐ ce collier   b. ☐ cette casquette   c. ☐ ces costumes
8. a. ☐ cette cravate   b. ☐ ces bracelets   c. ☐ ces chaussettes

B. Commentaires. Complétez chaque phrase avec le pronom démonstratif approprié (**celui, celle, ceux** ou **celles**).

1. Je cherche un jean ample. _____ que je porte maintenant est trop serré.

2. Ce magasin vend des chaussures très chic. _____ dans la vitrine sont très jolies.

3. Regarde ces bottes à talons hauts. Moi, je ne pourrais (*couldn't*) jamais marcher dans

    _____-là!

4. Vous cherchez un collier pour votre mère? _____-là est très joli et le prix est vraiment

    raisonnable.

5. Je cherche une ceinture noire. _____ que tu portes, par exemple, est très belle!

6. On vend des vêtements d'occasion. _____-ci coûtent moins cher.

6.3 The interrogative *quel(le)s*   The interrogative pronouns **lequel, laquelle, lesquels, lesquelles**

A. Précisez, s'il vous plaît! Vous allez entendre des gens parler d'un vêtement. Mais de quel vêtement spécifique parlent-ils? Posez une question en utilisant la forme appropriée du pronom interrogatif (**lequel, laquelle, lesquels** ou **lesquelles**). Après une petite pause, écoutez la réponse. Suivez l'exemple.

EXEMPLE: *You hear:*   Je vais acheter un pull.
           You say: Lequel?
           You hear: Lequel? Celui-ci, en vert.

1. …   2. …   3. …   4. …   5. …   6. …   7. …

B. Qu'est-ce qu'il porte? Créez de petits dialogues à l'aide des illustrations: complétez la question avec la forme appropriée du pronom interrogatif, puis répondez à la question en précisant la couleur ou le style. Suivez l'exemple.

EXEMPLE:

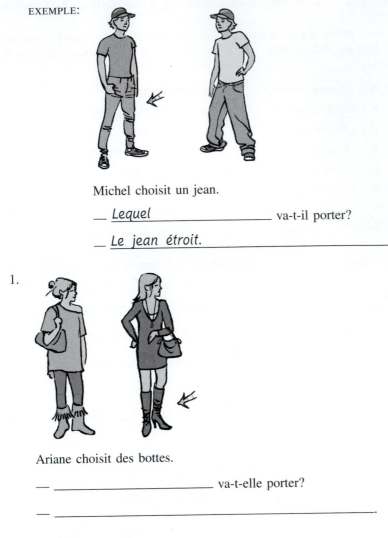

Michel choisit un jean.

— _Lequel_ _____ va-t-il porter?

— _Le jean étroit._ _____

1.

Ariane choisit des bottes.

— _____ va-t-elle porter?

— _____.

2.

Michel choisit un pull.

— _____ va-t-il porter?

— _____.

3.

Michel choisit une chemise.

— _____ va-t-il porter?

— _____ .

4.

Ariane choisit des gants.

— _____ va-t-elle porter?

— _____ .

CHAPITRE 7

7.1 Modal verbs   Additional meanings and uses of **devoir**

A. Obligation ou probabilité? Écoutez les phrases suivantes et indiquez si le verbe **devoir** exprime une obligation ou une probabilité. Vous allez entendre chaque phrase deux fois. À la fin de l'activité, écoutez pour vérifier vos réponses.

	une obligation	une probabilité
1.	☐	☐
2.	☐	☐
3.	☐	☐
4.	☐	☐
5.	☐	☐
6.	☐	☐

B. On doit combien? Complétez la deuxième phrase de chaque paragraphe avec la forme appropriée du verbe **devoir** + la somme à rendre. Attention à vos calculs! Suivez l'exemple.

EXEMPLE: Monique achète un billet de cinéma à 7 € 50; elle donne un billet de 10 € à la

caissière. La caissière *doit 2 € 50* à Monique.

1. M. Duménil donne un billet de 100 € à ses filles pour acheter un jeu vidéo à 61 € 00. Les deux

   filles _____ _____ à leur père.

2. Le téléviseur coûte normalement 400 € mais il y a un rabais de 10 % (pour cent) (*10% off*),

   alors vous ne _____ que _____.

3. Philippe achète deux DVD pour nous, à 15 € 70 chacun (*each one*). Nous lui

   _____ alors _____.

4. Si je paie l'entrée (à 3 € 50) pour nous trois, vous me _____

   _____. C'est correct?

5. Une paire de manettes coûte 28 €. Moi, je vais payer 15 €, mais tu _____

   toujours _____.

C. Les «devoirs». Répondez personnellement aux questions suivantes en faisant attention aux différents sens du verbe **devoir.**

1. Est-ce que vous devez de l'argent à quelqu'un? À qui? Combien? Pourquoi? _____

   _____.

2. Est-ce que vous devez bientôt passer un examen? Quand? Dans quel cours? _____

   _____

3. Vous devez être très occupé(e) en ce moment, n'est-ce pas? _____

   _____.

7.4 Auxiliary verbs   Use of both **avoir** and **être** as auxiliary

A. Ça dépend du sens. Complétez chaque paire de phrases au passé composé en utilisant l'auxiliaire **avoir** dans une des phrases et l'auxiliaire **être** dans l'autre, selon le sens. **Attention!** Faites l'accord du participe passé quand c'est nécessaire.

1. **descendre**

   a. Elles _____ un vieux téléviseur du grenier (*attic*).

   b. Elles _____ du bus devant le magasin.

2. **passer**

   a. Il _____ à la banque pour retirer (*take out*) de l'argent.

   b. Il _____ l'après-midi au zoo avec ses nièces.

   3. **sortir**

      a. Ils _____ ensemble pendant trois ans.

      b. Ils _____ les photos de leurs dernières vacances.

   4. **monter**

      a. Elle _____ dans un taxi pour aller au théâtre.

      b. Elle _____ l'escalier pour trouver sa place.

B. Un vendredi soir avec des amis. Complétez le paragraphe avec les verbes entre parenthèses au passé composé. Attention au choix d'auxiliaire et à l'accord du participe passé quand c'est nécessaire.

Raïssa _____¹ (passer) chez ses amis Julien et Clarisse. Après

une petite discussion, ils _____² (décider) d'aller voir un film.

Ils _____³ (descendre) à la station de métro Odéon et ils

_____⁴ (acheter) leurs billets au guichet du cinéma. Ensuite, Raïssa

_____⁵ (entrer) dans la salle pour trouver trois places ensemble. Julien

et Clarisse, par contre, _____⁶ (rester) dans le foyer pour téléphoner à

des amis. Pendant le film, Clarisse _____⁷ (sortir) de la salle trois

fois pour répondre à des coups de fil (*phone calls*) et Julien _____⁸

(sortir) son téléphone plusieurs fois pour répondre à des textos. Après le film, Raïssa

_____⁹ (monter) toute seule dans un taxi en disant à ses amis: «J'espère

que vous _____¹⁰ (passer) une très bonne soirée avec vos portables!»

CHAPITRE 8

8.1 Pronominal verbs   Use of pronominal verbs as passive constructions

A. Ça se fait en France? Complétez chaque phrase en utilisant le verbe approprié de la liste. Ensuite, testez vos connaissances culturelles: indiquez si chaque phrase que vous venez de compléter est vraie ou fausse.

boit	**fument**	**parle**	**voient**
fait	**joue**	**prennent**	**vendent**

1. La bise se _____ essentiellement en famille ou entre amis.   ☐   ☐

2. Le français se _____ uniquement en Europe.   ☐   ☐

3. La pétanque se _____ dans un stade.   ☐   ☐

4. Les grandes vacances se _____ en été.   ☐   ☐

5. L'apéritif se _____ après le repas.   ☐   ☐

6. Les vêtements d'occasion se _____ dans une boutique.   ☐   ☐

7. Les bateaux-mouches se _____ sur la Seine.   ☐   ☐

8. Les cigarettes ne se _____ plus dans les lieux publics   ☐   ☐

en France.

B. Ça ne se fait pas chez vous? Voici quelques activités typiquement familiales. Indiquez si, dans votre famille, on fait les mêmes choses ou pas. **Attention!** Utilisez la voix active (**On...**) dans votre réponse à la place d'un verbe pronominal. Suivez l'exemple.

> EXEMPLE: Le petit déjeuner se prend rapidement.
>
> *Oui, chez moi, on prend le petit déjeuner rapidement.*
>
> (*ou*) *Non, chez moi, on prend son temps au petit déjeuner.*

1. Une douche se prend une fois par jour.

    _____

2. Les tâches ménagères se font toutes les semaines.

    _____

3. La télé se regarde du matin au soir.

    _____

4. Le vin se boit souvent tout au cours du (*during*) repas.

    _____

5. Les vacances se prennent en Floride.

    _____

CHAPITRE 9

9.1 The comparative and superlative of adjectives Other uses of stressed pronouns

A. Questions et réponses. Vous allez entendre deux fois une série de questions. Écrivez la lettre de la réponse logique à côté du numéro de la question. À la fin de l'activité, écoutez pour vérifier vos réponses.

1. _____   a. Moi!

2. _____   b. Pour toi!

3. _____   c. Avec elle.

4. _____   d. Non… lui et ses camarades.

5. _____   e. Oui… nous!

6. _____   f. Derrière vous.

7. _____   g. Non… sans elles.

8. _____   h. Chez eux.

B. La personne en question. Complétez chaque phrase avec le pronom accentué qui correspond au sujet de la phrase, pour insister sur le fait que cette personne fait l'action. Suivez l'exemple.

EXEMPLE: _____*Nous*_____, nous achetons de nouveaux meubles.

1. _____, il refait sa cuisine cet été.

2. J'aime beaucoup déjeuner sur la terrasse, _____!

3. _____, ils ont décidé de vendre leur maison.

4. Tu prends une douche ce matin, _____?

5. _____, elle déteste ce vieux canapé!

6. Vous vous reposez dans le salon, _____?

7. _____, elles préfèrent dîner sur le balcon.

C. À chacun sa tâche! Complétez les phrases suivantes avec le pronom accentué approprié + **même(s)**, pour insister sur le fait que chaque personne fait l'activité elle-même. Suivez l'exemple.

EXEMPLE: Je fais mon lit _____*moi-même*_____ chaque matin.

1. Nous faisons du jardinage _____.

2. Le salon? Elle a l'habitude de le ranger _____.

3. Ils ont construit la cabane (*shed*) _____.

4. Il l'a rénové _____, le garage!

5. Vous garez la voiture _____, madame?

6. Tout le ménage, tu l'as fait _____?

7. Elles l'ont décoré _____, leur chambre!

8. Ici on doit tondre (*mow*) la pelouse _____.

9.4 Past-tense distinctions   The pluperfect

A. Lucas et le chien.

Première étape. Écoutez chacune des phrases et cochez (✓) l'infinitif du verbe **au plus-que-parfait.** Vous allez entendre chaque phrase deux fois. À la fin de l'activité, écoutez pour vérifier vos réponses.

1. a. ☐ rentrer   b. ☐ partir
2. a. ☐ demander   b. ☐ se souvenir
3. a. ☐ rencontrer   b. ☐ ne pas voir
4. a. ☐ parler   b. ☐ prendre
5. a. ☐ aller   b. ☐ remarquer
6. a. ☐ s'endormir   b. ☐ retrouver

Deuxième étape. Maintenant, écrivez les formes du **plus-que-parfait** que vous avez entendues dans la **Première étape.**

1. (partir) Mes parents _____ déjà _____ pour le week-end.

2. (demander) Ils m' _____ de promener le chien.

3. (voir) Je n' _____ pas _____ cet ami depuis longtemps.

4. (prendre) C'était un cours que nous _____ à la fac.

5. (aller) Le chien _____ chasser (*chase*) des oiseaux.

6. (s'endormir) Il _____ sous un arbre.

B. Avant et après. En vous basant sur l'ordre des événements, écrivez une phrase logique en utilisant le **passé composé** et le **plus-que-parfait.** Suivez l'exemple.

EXEMPLE: Elle emménage dans son nouvel appart. / Je lui rends visite.

Elle avait (déjà) emménagé dans son nouvel appart quand

je lui ai rendu visite.

1. Elle monte au premier étage. / Son mari entre dans l'immeuble.

_____ quand

_____.

2. Nous préparons le repas. / Nos invitées arrivent.

_____ quand

_____.

3. Les enfants se couchent. / Leur père rentre du travail.

_____ quand

_____ .

4. Ils refont la salle de séjour. / Les Durand achètent leur maison.

_____ quand

_____ .

CHAPITRE 10

10.2 Relative clauses   Relative clauses with **dont**

A. De quoi parle-t-elle? Écoutez Inès parler de sa première semaine de janvier. Cochez (✓) la personne/l'objet dont elle parle. Vous allez entendre chaque phrase deux fois. À la fin de l'activité, écoutez pour vérifier vos réponses.

1. a. ☐ un cadeau qu'elle attend toujours   b. ☐ un cadeau dont elle ne se souvient pas
2. a. ☐ des chiens qu'elle déteste   b. ☐ des chiens dont elle s'occupe
3. a. ☐ une armoire qu'elle vend   b. ☐ une armoire dont elle a besoin
4. a. ☐ des recettes qu'elle prépare   b. ☐ des recettes dont elle a envie
5. a. ☐ un instrument qu'elle achète   b. ☐ un instrument dont elle joue
6. a. ☐ une date qu'elle confond (*confuses*) souvent   b. ☐ une date dont elle se souvient toujours

B. Des remplacements. Dans chaque phrase, récrivez la proposition relative <u>soulignée</u> en utilisant le verbe ou l'expression verbale entre parenthèses. **Attention!** Il faut parfois utiliser un pronom relatif différent de celui de la première phrase. Suivez l'exemple.

EXEMPLE: C'est le costume *qu'il a porté.* (se moquer de)

C'est le costume dont il s'est moqué.

1. Je n'ai pas trouvé le restaurant <u>où ils dînaient</u>. (parler de)

_____

2. Qu'est-ce que tu penses du cadeau <u>qu'il a offert</u> à Emma? (envoyer)

_____

3. Il lui a offert le joli bracelet <u>qu'elle voulait</u>. (avoir envie de)

_____

4. Où se trouve le masque <u>qu'elle cherchait</u> pour le bal? (avoir besoin de)

_____

5. Elles ont beaucoup aimé le sapin <u>que vous avez choisi</u>. (décorer)

_____

C. À la messe. Mme Clicquot, une vieille dame qui connaît (*knows*) tout le monde, chuchote (*whispers*) dans l'oreille de son amie pendant la messe. Complétez chacune de ses phrases en utilisant une proposition relative avec **dont**. Suivez l'exemple.

> EXEMPLE: L'homme en question a un fils qui est médecin.
>
> «Ce monsieur-là derrière nous, c'est l'homme *dont le fils est médecin!*»

1. La femme en question a un mari qui ne vient jamais à la messe.

   «Cette dame-là avec le chapeau bleu, c'est la femme _____

   _____!»

2. La fille en question a un copain qui habite en Espagne.

   «Au premier rang, c'est la fille _____»

3. Le garçon en question a un ami qui est footballeur professionnel.

   «Ce jeune homme-là, le grand blond à votre gauche, c'est le garçon _____

   _____!»

4. La famille en question a un chien qui terrorise tout le quartier.

   «Ces gens-là, c'est la famille _____!»

D. Le meilleur cadeau.

Première étape. Quelle sorte de cadeau faut-il offrir à son/sa meilleur(e) ami(e)? Complétez la liste de «critères» suivante avec un pronom relatif indéfini (**ce qui, ce que** ou **ce dont**).

Il faut lui offrir...

1. _____ il/elle a besoin!

2. _____ est à la mode!

3. _____ il/elle peut souvent utiliser!

4. _____ il/elle a vraiment envie!

5. _____ personne n'a jamais pensé à lui offrir!

6. _____ il/elle se souviendra (*will remember*) pour toujours!

Deuxième étape. Choisissez le critère dans la liste de la **Première étape** qui vous semble le plus important (ou proposez un autre critère) et expliquez pourquoi.

Quand on offre un cadeau à son (sa) meilleur(e) ami(e), il faut choisir _____

_____ parce que _____

_____.

CHAPITRE 11

11.3 The future tense (1) Spelling changes in future-tense stems

A. L'an 2020. Que se passera-t-il dans la vie de Christine, de Jade, de Mathieu et de Stéphane en l'an 2020? Écoutez le passage, puis cochez (✓) le nom de la personne dont on parle. Vous allez entendre le passage deux fois. À la fin de l'activité, écoutez pour vérifier vos réponses.

	Christine	Jade	Mathieu	Stéphane
1. Qui achètera une maison?	☐	☐	☐	☐
2. Qui appellera un ancien copain?	☐	☐	☐	☐
3. Qui célébrera ses 30 ans?	☐	☐	☐	☐
4. Qui emploiera son frère?	☐	☐	☐	☐
5. Qui essaiera d'ouvrir un deuxième magasin?	☐	☐	☐	☐
6. Qui paiera le voyage de noces lui-même/elle-même?	☐	☐	☐	☐
7. Qui préférera poursuivre ses études?	☐	☐	☐	☐

B. La forme des verbes.

Première étape. Complétez le tableau en écrivant la lettre ou les lettres qu'il faut pour écrire correctement chaque verbe **au futur simple.**

	acheter e ou è?	célébrer é ou è?	payer y ou i?	appeler l ou ll?
je (j')	ach_____terai	cél_____brerai	pa_____erai	appe_____erai
nous	ach_____terons	cél_____brerons	pa_____ereons	appe_____erons

Attention! Avant de continuer, vérifiez vos réponses de la **Première étape** dans la clé de corrections à la fin du *Workbook / Laboratory Manual.*

Deuxième étape. Répondez aux questions suivantes en utilisant quelques-unes des (*some of*) formes verbales du tableau de la **Première étape.** Si vous n'êtes pas sûr(e) de votre réponse, utilisez votre imagination!

1. Qu'est-ce que tu achèteras bientôt: un nouveau vélo, un nouvel ordinateur ou une nouvelle

   voiture? _____

2. Où est-ce que tu célébreras ton prochain anniversaire? _____

   _____

3. Ton mari / ta femme ou ton/ta partenaire et toi, combien est-ce que vous paierez votre première

   maison? _____

4. Ton mari / ta femme ou ton/ta partenaire et toi, comment est-ce que vous appellerez éventuellement

   votre premier enfant? _____

   _____

11.4 The future tense (2) The future perfect

A. Les projets de Patrick.

Première étape. Écoutez Patrick parler de son avenir. Pour chaque verbe de la liste, indiquez s'il aura fait l'activité avant la fin de l'année (**futur antérieur**) ou s'il la fera l'année prochaine (**futur simple**). Vous allez entendre chaque phrase deux fois. À la fin de l'activité, écoutez pour vérifier vos réponses.

	avant la fin de l'année	l'année prochaine
1. aller	☐	☐
2. passer	☐	☐
3. passer	☐	☐
4. se renseigner	☐	☐
5. assister	☐	☐
6. chercher	☐	☐

Deuxième étape. Maintenant, écrivez les formes du **futur antérieur** que vous avez entendues dans la **Première étape.**

1. (aller) Il _____ à Paris pour faire de la recherche.

2. (passer) Il _____ ses examens de fin de semestre.

3. (se renseigner) Patrick _____ déjà _____ sur les frais de

son voyage.

B. Avant la fin de l'année scolaire.
Qu'est-ce que vous aurez fait (ou n'aurez pas fait) avant la fin de l'année scolaire? Complétez les phrases suivantes au **futur antérieur,** à l'aide des verbes de la liste.

aller	écrire	lire	s'occuper	parler	revoir

1. Je/J'_____ pas mal de (*quite a few*) dissertations!

2. Je/J'_____ en France.

3. Je/J'_____ beaucoup de romans classiques.

4. Je/J'_____ mes amis du lycée.

5. Je/J'_____ à mon conseiller (*advisor*), au moins une fois.

6. Je/J'_____ de mon logement pour l'année prochaine.

C. Un mariage traditionnel.
Nathalie et Éric vont avoir un mariage traditionnel l'été prochain. Indiquez ce qu'ils auront *déjà* fait et ce qu'ils *n*'auront *pas encore* fait la veille de (*night before*) la cérémonie. Suivez les exemples.

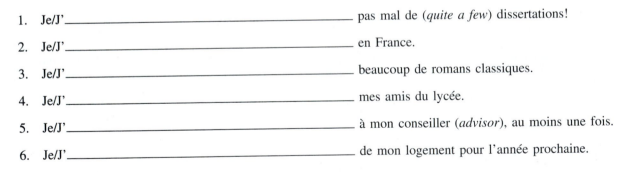

EXEMPLES: se fiancer?

Oui, ils se seront déjà fiancés.

avoir des enfants?

Non, ils n'auront pas encore eu d'enfants.

1. acheter des alliances (*wedding rings*)?

   _____

2. envoyer des cartes de remerciement?

   _____

3. partir en voyage de noces?

   _____

4. choisir un gâteau de mariage?

   _____

5. ouvrir leurs cadeaux?

   _____

6. trouver une salle de réception?

   _____

CHAPITRE 12

12.3 Object pronouns   Use of multiple object pronouns

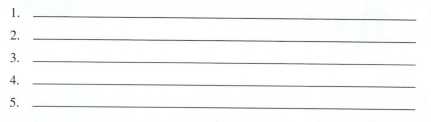

A. Je te le dis!

Première étape. Vous allez entendre deux fois une série de questions. Cochez (✓) la réponse correcte en faisant attention à la différence entre les deux pronoms d'objet *en italique* dans chaque réponse. Après une petite pause, écoutez pour vérifier votre réponse, puis répétez-la.

EXEMPLE: *Vous entendez:*   Est-ce que tu vois souvent ton colocataire à la biblio?

   Vous cochez: ☑ Oui, je *l'y* vois assez souvent.   ☐ Oui, je *les y* vois assez souvent.

   Vous entendez: Oui, je l'y vois assez souvent.

   Vous répétez: Oui, je l'y vois assez souvent.

1. ☐ Oui, je *la lui* envoie.   ☐ Oui, je *le lui* envoie.
2. ☐ Oui, je *lui en* parle.   ☐ Oui, je *leur en* parle.
3. ☐ Oui, je *leur en* achète toujours.   ☐ Oui, j'*y en* achète toujours.
4. ☐ Oui, je vais *t'en* donner.   ☐ Oui, je vais *te la* donner.
5. ☐ Oui, je *vous en* offre.   ☐ Oui, je *vous les* offre.

Deuxième étape. Maintenant, utilisez **ne (n')... pas** pour récrire les réponses correctes de la **Première étape** au négatif. Suivez l'exemple.

   EXEMPLE: *Non, je ne l'y vois pas souvent.*

1. _____
2. _____
3. _____
4. _____
5. _____

B. Connaissez-vous ces villes francophones? Répondez à l'affirmatif ou au négatif selon le cas à chaque question, en utilisant le verbe **se trouver** + le pronom **y.** Si vous répondez au négatif, donnez la réponse correcte à la question. Suivez les exemples.

EXEMPLES: Est-ce que le parc Bougainville se trouve à Papeete?

Oui, il s'y trouve.

Est-ce que la Grand-Place se trouve à Paris?

Non, elle ne s'y trouve pas. (Elle se trouve à Bruxelles.)

1. Est-ce que le château Frontenac se trouve à Québec?

_____

2. Est-ce que l'Arc de Triomphe se trouve à Bruxelles?

_____

3. Est-ce que le palais présidentiel d'Haïti se trouve à Port-au-Prince?

_____

4. Est-ce que la mosquée Hassan se trouve à Montréal?

_____

5. Est-ce que l'École Nationale de Cirque se trouve à Genève?

_____

6. Est-ce que le jet d'eau du lac Léman se trouve à Rabat?

_____

C. Bienvenue à Paris!

Première étape. Marianne habite dans un bel appartement du 16ᵉ arrondissement à Paris. Elle a donc beaucoup de visiteurs! À l'aide des illustrations et des expressions **en caractères gras,** indiquez ce que Marianne donne et à quel(s) visiteur(s) en utilisant deux pronoms d'objet.

EXEMPLE:

prêter son parapluie

Elle le lui prête.

donner de l'argent

1. _____

offrir son manteau

2. _____

passer la clé de son appart

3. _____

(cont.)

4. **rendre leur plan de ville** _____

Attention! Avant de continuer, vérifiez vos réponses à **la Première étape** dans la clé de corrections sur le site Web d'*En avant!*

Deuxième étape. Maintenant, récrivez les phrases de la **Première étape** au temps indiqués.

EXEMPLES: (au passé composé) *Elle le lui a prêté.*

(au futur proche) *Elle va le lui prêter.*

1. (au passé récent [venir + *inf.*]) _____

   (au futur simple) _____

2. (au passé composé) _____

   (à l'imparfait) _____

3. (au futur simple) _____

   (au futur proche) _____

4. (à l'imparfait) _____

   (au passé récent) _____

CHAPITRE 13

13.1 The verb *conduire*   Other verbs ending in **-uire**

A. La réponse logique. Vous allez entendre deux fois une série de questions. Écrivez la lettre de la réponse logique à côté du numéro de la question que vous entendez. À la fin de l'activité, écoutez pour vérifier votre réponse.

1. _____
2. _____
3. _____
4. _____
5. _____
6. _____

a. «Parce que nous avons moins de clients!»

b. «Beaucoup de vins blancs.»

c. «Des brochures pour les touristes anglophones.»

d. «Ce sera un nouveau centre commercial.»

e. «Eh bien… parce que je n'en ai plus besoin!»

f. «Non. Je préfère marcher.»

B. Familles de mots.

Première étape. Complétez les mots croisés ci-dessous en écrivant l'infinitif du verbe en **-uire** apparenté (*related*) à chaque nom. Suivez l'exemple.

EXEMPLE: la conduite → *conduire*

Horizontalement:

3. la reproduction
4. la séduction
6. la traduction
7. la production

Verticalement:

1. la construction
2. la conduite
5. la réduction

Deuxième étape. Complétez les phrases suivantes **au présent** en utilisant les verbes de la **Première étape** à la forme appropriée.

1. Que font les commerçants en fin de saison? Ils _____ leurs prix.

2. Que fait une traductrice? Elle _____ des textes.

3. Que fait une productrice? Elle _____ des émissions de télévision, par exemple.

4. Que font certaines actrices? Elles _____ les spectateurs.

5. Que fait un constructeur? Il _____ des maisons.

6. Que font souvent les jeunes artistes? Ils _____ des tableaux célèbres.

C. À vous! Lisez les questions suivantes en faisant bien attention au temps du verbe en italique (**au présent, à l'imparfait, au passé composé** ou **au futur simple**). Ensuite, répondez à chaque question. Ajoutez un détail intéressant ou justifiez votre réponse. Suivez l'exemple.

> EXEMPLE: *Conduisez*-vous à gauche dans votre pays?
>
> *Non, aux États-Unis, on conduit à droite. (Je n'ai pas du tout*
>
> *l'habitude de conduire à gauche!)*

1. *Construisiez*-vous des igloos devant votre maison en hiver quand vous étiez petit(e)?

   _____

   _____

2. *Avez*-vous *détruit* (accidentellement) un téléphone ou un ordinateur portable?

   _____

   _____

3. *Traduirez*-vous des textes dans votre future carrière professionnelle?

   _____

   _____

13.2 The conditional   The past conditional

A. La forme des verbes.

Première étape. Complétez le tableau en écrivant les formes du *singulier* du **conditionnel passé** qui manquent.

	faire	aller
je	*aurais fait*	_____
tu	_____	*serais allé(e)*
il/elle/on	*aurait fait*	_____

Deuxième étape. Complétez le tableau en écrivant les formes du *pluriel* du **conditionnel passé** qui manquent. **Attention!** Il y a deux nouveaux verbes.

	prendre	partir
nous	*aurions pris*	_____
vous	_____	*seriez parti(e)(s)*
ils/elles	*auraient pris*	_____

Troisième étape. Maintenant, complétez les phrases avec le verbe conjugué **au conditionnel passé.**

1. Nous _____ (faire) du ski à Chamonix, mais il n'y avait pas

   assez de neige.

2. S'il s'était arrêté de pleuvoir, vous _____ sans doute _____

   (faire) une balade en forêt.

3. S'ils n'avaient pas dû travailler, ils _____ (aller) à Biarritz faire

   du surf.

4. Elles _____ (aller) à la plage, mais il faisait un peu trop froid.

5. J' _____ (prendre) le train mais mon frère m'a offert sa voiture.

6. Si l'autocar avait été complet, tu _____ (prendre) l'avion?

7. S'il avait fini sa thèse à temps, il _____ (partir) en vacances

   cet été.

8. Elle _____ (être) à l'heure, si elle avait pu trouver un taxi.

B. Des vacances décevantes (disappointing).

Première étape. Écoutez Marion parler de ses vacances en famille. Vous allez entendre chaque phrase deux fois. Indiquez si elle parle de leurs vacances actuelles (**au conditionnel**) ou de leurs vacances de l'année dernière (**au conditionnel passé**). À la fin de l'activité, écoutez pour vérifier vos réponses.

	leurs vacances actuelles	leurs vacances de l'année dernière
1.	☐	☐
2.	☐	☐
3.	☐	☐
4.	☐	☐
5.	☐	☐
6.	☐	☐

Deuxième étape. Écoutez Marion parler encore une fois de ses vacances en famille et répondez aux questions suivantes en cochant (✓) la réponse correcte.

1. Où est-ce que Marion et sa famille passent leurs vacances en ce moment?
   a. ☐ à la campagne   b. ☐ à la montagne   c. ☐ au bord de la mer

2. Où est-ce qu'ils ont passé leurs vacances l'année dernière?
   a. ☐ à la campagne   b. ☐ dans une grande ville   c. ☐ au bord de la mer

C. Mauvaises décisions. Lisez les phrases suivantes, puis en utilisant le **conditionnel passé,** indiquez ce que vous auriez fait à la place de Martin dans chaque circonstance.

EXEMPLE: Martin aime le luxe. Il a choisi… un hôtel deux étoiles. (Mauvaise décision!)

À sa place, j'aurais réservé une chambre dans un grand hôtel

quatre étoiles.

1. Martin est allé faire du ski dans les Alpes… en juillet. (Mauvaise idée!)

   À sa place, _____.

2. Pour aller faire une balade en forêt, Martin a mis… ses sandales. (Pas de chance!)

   Si j'étais lui, _____.

3. Martin a peur de conduire. Il est parti… en voiture de location. (Pas sa meilleure idée!)

   À sa place, _____.

4. Martin est un peu claustrophobe. Il a visité… la grotte Chauvet. (Quelle drôle d'idée!)

   Si j'étais lui, _____.

13.3 Object pronouns with the imperative   Use of multiple object pronouns

A. Une journée à la plage. Écoutez les ordres que la mère de Jacqueline lui donne. Vous allez entendre chaque ordre deux fois. Cherchez son équivalent dans la liste ci-dessous. Après une petite pause, écoutez pour vérifier votre réponse et répétez-la. Suivez l'exemple.

> ✓ **Passe-le-lui!**   **Donne-leur-en!**   **Rends-la-moi!**   **Achète-nous-en!**
>
> **Passe-les-moi!**   **Donne-les-lui!**   **Rends-le-lui!**   **Achète-t'en!**

EXEMPLE: *Vous entendez:*   Passe le sac à ton frère!

   Vous choisissez: Passe-le-lui!

   Vous entendez: Passe-le-lui!

   Vous répétez: Passe-le-lui!

1. …   2. …   3. …   4. …   5. …   6. …   7. …

B. À qui? Complétez les phrases suivantes à l'impératif selon la personne / les personnes indiquée(s), une première fois avec **les** et une deuxième fois avec **en.** Attention à l'ordre des pronoms! Suivez l'exemple.

	les billets	**de l'argent**
EXEMPLE: à Sandrine	Offre-*les-lui!*	Offre-*lui-en!*
1. à moi	Cherche-_____!	Cherche-_____!
2. à Nicolas	Donne-_____!	Donne-_____!
3. à Nicolas et moi	Rends-_____!	Rends-_____!
4. aux touristes	Offre-_____!	Offre-_____!

C. Allez-y! Écrivez des phrases à l'aide des éléments indiqués; mettez le verbe à l'impératif et remplacez les deux noms par des pronoms d'objet. Suivez les exemples.

> EXEMPLES: (vous) passer / votre billet / au contrôleur
>
> *Passez-le-lui!*
>
> (nous) prêter / notre voiture / aux Mercier
>
> *Prêtons-la-leur!*

1. (vous) parler / de vos prochaines vacances / à Benjamin

   _____

2. (nous) offrir / notre bouteille de vin / aux gens à l'autre table

   _____

3. (vous) envoyer / les photos de vos vacances / à moi

   _____

4. (vous) donner / votre clé / aux voisins

   _____

5. (nous) mettre / nos valises / dans le coffre de la voiture

   _____

6. (vous) laisser / de l'argent / au serveur

   _____

CHAPITRE 14

14.2 Quantifiers Quantifiers used as pronouns

A. La douce France. Vous allez entendre deux fois une série de phrases. Cochez le pronom (✓) qui remplacerait **chaque** + *nom* ou **quelques** + *nom* au début de chaque phrase. À la fin de l'activité, écoutez pour vérifier vos réponses.

	chacun	chacune	quelques-uns	quelques-unes
1.	☐	☐	☐	☐
2.	☐	☐	☐	☐
3.	☐	☐	☐	☐
4.	☐	☐	☐	☐
5.	☐	☐	☐	☐
6.	☐	☐	☐	☐
7.	☐	☐	☐	☐
8.	☐	☐	☐	☐

B. Combien d'entre eux? Complétez les phrases avec **chacun(e), quelques-un(e)s** ou **aucun(e)... ne** selon l'illustration. Suivez l'exemple.

EXEMPLE:

Combien de ces collégiens ont leur manuel?

Chacun des collégiens _a son manuel._

1. Combien de ces étudiants parlent français?

_____ des étudiants _____.

2. Combien de ces lycéennes font leurs devoirs?

_____ des lycéennes _____.

3. Combien de ces hommes d'état répondent à la question?

_____ des hommes d'état _____.

4. Combien de ces colocataires lisent un livre?

_____ des colocataires _____.

5. Combien de ces linguistes écoutent l'enregistrement (*recording*)?

_____ des linguistes _____.

14.3 The present subjunctive   Spelling changes in subjunctive stems

A. La forme des verbes.

Première étape. Complétez le tableau en écrivant la lettre ou les lettres qu'il faut pour écrire correctement chaque verbe **au présent du subjonctif.**

	acheter e ou è?	appeler l ou ll?	répéter é ou è?	essayer i ou y?
Il faut que tu	ach____tes	appe____es	rép____tes	essa____es
Il faut que vous	ach____tiez	appe____iez	rép____tiez	essa____iez

Attention! Avant de continuer, vérifiez vos réponses à la **Première étape** dans la clé de corrections sur le site Web d'*En avant!*

Deuxième étape. Maintenant, complétez les phrases suivantes en mettant le verbe entre parenthèses **au présent du subjonctif.**

1. Si je continue à étudier le français, il va falloir que j' _____ (acheter) un bon

    dictionnaire bilingue.

2. Quand je fais mes devoirs de français, il est parfois nécessaire que j' _____

    (appeler) un camarade de classe.

3. En cours de français, il faut que nous _____ (répéter) après le prof.

4. Il est très important que nous _____ (essayer) de nous exprimer en français.

B. À votre avis.

Première étape. Complétez les questions suivantes en mettant le verbe entre parenthèses **au présent du subjonctif,** puis cochez (✓) **oui** ou **non** pour répondre à chaque question.

Si quelqu'un fait un séjour académique en France, est-il important qu'il...	oui	non
_____ (acheter) des vêtements pour «avoir l'air français»?	☐	☐
_____ (essayer) de parler uniquement en français tous les jours?	☐	☐
_____ (appeler) régulièrement sa famille?	☐	☐
_____ (célébrer) son anniversaire avec sa famille d'accueil?	☐	☐

Deuxième étape. Choisissez une des questions de la **Première étape** et expliquez votre réponse plus en détail.

Il est important / Il n'est pas important _____

_____ parce que (qu') _____

_____

_____

CHAPITRE 15

15.1 Use of the subjunctive with expressions of possibility and doubt

The verbs **penser, croire,** and **(se) douter**

♦ **A. Qu'en pensez-vous?** Écoutez Brigitte, une journaliste, poser des questions aux gens. Vous allez entendre chacune de ses questions deux fois. La première fois, écrivez la forme du **présent du subjonctif** que vous entendez. La deuxième fois, indiquez comment les gens ont répondu à la question en cochant (✓) **oui** ou **non.**

		oui	non
1.	Croyez-vous que les Français _____ ce problème au sérieux?	☐	☐
2.	Croyez-vous que le gouvernement _____ à diminuer le taux de chômage?	☐	☐
3.	Croyez-vous que tout le monde _____ payer ces impôts?	☐	☐
4.	Pensez-vous que le Premier ministre _____ trop de compromis?	☐	☐
5.	Pensez-vous que l'Union européenne _____ encore accepter d'autres pays?	☐	☐
6.	Pensez-vous que nous _____ tous les détails de cette affaire?	☐	☐

B. Certitudes et incertitudes.

Première étape. Complétez les phrases suivantes en mettant les verbes **au présent de l'indicatif** ou **au présent du subjonctif** selon le cas.

1. Il est évident que les jeunes aujourd'hui _____ (s'intéresser) à la politique, mais il n'est pas clair qu'ils _____ (comprendre) l'importance d'aller voter!

2. Je doute qu'une seule personne _____ (pouvoir) changer le monde, mais je me doute que tout le monde _____ (faire) de son mieux!

3. Je crois que notre chef d'état _____ (essayer) de tenir compte des opinions de tous les partis, mais je ne pense pas qu'il _____ (réussir) toujours à rester impartial.

4. Je pense que les frais pour les soins médicaux _____ (représenter) le plus gros problème social actuel, mais je ne crois pas que les hommes et femmes politiques _____ (savoir) vraiment comment le résoudre.

Deuxième étape. Choisissez une phrase de la **Première étape** avec laquelle vous êtes ou n'êtes pas d'accord et expliquez pourquoi. Attention à la distinction entre l'indicatif (pour exprimer la certitude) et le subjonctif (pour exprimer l'incertitude).

_____

_____

_____

_____

15.2 Use of the subjunctive to express a wish or a desire

Additional subjunctive forms
(**vouloir, pleuvoir, falloir,** and **valoir**)

A. Les formes du verbe.

Première étape. Complétez le tableau avec les formes du verbe **vouloir** qui manquent.

	l'indicatif		le subjonctif
je	_veux_	... que je	_____
tu	_____	... que tu	_veuilles_
il/elle/on	_____	... qu'il/elle/on	_____
nous	_voulons_	... que nous	_____
vous	_____	... que vous	_vouliez_
ils/elles	_____	... qu'ils/elles	_____

Attention! Avant de continuer, vérifiez vos réponses à la **Première étape** sur le site Web d'*En avant!*

Deuxième étape. Lisez les phrases suivantes et décidez s'il faut employer l'indicatif ou le subjonctif du verbe **vouloir, falloir** ou **valoir**.

1. Je ne pense pas qu'il _____ (falloir) les rejoindre à la manifestation.

2. J'espère que vous _____ (vouloir) lire les articles qu'il a écrits sur la crise financière.

3. Tout le monde croit qu'il _____ (valoir) mieux rejeter cette proposition de loi.

4. Il est évident à ce moment qu'il _____ (falloir) faire grève.

5. Tout le monde est content que tu _____ (vouloir) lui en parler toi-même!

6. Pensez-vous qu'il _____ (valoir) mieux le contacter avant demain?

B. Le temps qu'il fait. À l'aide des illustrations, donnez votre réaction au temps qu'il fait. Utilisez une des expressions de la colonne A avec un des verbes ou expressions de la colonne B. Attention à la forme des verbes **au présent du subjonctif.**

A	B
Je suis content(e) que (qu')	neiger
Je n'aime pas que (qu')	pleuvoir
Je suis triste que (qu')	(le ciel) être couvert
Je suis surpris(e) que (qu')	y avoir du vent
C'est dommage que (qu')	faire chaud

1. _____ aujourd'hui. Moins de gens vont aller voter!

2. _____ aujourd'hui. C'est l'inauguration du président!

3. _____. La météo a dit qu'il y aurait du soleil pour la

course de Lutte contre le Cancer (*Race for the Fight against Cancer*).

4. _____ aujourd'hui. Tous les beaux drapeaux vont

flotter dans l'air pour la fête nationale!

5. _____ aujourd'hui. Les manifestants vont souffrir

de cette chaleur (*heat*).

15.3 Use of the subjunctive versus an infinitive

Avant de and **avant que**

A. Au travail!

Première étape. Vous allez entendre deux fois une série de phrases avec **avant de (d')** et **avant que (qu').** Mettez les deux événements dans l'ordre chronologique en les numérotant 1 et 2. Suivez l'exemple. À la fin de cette première étape, écoutez pour vérifier vos réponses.

> EXEMPLE: *Vous entendez:* Les employés commencent à travailler avant que le patron n'arrive.
>
> *Vous marquez:* Le patron arrive. __2__
>
> Les employés commencent à travailler. __1__

1. M. Dubois parle au directeur. _____

   Il signe le contrat. _____

2. Il se met à pleuvoir. _____

   Tout le monde revient du déjeuner. _____

3. Le patron fait passer des entretiens aux candidats. _____

   Le comptable quitte son poste. _____

4. Quelques jeunes sont embauchés (*hired*). _____

   Ils font un stage de formation. _____

5. Les employés font grève. _____

   Le patron essaie de faire des concessions. _____

Deuxième étape. Combinez les paires de phrases de la **Première étape** en une seule en utilisant **avant de (d')** + infinitif ou **avant que (qu')** + un verbe **au présent du subjonctif,** selon le nombre de sujets grammaticaux.

> EXEMPLE: Le patron arrive. __2__
>
> Les employés commencent à travailler. __1__
>
> *Les employés commencent à travailler avant que le patron n'arrive.*

1. _____

2. _____

3. _____

4. _____

5. _____

C. La vie d'une femme politique. Marie-Claude Thibault est candidate aux élections régionales. Indiquez ce qu'elle a fait aujourd'hui, deux semaines avant l'élection, en combinant chaque paire de phrases en une seule avec **après + le passé de l'infinitif.** Attention à la distinction entre **avoir** et **être** et à l'accord du participe passé. Suivez l'exemple.

EXEMPLE: Elle s'est levée tôt. / Elle a téléphoné à son directeur de campagne.

Après s'être levée, elle a téléphoné à son directeur de campagne.

1.   Elle a mis un tailleur. / Elle a pris un café.

_____, elle a pris un café.

2.   Elle est montée dans le TGV pour aller à Bordeaux. / Elle a préparé son discours.

_____, elle a préparé son discours.

3.   Elle a parlé à la presse. / Elle a repris le train.

_____, elle a repris le train.

4.   Elle est rentrée chez elle. / Elle est allée se coucher… pour tout recommencer le lendemain (*next day*).

_____, elle est allée se coucher… pour tout recommencer le

lendemain.

D. Le jour de l'élection. À l'aide des illustrations et des heures indiquées, racontez ce que Marie-Claude (la candidate de l'activité C) et son mari Thomas font aujourd'hui, le jour de l'élection. Utilisez **avant que (qu')** + le présent du subjonctif ou **après que (qu')** + le présent de l'indicatif. Suivez l'exemple.

EXEMPLE:

se lever, faire du café

Son mari fait du café après qu'elle se lève.

(*ou*)

Elle se lève avant que son mari ne fasse du café.

regarder la télé; téléphoner à son directeur de campagne

quitter la maison, aller voter

acheter un bouquet de fleurs, arriver au rassemblement

gagner l'élection, embrasser sa femme

CHAPITRE 16

Rappel: Present-tense verbs   Use of **en** + present participle

A. La simultanéité.

Première étape. Vous allez entendre deux fois une série de phrases. Faites correspondre l'activité de la colonne A avec celle de la colonne B. À la fin de cette première étape, écoutez pour vérifier vos réponses.

A	B
1. _____ Le cinéaste pleure.	a. Il fait un tableau.
2. _____ L'artiste écoute du jazz.	b. Il attend un client.
3. _____ Le poète boit du vin.	c. Il chante.
4. _____ Le comédien danse.	d. Il regarde son film.
5. _____ L'architecte dessine son plan.	e. Il écrit ses poèmes.

Deuxième étape. Combinez chaque paire d'activités de la **Première étape** en une seule phrase avec **en + participe présent.** Suivez l'exemple de la première phrase.

1. *Le cinéaste pleure en regardant son film.* _____

2. _____

3. _____

4. _____

5. _____

B. Comment faire?

Première étape. Complétez le tableau en écrivant la forme appropriée du participe présent des verbes. Attention aux participes présents irréguliers!

avoir	1. *ayant*				
acheter	2.				
appeler	3.				
commencer	4.				
être	5.				
essayer	6.				
répéter	7.				
savoir	8.				
voyager	9.				

Deuxième étape. Complétez les phrases suivantes avec **en** + un des participes présents du tableau de la **Première étape.**

1. On réussit une carrière artistique _____ du talent.

2. On épate (*impress*) facilement les gens _____ jouer d'un instrument.

3. On découvre le monde _____ partout.

4. On mémorise un poème _____ les vers.

5. On devient collectionneur/collectionneuse d'art _____ des tableaux.

Answer Key

This answer key contains the written answers to the workbook activities and to any audio activities marked with a ♦ that require a written response.

CHAPITRE 1 Pour commencer

Communication en direct

A. Bonjour! Salut! Bonsoir! 1. a 2. e 3. d 4. f 5. c 6. b

B. Questions. 1. b 2. c 3. a 4. e 5. d

Vocabulaire interactif

L'alphabet

A. La première lettre. 1. p, porte 2. b, bureau 3. l, livre 4. c, crayon 5. s, stylo 6. i, igloo 7. j, journal 8. f, femme 9. h, homme 10. é (or) e, accent aigu, écran 11. g, guitare 12. z, zèbre

B. Ici on parle français. 1. la Belgique 2. la Suisse 3. le Québec 4. le Sénégal 5. le Maroc 6. Haïti 7. la Guadeloupe 8. la Côte d'Ivoire 9. Genève 10. Bordeaux

Les nombres de 0 à 69

A. C'est quel numéro? 1. 4 2. 15 3. 66 4. 12 5. 28 6. 13 7. 57 8. 49

B. Quel est le numéro de téléphone? **Paul Rachman:** 01.64.19.55.22; **Anne-Sophie Dupont:** 06.56.31.67.24; **Anouk Lefèbre:** 04.28.30.48.43; **Lucille Lambert:** 05.32.45.62.29; **Ileana Moreau:** 07.41.39.24.18; **Nao Takahashi:** 03.16.48.14.60; **Salma Robin:** 01.46.21.50.51

C. Ça s'écrit comment? 1. deux, douze, vingt et un 2. trois, treize, trente-deux 3. quatre, quatorze, quarante-trois 4. cinq, quinze, cinquante-quatre 5. six, seize, soixante-cinq

Sur le calendrier

A. Les jours de la semaine. 2 – 7 – 3 – 5 – 1 – 4 – 6

B. Quel jour sommes-nous aujourd'hui? **Première étape.** 1. non 2. oui 3. non 4. non 5. oui 6. oui **Deuxième étape.** 1. Non, nous sommes lundi. 2. Oui, on est samedi. 3. Non, nous sommes dimanche. 4. Non, nous sommes mercredi. 5. Oui, on est jeudi. 6. Oui, nous sommes mardi.

C. Les mois et les saisons. **Première étape.** 1. l'été 2. l'hiver 3. l'automne 4. l'été 5. l'hiver 6. le printemps 7. l'automne 8. le printemps **Deuxième étape.** 1. mars 2. juin 3. septembre 4. décembre

D. C'est quand, la fête? 1. en hiver (au printemps), mars 2. en été, juillet 3. en hiver, février 4. au printemps, mai 5. en automne, novembre 6. en hiver, janvier

E. Quelques dates.   1. le sept mars   2. le six janvier   3. le vingt-cinq juillet   4. le quatorze février   5. le neuf août
6. le trente septembre

Prononcez bien!

L'accent tonique

A. Essayons!   **Première étape.**   1. <u>Par</u>/is   2. <u>gar</u>/den   3. Oc/<u>to</u>/ber   4. <u>tel</u>/e/phone   5. <u>cal</u>/cu/la/tor   6. an/ni/<u>ver</u>/sa/ry
7. bal/<u>let</u>   8. e/<u>qual</u>/i/ty

C. Dictée.   **Première étape.**   1. Comment <u>vas-tu?</u>   2. Je vais <u>très bien</u>.   3. C'est quand, ton <u>anniversaire?</u>   4. C'est le
21 <u>décembre</u>.   5. Nous sommes <u>dimanche</u>.

Grammaire interactive

1.1 Une salle de classe

C. Pour étudier.   **Première étape.**   1. un   2. une   3. un   4. un   5. un   6. une
Deuxième étape.   *Answers will vary.*

D. Masculin ou féminin?   1. un écran / masculin   2. un ami / masculin   3. une amie / féminin
4. une personne / féminin   5. un jour / masculin   6. une chaise / féminin   7. une fenêtre / féminin
8. un étudiant / masculin   9. un bébé / masculin

E. Quelle est la différence?   **vendredi:**   1. un ordinateur portable   2. un professeur   3. une affiche   4. un écran
lundi: 1. une étudiante   2. une chaise   3. une carte de France   4. un livre

1.2 Un crayon, deux crayons

B. Singulier, pluriel ou les deux?   1. pluriel   2. singulier   3. pluriel   4. singulier   5. singulier ou pluriel
6. singulier   7. singulier ou pluriel   8. pluriel

C. Au pluriel.   1. des mois   2. des années   3. des crayons   4. des hôpitaux   5. des tableaux   6. des journaux
7. des amis   8. des étudiantes

D. La rentrée!   **Première étape.**   *Answers will vary, but may include:* des livres, des stylos, un ordinateur portable, une
affiche, un sac à dos, une calculatrice, des cahiers, un livre de chimie, un livre de psychologie, un livre d'histoire, un
dictionnaire (français)   **Deuxième étape.**   1. dans   2. devant   3. derrière   4. sur   5. sous

1.3 Nous sommes étudiants

B. Qui est étudiant?   **Première étape.**   1. est étudiant   2. est étudiante   3. es étudiante   4. êtes étudiants
5. sont étudiantes   6. sont étudiants   7. suis étudiant(e)   8. sommes étudiants   **Deuxième étape.**   1. il   2. elle
3. elles   4. ils

C. Évitons la répétition.   Mon ami Éric étudie l'histoire moderne. <u>Il</u> est sympathique et <u>il</u> adore l'histoire. Son amie
Charlotte est étudiante en médecine et <u>elle</u> est aussi sympathique. <u>Ils</u> sont souvent ensemble. Les amies de Charlotte, Anne et
Sophie, sont étudiantes aussi. <u>Elles</u> étudient de temps en temps avec Éric et Charlotte.

D. Christophe se présente.   **Première étape.**   1. suis   2. sommes   3. sont   4. est   5. est   6. es
Deuxième étape.   *Answers will vary, but may include:*   1. Moi, je <u>suis</u>…   2. Mes camarades et moi, nous <u>sommes</u>
<u>étudiants</u> en première année de français.   3. Le/La prof de mon cours de français, c'est…   4. Pour moi, le français <u>est</u>
facile/difficile!

1.4 La précision

C. La chambre de Pao. **Première étape.** 1. le 2. la 3. les 4. le 5. La 6. le 7. Les 8. les 9. le 10. la 11. le 12. la **Deuxième étape.** *Answers will vary.*

D. La carte de France. 1. les Alpes, des montagnes 2. l'Alsace, une région 3. l'Île-de-France, une région 4. la Loire, un fleuve 5. les Vosges, des montagnes 6. la Normandie, une région 7. les Pyrénées, des montagnes 8. le Rhône, un fleuve 9. la Seine, un fleuve

E. Les matières. **Première étape.** 1. la photographie 2. la géographie 3. les mathématiques 4. les sciences politiques 5. la psychologie 6. la littérature 7. l'histoire de l'art **Deuxième étape.** *Answers will vary.*

Culture en direct

Le coin lecture

Avant de lire

Commençons par le début! **Première étape.** 1. restaurant 2. minutes 3. chef 4. cuisine 5. propose 6. inventive 7. tennis **Deuxième étape.** 1. b 2. a 3. d 4. c

Après la lecture

A. Avez-vous compris? 1. a 2. c 3. b 4. b

B. Pour aller plus loin. *Answers will vary.*

Chez les Français / Chez les francophones

1. vrai 2. faux: by shaking their hand 3. vrai 4. faux: saint 5. vrai 6. faux: l'Hexagone 7. vrai 8. vrai

Le coin écriture

Answers will vary.

CHAPITRE 2   Comment sont-elles?

Communication en direct

A. Et toi? Et vous? 1. e 2. b 3. a 4. c 5. d

Vocabulaire interactif

Il est sympathique!

A. Chassez l'intrus. 1. c 2. a 3. c 4. a 5. b 6. c 7. c 8. b 9. b

B. Des jumeaux.   1. relax   2. méchant   3. fauché   4. déprimé   5. ennuyeux

C. Préférences.   *Answers will vary.*

D. Deux personnages.   Carl: Il a...   1. les cheveux gris   2. les yeux bleus; **Il est...**   1. américain   2. vieux
3. veuf   4. solitaire   5. parfois méchant; **Russell: Il a...**   1. les cheveux noirs   2. les yeux noirs; **Il est...**   1. américain
2. d'origine japonaise   3. scout   4. poli   5. très sympa

E. Descriptions des mannequins.   1. blonds, noisette   2. roux, bleus   3. noirs, marron   4. châtains, verts
5. gris, bruns   6. *Answers will vary.*

F. De quelle couleur?   *Answers will vary but may include:*   1. bleu   2. rouge   3. jaune   4. blanc   5. noir
6. marron   7. vert   8. orange et noir   9. violet   10. gris

Prononcez bien!

Les consonnes finales

A. Essayons!   Première étape.   *Words with pronounced final consonants:*   1. brave   2. chic   3. créatif
4. intellectuel   5. facile   8. honnête 10. pur 11. pauvre.   *Words not checked:*   6. grand   7. gris   9. amusant
12. sérieux

B. Un pas en avant.   Première étape.   1. [k]   2. [k]   3. –   4. [s]   5. [s]   6. [k]   7. [k]   8. [k]   9. [s]   10. [k]
Deuxième étape.   1. -que, -k, -c   2. -ce, -sse   3. -s

C. Dictée.   Première étape.   1. japonaise   2. américaine   3. canadien   4. italien   5. irlandaise   6. chinoise
7. russe   8. québécois

Grammaire interactive

2.1 J'ai cours aujourd'hui

C. Les amis de Chloé.   Première étape.   1. avez   2. ai   3. a   4. ont   5. avons   6. a   7. as   8. ont
Deuxième étape.   1. Saint-Jean-de-Luz   2. 64   3. guide professionnel   4. visite   5. basque

D. Les langues et les cours.   1. ont envie de visiter l'Italie / étudient l'italien   2. vous avez envie de visiter la
Russie / étudiez le russe   3. as envie de visiter la Chine / étudies le chinois   4. avons envie de visiter la France / étudions
le français

2.2 Je n'ai pas de devoirs

A. Au contraire.   *Answers will vary.*

B. Qu'est-ce que c'est?   1. Oui, c'est un passeport.   2. Non, ce n'est pas un iPod.   3. Oui, c'est une voiture.
4. Non, ce n'est pas un ordinateur portable.   5. Non, ce n'est pas un chat.   6. Non, ce n'est pas un téléphone portable.

C. Différences.   1. il n'y a pas d'ordinateur portable sur le bureau.   2. il n'y a pas d'affiche sur le mur.   3. il y a un
téléphone portable sur le bureau.   4. il n'y a pas de livres sur la chaise.   5. il n'y a pas de stylo sur le bureau.

D. Une biographie.   1. Ce n'est pas un danseur célèbre.   2. Il n'est pas d'origine française.   3. Il n'a pas 30 ans.
4. *(true statement)* 5. Il n'a pas les yeux verts.   6. *(true statement)* 7. Il n'a pas trois enfants.   8. *(true statement)*

2.3 Il est beau; elle est belle

B. Les formes de l'adjectif. **Première étape.** **Row 1:** actif, actives; **Row 2:** beaux, belles; **Row 3:** heureux, heureux; **Row 4:** grands, grandes; **Row 5:** forte, fortes **Deuxième étape.** 1. Ils sont paresseux/sédentaires. 2. Elle est laide. 3. Elle est triste. 4. Il est petit. 5. Ils sont faibles.

D. Les contraires s'attirent. 1. polie 2. sérieuse 3. mince 4. active/sportive 5. petite 6. timide

E. Vos amis et vous. *Answers will vary.*

2.4 Elle est française?

B. Une amie. 1. Est-ce qu' 2. Est-ce que 3. Est-ce qu' 4. Est-ce qu' 5. Est-ce que 6. Est-ce que 7. Est-ce qu'

C. Questions de nationalité. 1. tu es allemand 2. tu es espagnole 3. tu es japonaise 4. est-ce que vous êtes belge 5. est-ce que vous êtes mexicain 6. est-ce que vous êtes russe

D. Les questions du Professeur Gérard. 1. Est-ce que vous avez cours le soir? 2. Est-ce que vous êtes très occupé(e) le week-end? 3. Est-ce que vous avez besoin de cours particuliers? 4. Est-ce que vous avez une semaine de congé à Noël? 5. Est-ce que vous êtes content(e) de votre cours de français? 6. Est-ce que vous avez envie d'être professeur un jour? *Answers to the questions will vary.*

Culture en direct

Le coin lecture

Avant de lire

Commençons par le début! 1. verb 2. adjective 3. adjective 4. verb 5. adjective 6. noun 7. verb 8. verb

Après la lecture

A. Avez-vous compris? 1. live 2. best, eat 3. cowardly 4. singer, thinks 5. agrees

B. Pour aller plus loin. *Answers will vary.*

Chez les Français / Chez les francophones

1. vrai 2. faux: Algeria 3. vrai 4. faux: Pyrenees (mountains) 5. vrai 6. faux: Bayonne 7. faux: private life and personal decisions 8. vrai

Le coin écriture

Answers will vary.

CHAPITRE 3   Qu'est-ce que tu aimes faire?

Communication en direct

B. L'heure.   1. c 2. b 3. a 4. c 5. c 6. a

Vocabulaire interactif

Pour passer le temps

A. Préférences. Guillaume: 1. b 2. a 3. a 4. b; **Patrick:** 1. a 2. b 3. b 4. a

B. Les activités de Paul.   1. cuisiner   2. jouer de la guitare   3. préparer un examen (étudier)   4. danser (en boîte) 5. regarder la télé(vision)   6. jouer au tennis

D. L'agenda de Marianne. Première étape.   9 h 00: acheter, jouer; **12 h 00:** préparer, visiter; **14 h 30:** faire; **18 h 30:** acheter, dîner/aller; **22 h 00:** danser; envoyer; regarder

E. On joue!   1. au, au   2. aux, à la, à la   3. du, de la   4. aux, de la

F. Tu es comment?   *Answers will vary.*

Prononcez bien!

Les voyelles [e] et [ɛ]

A. Essayons! Première étape.   1. [e]   2. [ɛ]   3. [ɛ]   4. [e]   5. [ɛ]   6. [e]   7. [ɛ]   8. [e]   9. [e]   10. [ɛ]

B. Un pas en avant. Deuxième étape.   1. chercher   2. chéri(e), chez

C. Dictée. Première étape.   1. aimez, télé   2. étudiants, été   3. visiter, écouter   4. ai, idée   5. quelle, ferme 6. semaine, sept   7. aime, faire   8. Est, seize

Grammaire interactive

3.1 Je parle français

B. La journée de Céline. Première étape.   1. loue   2. habitent   3. arrive   4. téléphone   5. déjeunes 6. mangeons   7. étudiez   8. travaille   9. rentres   10. rentre   11. préparer   12. aimes   13. dînons

C. L'activité logique.   1. voyageons en France avec eux.   2. regarde des films comiques.   3. jouent au rugby. 4. mange de la salade.   5. restes à la maison?   6. cherche des amis   7. travaillez le week-end?

D. Deux camarades. Première étape.   1. ai   2. habite   3. sommes   4. louons   5. adore   6. écoute 7. joue   8. aime   9. suis   10. joue   11. étudions   12. prépare   13. reste   **Deuxième étape.**   1. les deux   2. les deux 3. Charles   4. Mathieu   5. Mathieu   6. Charles   7. ni l'un ni l'autre

3.2 Tu fais du ski?

B. Les tâches.   1. fait, la vaisselle 2. font le ménage 3. faire la lessive 4. faites du jardinage 5. fais, la cuisine
6. faisons nos devoirs

D. Les activités en vacances.   **Première étape.**   1. du cheval, des randonnées, de la natation, du vélo 2. du ski, du patin, des promenades **Deuxième étape.**   1. Est-ce que vous faites de la natation? 2. Est-ce que tu fais du cheval?
3. Est-ce que vous faites une randonnée? 4. Est-ce que tu fais du patin? 5. Est-ce que vous faites du ski? 6. Est-ce que tu fais une promenade?

3.3 Qu'est-ce que tu fais aujourd'hui?

B. L'inversion.   1. Quel temps 2. Comment 3. D'où 4. Comment 5. Quelle heure 6. Quel âge *Answers to the questions will vary but may include:* 1. Il fait beau / chaud / froid. 2. Je vais (très) bien. / Je vais mal. / Ça va.
3. Je suis grand(e) / petit(e), blond(e) / brun(e) et intelligent(e). 4. Je m'appelle… 5. Il est… heures. 6. J'ai… ans.

D. La biographie d'un athlète.   **Deuxième étape.**   1. Quand est-ce qu'il est né? Il est né le 17 mai 1982.
2. Pourquoi est-ce qu'il habite aux États-Unis? Il habite aux États-Unis parce qu'il joue au basket-ball dans la NBA.
3. Quel numéro est-ce qu'il porte? Il porte le numéro 9. 4. Combien de titres est-ce qu'il remporte dans les années 2000? Il remporte trois titres. 5. Où est-ce qu'il épouse l'actrice Eva Longoria en 2007? Il épouse l'actrice Eva Longoria à Paris.
6. Qu'est-ce qu'il fait pour les jeunes joueurs? Il organise des camps de basket-ball à Fécamp en France.

3.4 Un bon film français

A. Descriptions.   1. femme heureuse 2. chien blanc 3. étudiante américaine 4. cours intéressants
5. vieux hommes 6. bonne note 7. films amusants 8. belles actrices

B. Fais de beaux rêves!   **Deuxième étape.**   1. nouveau 2. nouvel 3. beau 4. belle 5. vieille 6. vieil
7. belles 8. beaux 9. vieux 10. vieilles

C. Personnalités.   1. Elle adore la musique classique. 2. Elle regarde souvent des films étrangers. 3. Ils aiment les gros chiens. 4. Elle a des cours difficiles. 5. Ils habitent dans un bel appartement.

D. Les préférences.   *Answers will vary.*

Culture en direct

Le coin lecture

Avant de lire

Commençons par le début!   1. le jardinage 2. la papeterie 3. vivant(e) 4. récréatif(-ive) 5. la location
6. les dépenses 7. les achats

Après la lecture

A. Avez-vous compris?   1. a 2. c 3. b 4. b 5. a

B. Pour aller plus loin.   *Answers will vary.*

Chez les Français / Chez les francophones

1. vrai 2. vrai 3. vrai 4. faux: le foot(ball) 5. faux: 1998 6. vrai 7. vrai 8. faux: Canadiens

Le coin écriture

Answers will vary.

CHAPITRE 4   En famille

Communication en direct

A. Révisons!
Answers will vary, but may include:

1. Vous: Salut! Tu t'appelles comment?
   Chloé: Bonjour! <u>Je m'appelle</u> Chloé. Et toi?
   Vous: Moi, je m'appelle (*your name*).
   Chloé: <u>Tu as quel âge?</u>
   Vous: <u>J'ai (*your age*) ans.</u>
   Chloé: <u>Tu es</u> d'où?
   Vous: <u>Je viens de (*your place of origin*).</u>

2. Vous: Bonjour, madame. <u>Comment allez-vous?</u>
   Mme Leclerc: <u>Je vais</u> très bien, merci.
   Vous: <u>D'où êtes-vous?</u>
   Mme Leclerc: <u>Je suis</u> de Deauville.

3. Vous: Bonjour, <u>monsieur. Bonjour, madame.</u>
   Robert: <u>Bonjour.</u>
   Vous: Comment <u>vous appelez-vous?</u>
   Magali: <u>Je m'appelle</u> Magali Gauthier.
   Robert: Et moi, <u>je m'appelle Robert</u> Gauthier.
   Vous: <u>Qu'est-ce que vous faites</u> dans la vie?
   Magali: Moi, je <u>suis médecin.</u>
   Robert: Et moi, je <u>suis artiste.</u>

B. Quelle est ma profession? **Première étape.** 1. médecin 2. homme d'affaires 3. père au foyer 4. coiffeur 5. comptable 6. informaticien **Deuxième étape.** 1. (femme) médecin 2. femme d'affaires 3. mère au foyer 4. coiffeuse 5. comptable 6. informaticienne

C. Les parents d'Hélène. **Sébastien (père d'Hélène):** Il est vraiment sympa(thique), très patient, toujours énergique, cultivé. Il aime les musées, le cinéma. Sa profession: professeur de mathématiques. / **Élodie (mère d'Hélène):** Elle est calme, sympa. Elle aime voyager, faire la cuisine. Pendant son temps libre, elle aime faire du sport et lire.

Vocabulaire interactif

En famille

A. Les membres de la famille. 1. g 2. f 3. e 4. d 5. h 6. a 7. b 8. c

C. La famille de Simone. 1. faux 2. faux 3. faux 4. vrai 5. vrai 6. vrai 7. vrai 8. faux

D. L'arbre généalogique.   a. 71 ans   b. Carole   c. 38 ans   d. 40 ans   e. Antoine   f. 17 ans   g. 13 ans   h. Aurélien   i. Philippe

F. Les membres de la famille d'André.   1. célibataire   2. belle-mère   3. demi-sœur   4. cadette   5. fiancée   6. gendre   7. petits-enfants

Prononcez bien!

Les voyelles [o] et [ɔ]

A. Essayons!   Première étape.   1. [ɔ]   2. [ɔ]   3. [o]   4. [ɔ]   5. [o]   6. [ɔ]   7. [o]   8. [o]   9. [o]   10. [ɔ]

B. Un pas en avant.   Deuxième étape.   1. au, eau, o, ô   2. 5

C. Dictée.   Première étape.   1. animaux, gros   2. beau-père, bureau   3. vélo, chaud   4. saxophone, adore   5. japonaise, espagnol   6. hommes, randonnée

Grammaire interactive

4.1 C'est ma famille

A. La famille.   1. a. ma   b. mon   c. mes   2. a. votre   b. vos   c. votre   3. a. sa   b. son   c. ses   4. a. son   b. ses   c. sa   5. a. leur   b. leur   c. leurs   6. a. notre   b. notre   c. nos

B. Deux frères.   1. Sa   2. Ses   3. Leurs   4. Leur   5. Leurs   6. Son

D. Quel possessif?   1. Ses   2. Ma   3. votre   4. Nos   5. Son   6. ton   7. Mes   8. Leurs

4.2 Il va au cinéma; elle revient du parc

B. La forme des verbes.   **Première étape.**

rentrer	aller	venir
je rentre	je <u>vais</u>	je <u>viens</u>
tu <u>rentres</u>	tu vas	tu <u>viens</u>
il/elle/on rentre	il/elle/on <u>va</u>	il/elle vient
nous <u>rentrons</u>	nous <u>allons</u>	nous <u>venons</u>
vous <u>rentrez</u>	vous allez	vous <u>venez</u>
ils/elles rentrent	ils/elles <u>vont</u>	ils/elles viennent

Deuxième étape.   1. reviens, reviens   2. revenez, revenons   3. revient, reviennent

C. Où vont-ils?   Première étape.   1. à la   2. au   3. aux   4. à la   5. à l'   6. à l'   7. au   8. à la   9. au
Deuxième étape.   1. vas, aux concerts   2. vont au jardin public   3. va au resto-U   4. vont à la fac   5. allons à la plage   6. allez, au cinéma   7. va à l'hôpital   8. vont, à l'hôtel

D. La famille de Manon. **Deuxième étape.** 1. à la, facteur 2. à l', professeur 3. à l', ouvrier 4. à la, pharmacienne 5. au, serveur 6. à la, étudiante 7. au, coiffeuse

4.3 Vous allez en France?

C. L'Afrique occidentale. 1. du, togolais 2. du, sénégalaise 3. du, nigériens 4. de, ivoirienne 5. du, béninoises 6. du, burkinabé

D. Retour d'un séjour académique. 1. Elle rentre de Berlin. 2. Ils rentrent du Japon. 3. Il rentre des États-Unis. 4. Ils rentrent de Moscou. 5. Elle rentre de Rome. 6. Elles rentrent du Portugal.

4.4 Qu'est-ce que tu vas faire?

B. Histoires en images. 1. va 2. vient de 3. viennent d' 4. allons 5. venez de 6. vas 7. vont

C. La jet-set. 1. viens, en Inde 2. venons, en Chine 3. viens, en Italie 4. viennent, à New York 5. venez, en Afrique du Sud 6. vient, à Paris

D. Prédictions. **Deuxième étape.** 1. allez faire la cuisine. 2. va regarder la télé 3. va faire des courses 4. vas préparer un examen 5. vont faire du vélo 6. allons aller en boite avec des amis

Culture en direct

Le coin lecture

Avant de lire

Commençons par le début! 1. heterogeneous 2. replace 3. space 4. a 5. b 6. a 7. globalization 8. loyal 9. work

Après la lecture

A. Avez-vous compris? 1. vrai 2. faux: Les jeunes commencent à penser que le temps libre est très important. 3. vrai 4. vrai 5. faux: La famille, aujourd'hui, c'est souvent une famille recomposée ou une famille monoparentale, homoparentale, d'accueil, etc. 6. vrai 7. faux: 26 pour cent des Français ont au moins un chien et 26 pour cent ont au moins un chat.

B. Pour aller plus loin. *Answers will vary.*

Chez les Français / Chez les francophones

1. faux: especially in Quebec 2. vrai 3. faux: Dogs are not allowed in supermarkets but are allowed in many bars and restaurants in France. 4. vrai 5. vrai 6. faux: relocating (leaving home) 7. vrai 8. faux: three 9. vrai

Le coin écriture

Answers will vary.

CHAPITRE 5   Bon appétit!

Communication en direct

A. Des invitations.   1. e   2. d   3. f   4. c   5. a   6. b

Vocabulaire interactif

Faisons les courses!

A. Qu'est-ce qu'on aime manger?   **Première étape.**   **Les fruits et les légumes:**   les artichauts, les courgettes, les fraises, les framboises, les haricots verts, les poires, les poivrons rouges, les pommes;   **Les viandes et la volaille:** le bifteck, le jambon, le porc, le poulet;   **Les poissons et les fruits de mer:** les crevettes, le homard, les moules, le saumon;   **Les produits laitiers:** le beurre, le fromage, le lait, le yaourt   **Deuxième étape.**   *Answers will vary.*

B. Dans la rue Mouffetard.   1. marché en plein air   2. la boulangerie-pâtisserie   3. la boucherie-charcuterie   4. la poissonnerie   5. la crémerie-fromagerie   6. l'épicerie

D. Chassez l'intrus.   1. L'éclair; c'est une pâtisserie / ce n'est pas un fruit.   2. Le steak; c'est une viande / ce n'est pas un poisson ou un fruit de mer.   3. Le yaourt; c'est un produit laitier / ce n'est pas une boisson.   4. La carotte; c'est un légume / ce n'est pas un pain ou une pâtisserie.   5. La pomme; c'est un fruit / ce n'est pas un produit laitier.   6. Le saumon; c'est un poisson / ce n'est pas une viande.

E. Mettre une belle table.   **Première étape.**   1. une serviette   2. une fourchette   3. une assiette   4. un couteau   5. une cuillère   6. un verre   **Deuxième étape.**   1. une nappe   2. une carafe, un verre   3. une assiette à soupe, une cuillère à soupe   4. une tasse

F. On cherche un bon restaurant.   *Answers will vary but may include:* 1. au milieu de   2. à gauche du / à côté du   3. loin du   4. À droite du / Près du   5. loin de, dans   6. près de l', en face de

Prononcez bien!

Les voyelles [ø] et [œ]

B. Un pas en avant.   **Deuxième étape.**   1. heureuse   2. nerveuse   3. ennuyeuse   4. studieuse   5. courageuse   6. généreuse

C. Dictée.   **Première étape.**   1. déjeuner, jeudi   2. œufs, deux   3. serveuse, milieu   4. ingénieur, sœur   5. heure, facteur   6. bœuf, beurre

Grammaire interactive

5.1 Il y a du sucre?

A. J'aime… , je prends…   1. de la glace   2. de l'eau   3. du fromage   4. du pain   5. des olives   6. de la viande   7. du jambon   8. des huîtres

B. Quel plat?   1. de la, du, du, des, une tarte aux fraises   2. des, du, des, du, une soupe à l'oignon gratinée   3. de la, du, de l', des, des, une pizza   4. des, du, du, de la, du, une purée de pommes de terre

D. Restrictions.   *Answers will vary but may include:*   1. Jean ne mange jamais de viande / de poulet / de poisson. 2. Aurélie ne mange jamais de fruits de mer.   3. Henri ne mange jamais de légumes verts.   4. Béatrice ne mange jamais de pain.   5. Serge ne mange jamais de yaourt ou de beurre.

5.2 Qu'est-ce que vous prenez?

A. Les formes des verbes.

	manger	boire	prendre
je	mange	bois	prends
tu	manges	bois	prends
il/elle/on	mange	boit	prend
nous	mangeons	buvons	prenons
vous	mangez	buvez	prenez
ils/elles	mangent	boivent	prennent

C. Que boivent-ils? Que mangent-ils?   1. mange   2. boit   3. bois   4. buvez   5. mange   6. manges 7. bois   8. mangez

D. Vous en prenez?   *Answers will vary, but may include:*   1. Tu prends un peu de vin au dîner?   2. Elle prend du gâteau pour son goûter.   3. On prend assez d'eau quand on fait du sport.   4. Nous mangeons beaucoup de fruits en été. 5. Vous buvez du chocolat chaud / du thé / du café quand il fait froid?

5.3 Vous attendez quelqu'un?

B. Dictée.   Première étape.   1. attend   2. vend   3. descend   4. perd   5. entendent   6. rend

C. Chez le boulanger.   1. attend   2. descendent   3. entend   4. vend   5. rendent

D. Votre caractère.   1. rendez   2. répondez   3. perdez   4. attendez   5. descendez   6. entendez

5.4 Je ne prends rien, merci

A. Différences.   1. ne, jamais   2. n', personne   3. ne, nulle part   4. ne, rien   5. n', plus

C. Contradictions!   1. souvent   2. toujours   3. quelque part   4. quelqu'un   5. encore   6. déjà

D. Il n'y a que ça!   1. ne bois que du   2. n'avons qu'une   3. ne prennent que des   4. n'aime aller au restaurant qu'avec   5. ne rentre dîner que le   6. n'achète de la glace que pour

Culture en direct

Le coin lecture

Avant de lire

Commençons par le début!   1. a   2. b   3. b   4. c

Après la lecture

A. Avez-vous compris? Première étape. 1. Non, ce n'est pas une recette compliquée. 2. 35 minutes 3. du vin blanc 4. Non, ce n'est pas un plat végétarien. Il y a des charcuteries. 5. Il s'appelle Jean Perrin. **Deuxième étape.** 1. le jambon fumé 2. du sel 3. la salade verte 4. la saucisse 5. le maître fromager

B. Pour aller plus loin. *Answers will vary.*

Chez les Français / Chez les francophones

1. faux; à Paris 2. vrai 3. faux; un petit magasin d'alimentation 4. vrai 5. faux; le déjeuner 6. faux; un apéritif 7. vrai 8. vrai 9. faux; nord-africaine (maghrébine) 10. vrai

Le coin écriture

Answers will vary.

CHAPITRE 6   On est à la mode!

Communication en direct

A. Qu'est-ce que tu penses du style de Sophie? 1. + / − 2. − 3. − 4. + 5. + 6. −

Vocabulaire interactif

Qu'est-ce qu'ils portent?

A. Le marché aux puces. 1. des gants 2. un maillot de bain 3. un short 4. un parapluie 5. un chemisier 6. un pantalon

C. Devinettes. 1. un maillot de bain 2. des gants 3. une cravate 4. un tailleur 5. un foulard / un collier 6. un chemisier 7. un short 8. des chaussettes 9. une ceinture

D. Qu'est-ce qu'ils mettent aujourd'hui? *Clothing in answers may vary but may include:* 1. mets, un manteau, un pull 2. met, un costume 3. mettons, un short 4. mettez, de gants 5. mettent, des tennis 6. mets, un jean, un tee-shirt

F. Dans une friperie. *Answers will vary.*

Prononcez bien!

Les voyelles [i], [y] et [u]

A. Essayons! 1. vie 2. cru 3. rue 4. ride 5. vous 6. pour 7. pull 8. tu

C. Dictée. Première étape. 1. joli chemisier 2. jean, tee-shirt 3. pull-over, lunettes 4. chaussures, jupe 5. blouson, foulard 6. boucles, couleur, rouges

Grammaire interactive

6.1 Qu'est-ce que tu portes ce soir?

A. On fait du shopping.   1. ce, cette   2. cette, ces   3. cet, ce   4. ce, ces   5. ce, cet   6. ce, ces

B. Je préfère...   1. ces chaussures-là   2. cette cravate-là   3. cet imperméable-là   4. ce jean-ci   5. ces gants-ci
6. ce blouson-là

C. Combien coûte... ?   1. cette, 40 €   2. ce, 45 €   3. ce, 30 €   4. ces, 15 €   5. ce, 25 €   6. ces, 15 €   7. cette, 20 €

6.2 On sort ce soir!

B. Définitions et exemples.   Première étape.   1. Sentir   2. Mentir   3. Dormir   4. Servir
Deuxième étape.   1. sent   2. sens   3. ment   4. mentent   5. dormez   6. dort   7. servons   8. sers

C. Départs.   1. part   2. sort   3. quitte   4. quitte   5. sort   6. part   7. sort   8. part   9. quitte

D. Votre week-end.   *Answers will vary but may include:*   1. Oui, je sors avec mes amis pendant le week-end. Nous allons...   2. Je dors jusqu'à... heures pendant le week-end.   3. Oui, je pars / Non, je ne pars pas à l'improviste pendant le week-end. Je vais... / Je ne vais nulle part.   4. Quand j'invite mes amis à dîner chez moi, je sers...

6.3 Tu préfères quel magasin?

B. Quel plat?   Première étape.   1. Quels   2. quelle   3. Quelle   4. quels   5. Quel   6. Quelles
Deuxième étape.   c. du bœuf bourguignon

C. Exclamations.   1. Quel petit chien!   2. Quelles belles femmes!   3. Quelle jolie robe!   4. Quels hommes intelligents!   5. Quel grand garçon!   6. Quel film intéressant!

D. Et vous?   Première étape.   1. Quel   2. Quel   3. quel   4. quelle   5. Quels   6. Quelles   **Deuxième étape.**
Answers will vary but may include: 1. Mon prénom est... / C'est...   2. J'ai... ans.   3. Je joue de la guitare / du piano.
4. J'arrive à la fac à... heures.   5. Mes cours préférés sont le français et la littérature.   6. Je parle anglais et...

6.4 Comment choisir le bon cadeau?

B. La vie... illustrée.   1. réfléchit   2. rougit   3. grandis   4. vieillissent   5. rajeunissez   6. grossis   7. finissons
8. maigris /   a. 2   b. 1   c. 6   d. 4   e. 3   f. 8   g. 7   h. 5

C. Avez-vous des petites habitudes?   *Answers will vary.*

D. Les circonstances.   *Answers will vary.*

Culture en direct

Le coin lecture

Avant de lire

Commençons par le début!   1. modernes, traditionnels   2. dynamique   3. sénégalaise   4. ivoirienne, féminine
5. burkinabé, africaines

Après la lecture

A. Avez-vous compris?   1. faux: La haute couture africaine s'inspire des traditions africaines et aussi de la mode européenne moderne.   2. vrai   3. faux: Mame Fagèye Bà est basé près de Dakar; Nathalie Konan travaille à Paris; et Pathé'o est basé en Côte d'Ivoire.   4. vrai   5. faux: Pathé'o ne crée pas de vêtements prêt-à-porter.

B. Pour aller plus loin.   *Answers will vary.*

Chez les Français / Chez les francophones

1. vrai   2. faux: des symboles de prestige, de richesse ou de bravoure   3. faux; beaucoup (entre 500 et 600 euros)   4. faux; des vêtements de ville (de beaux vêtements)   5. vrai   6. vrai   7. faux; d'alcool   8. vrai

Le coin écriture

Answers will vary.

CHAPITRE 7   Le week-end dernier

Communication en direct

A. Quelle était la question?   1. combien de temps   2. quand   3. quand   4. combien de temps   5. combien de temps

C. Une journée à Paris.   **Première étape.**   1. a commencé par   2. Ensuite   3. Puis   4. a terminé   5. par   **Deuxième étape.**   *Answers will vary.*

Vocabulaire interactif

Un week-end à Paris

A. Possibilités à Paris.   1. a 2. c 3. b 4. a 5. c 6. c 7. a

B. Les spectateurs.   1. a. vois   b. à la finale de rugby   2. a. voit   b. à l'exposition   3. a. voyons   b. au cirque   4. a. voyez   b. à la pièce de théâtre   5. a. voient   b. au ballet

E. Quels genres de film préférez-vous?   1. films d'amour   2. films d'animation   3. films de guerre, les films d'horreur   4. westerns   5. comédies musicales   6. films de science-fiction   7. *Answers will vary.*

Prononcez bien!

Les semi-voyelles [w], [ɥ] et [j]

B. Un pas en avant.   **Deuxième étape.**   mille, tranquille, ville

C. Dictée.   **Première étape.**   1. loin, trois   2. voir, western, week-end   3. Depuis, gratuite   4. minuit, puis   5. billet, pièce   6. animation, science-fiction

Grammaire interactive

7.1 Je veux bien!

A. La forme des verbes. **Première étape.**

	devoir	pouvoir	savoir
je	dois	peux	<u>sais</u>
tu	<u>dois</u>	peux	<u>sais</u>
il/elle/on	doit	<u>peut</u>	sait
nous	<u>devons</u>	pouvons	<u>savons</u>
vous	devez	<u>pouvez</u>	<u>savez</u>
ils/elles	<u>doivent</u>	<u>peuvent</u>	<u>savent</u>

Deuxième étape. 1. voulez, voulons 2. veux, veux 3. veut, veulent

C. Un week-end chargé. *Answers will vary but may include:* 1. Jean-Marc a envie de dîner avec sa copine ce week-end, mais il a besoin de rendre visite à sa grand-mère. 2. Jean-Marc désire jouer au football américain ce week-end, mais il doit aider son ami à déménager. 3. Jean-Marc veut aller en boîte ce week-end, mais il est obligé de faire le ménage. 4. Jean-Marc a envie d'aller voir un film d'aventures ce week-end, mais il doit préparer son examen d'anglais.

D. Une conversation. **Première étape.** 1. veux 2. pouvons 3. dois 4. peux 5. voulons 6. doit 7. sais 8. peux 9. sais 10. vouloir **Deuxième étape.** 1 a. Annick 1 b. Véra 2 a. Annick 2 b. Véra 3 a. Véra 3 b. Émile

7.2 Tu peux faire quelque chose ce week-end?

B. Devinettes. 1. quelque chose de beau; C'est le jardin du Luxembourg. 2. quelqu'un de célèbre; C'est Daniel Auteuil. 3. quelque chose de prestigieux; C'est la Palme d'or. 4. quelqu'un de très créatif; C'est Coco Chanel. 5. quelque chose de délicieux; C'est la choucroute. 6. quelqu'un d'assez ambitieux; C'est François Hollande.

D. Devant le cinéma. 1. Non, il n'y a personne au guichet. 2. Oui, c'est Thomas. 3. Non, personne ne regarde sa montre. 4. Non, personne ne porte de pull-over. 5. Oui, c'est Françoise. 6. Non, personne ne cherche rien par terre. 7. Oui, c'est Éric. 8. Oui, c'est Emma.

7.3 Qu'est-ce que vous avez fait hier?

B. Habitudes et exceptions. 1. prends, ai pris 2. boit, a bu 3. dort, a dormi 4. font, ont fait 5. rend, a rendu 6. dînons, avons dîné 7. finissez / avez fini

C. Une première sortie en couple. 1. ai choisi 2. ai consulté, ai réservé 3. ai mis, ai attendu 4. avons assisté 5. avons pris, avons rencontré 6. avons fait 7. avons décidé

D. Il y a combien de temps? 1. pris 2. assisté 3. vu 4. fait 5. perdu 6. menti 7. été
Answers to questions will vary.

7.4 Vous êtes sortis ce week-end?

B. Qui l'a fait? 1. Aimée 2. Marc, Aimée et Philippe 3. Marc 4. Aimée 5. Aimée et Sophie 6. Marc

D. Les opposés. **Colonne A:** 1. c, sont montées 2. d, sont arrivés 3. a, est née 4. b, est entré
Colonne B: a, est morte b, est sorti c. sont descendues d, sont partis

Culture en direct

Le coin lecture

Avant de lire

Commençons par le début! 1. b 2. b 3. d 4. a

Après la lecture

A. Avez-vous compris? 7, 5, 10, 1/2, 6, 3, 4, 9, 8, 2/1

B. Pour aller plus loin. *Answers will vary but may include:* 1. Les adolescents ont renversé une lampe et ils ont mis feu à des journaux. 2. On a été obligé de tout ranger.

Chez les Français / Chez les francophones

1. vrai 2. vrai 3. faux: Jean Bruel 4. vrai 5. faux: Cannes 6. vrai

Le coin écriture

Answers will vary.

CHAPITRE 8   L'image de soi
Communication en direct

A. Qu'est-ce qu'il faut faire? 1. c 2. a 3. c 4. b

C. Tu te lèves / Vous vous levez à quelle heure le matin? 1. six heures (6 h), sept heures et demie (7 h 30)
2. huit heures (8 h), huit heures quarante (8 h 40) 3. huit heures (8 h), neuf heures (9 h) 4. huit heures (8 h), huit heures moins le quart (7 h 45) 5. vingt-deux heures trente (22 h 30), minuit (0 h)

Vocabulaire interactif

Tu fais du yoga?

A. Quiz d'anatomie. **Première étape.** 1. les doigts 2. l'épaule 3. la poitrine 4. le ventre 5. le genou
6. la cheville 7. le pied 8. le dos **Deuxième étape.** 9. le cou 10. l'oreille / une oreille 11. le nez 12. la bouche

B. Du singulier au pluriel.   1. une, épaules   2. un, doigts   3. un, genoux   4. un, orteils   5. une, oreilles
6. un, yeux   7. un, bras   8. un, pieds

C. Aïe! On a mal! **Première étape.**   1. à la gorge   2. aux pieds   3. au ventre   4. à la tête   5. aux oreilles
6. aux jambes **Deuxième étape.**   a. 5   b. 2   c. 3   d. 6   e. 4   f. 1

D. Vêtements et accessoires.   1. les yeux   2. la tête   3. les pieds, les mains   4. les jambes, les bras
5. du cou, du poignet, doigt   6. le dos

E. Un bel homme: les critères. **Première étape.**   1. courts   2. clairs   3. aquilin   4. percées   5. très belles
6. en galoche **Deuxième étape.**   *Answers will vary.*

Prononcez bien!

Le *h* muet et le *h* aspiré

C. Dictée. **Première étape.**   1. un homme très heureux   2. huit heures / 8 h   3. prof d'histoire   4. huîtres
5. de la harpe   6. un petit hamster   7. le huit juin   8. au hockey

Grammaire interactive

8.1 Je me lève à 7 h!

A. Les formes des verbes.   **Première étape.**

	s'amuser **(comme habiter)**	**se sentir** **(comme dormir)**	**se détendre** **(comme vendre)**
je	m'amuse	me sens	me détends
tu	t'amuses	te sens	te détends
il/elle/on	s'amuse	se sent	se détend
nous	nous amusons	nous sentons	nous détendons
vous	vous amusez	vous sentez	vous détendez
ils/elles	s'amusent	se sentent	se détendent

Deuxième étape.   1. ne me sens pas   2. ne te dépêches pas   3. ne s'endort pas   4. ne nous ennuyons pas
5. ne vous amusez pas   6. ne se détendent pas

B. Les colocataires.   1. se brosse   2. s'essuie   3. se lave   4. se maquille   5. se peigne   6. se rase

C. La vie de tous les jours. **Deuxième étape.**   1. Il ne se dépêche pas.   2. Il ne s'ennuie pas.
3. Il ne se sent pas tout seul.

D. Un colocataire potentiel. **Première étape.**   1. Est-ce que tu te réveilles tôt en général?   2. Est-ce que tu
fumes?   3. Est-ce que tu fais attention à ton alimentation?   4. Est-ce que tu préfères prendre une douche le matin?
5. Est-ce que tu te dépêches en général de ranger, de faire la vaisselle, etc.? **Deuxième étape.**   *Answers will vary.*

8.2 Qu'est-ce qui se passe?

B. Le Malade imaginaire. *Answers may vary:* 1. Molière a écrit *Le Malade imaginaire.* 2. C'est une comédie (en trois actes). 3. Argan fait confiance à des médecins malhonnêtes. 4. Ils essaient de profiter de ses maladies imaginaires. 5. Molière est tombé gravement malade. 6. Il est mort de la tuberculose.

C. Pour gérer le stress. Première étape. 1. Qui 2. Qu'est-ce qu' 3. Qu'est-ce qui 4. À qui est-ce que **Deuxième étape.** *Answers will vary.*

D. C'est qui? 1. Contre 2. De 3. Avec 4. À 5. À 6. De *Answers to the questions will vary.*

8.3 Tu t'es amusé(e) hier soir?

B. Les formes des verbes. Première étape.

	Un homme	Une femme
je	me suis levé	me suis levée
tu	t'es levé	t'es levée
il/elle	s'est levé	s'est levée

Deuxième étape.

	Des hommes (ou un groupe mixte)	Des femmes
nous	nous sommes levés	nous sommes levées
vous (*au pluriel*)	vous êtes levés	vous êtes levées
ils/elles	se sont levés	se sont levées

C. Le verbe approprié. 1. a. ont amusé b. se sont amusés 2. a. a cassé b. s'est cassé 3. a. a coupé b. s'est coupé 4. a. ont promené b. se sont promenées

Culture en direct

Le coin lecture

Avant de lire

Commençons par le début! 1. une publicité pour une marque de thé, une brochure de parapharmacie 2. beaucoup de mots «positifs» 3. à d'autres boissons antioxydantes, à d'autres moyens de gérer le stress 4. calmer

Après la lecture

A. Avez-vous compris? 1. a 2. a 3. b 4. a

B. Pour aller plus loin. *Answers will vary.*

Chez les Français / Chez les francophones

1. vrai   2. faux: légale   3. vrai   4. vrai   5. faux: a augmenté   6. faux: tabac

Le coin écriture

Answers will vary.

CHAPITRE 9   Chez nous

Communication en direct

B. Le monde d'une enfant.   1. aimais   2. était   3. aimais   4. étaient   5. étaient   6. était   7. aimais   8. était
9. étaient

Vocabulaire interactif

Tu cherches un logement?

A. Un appartement en banlieue.   1. c   2. d   3. a   4. h   5. b   6. e   7. f   8. g

B. Une place pour chaque chose... et chaque chose à sa place.   **Première étape.**   1. un four à
micro-ondes, un frigo   2. un balai, un aspirateur   3. un canapé, un fauteuil   4. un lit, une armoire
Deuxième étape.   1. une, 1   2. une, 4   3. une, 4   4. une, 1   5. un, 2   6. une, 3 ou 4   7. un, 4   8. une, 3

C. Une devinette.   **Première étape.**   1. sous-sol   2. jardin   3. escalier   4. baignoire   5. évier   6. pelouse
7. toit   8. douche   9. repasser   10. balcon   11. cuisine   12. étage   **Deuxième étape.**   une résidence

D. Quelle est la chambre de Caroline?   **Deuxième étape.**   1. B   2. C   3. aucune des trois   4. B   5. A,
C   6. A   7. aucune des trois

E. C'est la vie!   1. vivons; résidence universitaire   2. vis; appartement   3. vit; pavillon   4. vivent; maison de retraite
5. vivez; chalet   6. vis; *answer will vary*

Prononcez bien!

Les voyelles nasales [ɑ̃], [ɔ̃] et [ɛ̃]

C. Dictée.   **Première étape.**   1. vivons, grande, intéressante   2. habitons, maison, blanche   3. tante, résidence, France
4. oncle, appartement, grand, balcon   5. cousins, sont, contents

Grammaire interactive

9.1 Un logement plus abordable

A. L'électroménager.   1. Le frigo noir est aussi gros que le frigo blanc.   2. La cafetière *Philips* est plus belle que la
cafetière *Bosch*.   3. Les cuisinières à gaz sont moins chères que les cuisinières électriques.   4. L'étagère en métal est moins
lourde que l'étagère en bois.   5. Le lave-vaisselle *Whirlpool* est meilleur que le lave-vaisselle *Indesit*.

B. Le moins utile.   *Answers will vary.*

C. Les enfants Morin.   **Deuxième étape.**   1. sa sœur Élise   2. son frère Éric   3. leurs frères Éric et Enzo
4. ses sœurs Élodie et Élise   5. leur sœur Élise

D. En Bretagne.   **Deuxième étape.**   1. ville la plus peuplée   2. meilleur exemple   3. plus grand menhir
4. aspects les plus représentatifs

9.2 Quand j'étais plus jeune

B. Quand Dominique était petite.   **Première étape.**   1. aim-   2. all-   3. av-   4. dev-   5. ét-   6. fais-
7. part-   8. pren-   9. rend-   10. viv-   **Deuxième étape.**   1. ét-, viv-   2. av-, aim-   3. pren-, part-   4. dev-, fais-
5. all-, rend-

D. Une enfance en Louisiane.   1. assistions   2. s'installait   3. adorions   4. étaient   5. dansaient   6. mangeait
7. avait   8. s'amusait

9.3 Qu'est-ce qui se passait?

A. À la cité universitaire.   **Deuxième étape.**   1. regardait la télévision   2. mangeait des biscuits
3. parlait avec sa mère   4. dormait sur son lit   5. étudiait à son bureau

B. Qu'est-ce que vous faisiez quand j'ai téléphoné?   **Première étape.**   1. faisais   2. écoutais
3. étiez   4. jouions   5. répondais   6. m'inquiétais   7. avait   8. nettoyais   9. faisions   **Deuxième étape.**   1. rentraient
les provisions   2. décoraient la salle de séjour   3. faisait un gâteau   4. cachaient les invités

C. Un cambriolage.   1. ne voyais pas   2. faisait   3. venais   4. étais   5. sortaient   6. semblait   7. portait
8. était   9. avait   10. se parlaient   11. ne comprenais pas   12. se dirigeaient   13. me sentais

D. À l'heure indiquée.   *Answers will vary.*

9.4 Une question de perspective

B. Vive la différence!   1. a. déménagiez   b. avons déménagé   2. a. travaillait   b. ai travaillé
3. a. est partie   b. partions   4. a. vendais   b. ont vendu

C. Je veux tout simplement prendre une douche!   1. me suis réveillée   2. faisait   3. n'ai pas voulu /
voulais   4. me suis levée   5. suis arrivée   6. ai entendu   7. était   8. ai réveillé   9. avons pris   10. mangions
11. est entré   12. étions   13. ai été   14. n'ai pas eu

D. Chez qui?   **Deuxième étape.**   *Answers will vary but may include:*   1. Il était très fatigué parce qu'ils ont discuté
jusqu'à deux heures du matin.   2. Il n'a pas aimé le repas des Picard parce qu'il était froid et le gâteau était brûlé.
3. Il a préféré la soirée chez les Guérin parce que le repas était bon; M. Guérin a passé ses CD de Mozart pendant le
repas et il a bien discuté avec les Guérin.

Culture en direct

Le coin lecture

Avant de lire

Commençons par le début!   1. fait avancer l'histoire, fait avancer l'histoire   2. décrit, décrit   3. décrit, fait avancer
l'histoire

Après la lecture

A. Avez-vous compris?   1. est devenue   2. est mort   3. s'est installé, a rencontré   4. a été opéré
Ordre chronologique: 1. d   2. c   3. a   4. b

B. Pour aller plus loin.   1. les impressionnistes en général, avaient   2. Monet, adorait   3. les impressionnistes en général, préféraient   4. Monet, essayait

Chez les Français / Chez les francophones

1. faux: universitaire   2. vrai   3. vrai   4. faux: en bois (lourd)   5. vrai   6. vrai

Le coin écriture

Answers will vary.

CHAPITRE 10   Ça se fête!
Communication en direct

A. La bonne formule.   1. i, h   2. g   3. a   4. c, h   5. b   6. e   7. j   8. f   9. d   10. h

Vocabulaire interactif

Les jours de fête

B. Quel mot vient à l'esprit?   1. les œufs dans le jardin   2. Bonne année!   3. la prise de la Bastille
4. les chrysanthèmes   5. les cadeaux   6. le carême   7. la bûche

C. Qu'est-ce qu'on a fait?   1. mets le champagne au frigo.   2. porte un toast.   3. achetons des cadeaux et décorons le sapin.   4. achète une bûche de Noël et prépare une dinde ou une oie.   5. cachent des œufs dans le jardin.   6. va à la mosquée et fait le jeûne.   7. assistent au défilé et portent des déguisements.   8. allument les bougies de la ménorah.

D. Idées de cadeaux.   1. offre   2. offrent   3. offrez   4. offrons   5. offres   6. offres, offre

E. On compare les cadeaux.   1. lui   2. lui   3. leur   4. lui   5. lui   6. lui   7. leur   8. leur

Prononcez bien!

Les consonnes *l* et *r*

B. Un pas en avant.   **Première étape.**   1. une carte de vœux   2. un défilé   3. une farce   4. un lapin
5. un feu d'artifice   6. la fête nationale   7. un jour férié   8. le Mardi gras   **Deuxième étape.**   farce, artifice, Mardi

C. Dictée.   **Première étape.**   1. férié, France   2. Le, avril, farces   3. offre, fleurs, mère, anniversaire
4. cherchent, cloches, chocolat, jardin

Grammaire interactive

10.1 Tu crois au père Noël?

A. La forme des verbes.

	voir / croire	recevoir
je	vois / crois	reçois
tu	vois / crois	reçois
il/elle/on	voit / croit	reçoit
nous	voyons / croyons	recevons
vous	voyez / croyez	recevez
ils/elles	voient / croient	reçoivent

C. Vous y croyez? **Première étape.** 1. aux 2. au 3. que 4. au 5. à la 6. qu'; *Answers in right columns will vary.* **Deuxième étape.** *Answers will vary.*

D. À quoi croyaient les enfants? 1. croyais 2. était 3. vivait 4. croyions 5. existait 6. venait 7. creusait 8. étaient 9. croyait 10. mangeaient 11. grossissaient 12. faisait

E. Cadeaux offerts, cadeaux reçus. 1. recevez; (Je) reçois… 2. recevoir; (Je) préfère recevoir… 3. receviez; (Je) recevais… 4. avez reçu; (J')ai reçu… *Answers to the questions will vary.*

10.2 Une fête que j'aime bien

A. Devinettes. 1. où, la Saint-Jean-Baptiste 2. qui, la Saint-Sylvestre 3. qu', la bûche de Noël 4. où, La Nouvelle-Orléans 5. qui, la fève 6. que, la prise de la Bastille

C. Qu'est-ce que *la crémaillère*? 1. qui 2. où 3. qui 4. que

10.3 Aide ton père!

A. Les formes des verbes. **Première étape.**

	écouter	finir	sortir	attendre
(tu)	Écoute!	Finis!	Sors!	Attends!
(vous)	Écoutez!	Finissez!	Sortez!	Attendez!
(nous)	Écoutons!	Finissons!	Sortons!	Attendons!

Deuxième étape. 1. Attendez! 2. Attendons! 3. Attends!

B. Une soirée chez les Paillard. **Deuxième étape.** 1. Non, ne sortez pas vos Lego maintenant! 2. Non, ne goûtez pas le gâteau maintenant! 3. Non, ne regardez pas la télé maintenant! 4. Non, ne finissez pas votre partie de Monopoly maintenant! 5. Non, n'allez pas chez les voisins maintenant!

C. Pendant les fêtes de fin d'année.   *Answers will vary but may include:*   1. Dansons en boîte!
2. Jouons aux cartes!   3. Allons au café!   4. Regardons la télé!   5. Dînons au restaurant!   6. Allons à un concert!

D. Un cadeau d'anniversaire.   **Deuxième étape.**   2. Sois raisonnable; ne dépense pas beaucoup.   3. Mets le cadeau dans un sac décoratif; n'emballe pas le cadeau.   4. Laisse le cadeau quelque part pour faire une surprise; n'offre jamais le cadeau en personne.

10.4 Tout se passe bien!

A. Catégories d'adverbe.   **Première étape.**   **Où?** ici, là-bas, partout;   **Quand?** aujourd'hui, demain, hier;
Comment? bien, mal, vite   **Deuxième étape.**   1. hier   2. demain   3. aujourd'hui

B. Joëlle à Noël.   **Première étape.**   1. attentivement   2. rapidement   3. bien   4. soigneusement   5. constamment
6. complètement   7. doucement

C. Qu'est-ce qu'il faut?   1. a. bien   b. bons   2. a. mauvaise   b. mal   3. a. énorme   b. énormément
4. a. jolies   b. joliment

D. Les études, les jours fériés et les vacances.   **Première étape.**   1. actuellement   2. Heureusement
3. vraiment   4. absolument   5. profondément   *Answers in right column will vary.*   **Deuxième étape.**   *Answers will vary.*

Culture en direct

Le coin lecture

Avant de lire

Commençons par le début!   1. **nom principal:** esprits, **article:** des, **adjectif:** —, **proposition relative:** qui habitent dans la nature   2. **nom principal:** croyances, **article:** Les, **adjectif:** traditionnelles, **proposition relative:** que la colonisation a contribué à effacer

Après la lecture

A. Avez-vous compris?   **Première étape.**   1. vrai   2. faux: Pendant la colonisation, les rituels d'inspiration animistes étaient souvent interdits.   3. vrai   4. faux: C'est une compétition pour identifier le meilleur danseur.   5. faux: La fête se déroule chaque année dans plusieurs villages de la région de Man.   **Deuxième étape.**   1. 10   2. âme   3. masque
4. célèbre

B. Pour aller plus loin.   *Answers will vary.*

Chez les Français / Chez les francophones

1. vrai   2. faux: entre amis   3. vrai   4. faux: une fève   5. faux: Québec   6. vrai   7. faux: milieux ruraux   8. vrai

Le coin écriture

Answers will vary.

CHAPITRE 11   Trouver son chemin

Communication en direct

A. Prédictions: Après les études.   1. a   2. d   3. e   4. b   5. c   6. f

Vocabulaire interactif

Les étapes de la vie

A. Les études.   Première étape.   1. licence   2. enseignement   3. seconde   4. école   5. terminale   6. université   7. diplôme   8. emploi   9. salaire   **Deuxième étape.**   1. une licence   2. en seconde, en terminale   3. une grande école   4. un emploi

B. Devinettes.   1. filière   2. concours d'entrée   3. cabinet médical   4. bac (baccalauréat)   5. société commerciale   6. troisième cycle

D. Projets académiques.   1. suivent   2. suit   3. suivons   4. suis   5. suivez   6. suis

E. Une histoire d'amour.   Deuxième étape.   1. se sont rencontrés   2. se sont parlé   3. se sont envoyé   4. sont tombés   5. se sont disputés   6. sont, restés   7. se sont fiancés   8. se sont mariés

Prononcez bien!

Le e instable à l'intérieur des mots

C. Dictée.   Première étape.   1. étudiante, veut, médecin, mère (médecin)   2. semaine, poste, société commerciale (semaine)   3. Après, études supérieures, acheter (acheter)

Grammaire interactive

11.1 Vous lisez un journal en ligne?

B. Les formes des verbes.   Première étape.   2. écrivent   3. lisent   4. lit   5. disent   6. dit   **Deuxième étape.**   1. avez lu   2. avez lu, écrit   3. avez dit; *Answers to the questions will vary.*

C. Qu'est-ce qu'on lisait à l'époque?   1. lisait, *L'Équipe*   2. lisais, *Vogue*   3. lisions, *Télérama*   4. lisiez, *Cahiers du cinéma*   5. lisaient, *Le Monde des Ados*   6. lisais, *Answers will vary.*

11.2 Il faut avoir un diplôme

A. Les conseils de Chantal.   1. Il faut   2. Il ne faut pas   3. C'est une bonne idée de   4. il est préférable de   5. Il n'est pas nécessaire de   6. Il faut   7. C'est une bonne idée   8. il ne faut pas

B. Des idées reçues.   1. Il est, de   2. C'est, de   3. Il est, d'   4. C'est, d'   5. C'est, de; *Answers in the second column will vary.*

C. Poursuivre un métier. **Première étape.** 1. talent 2. lire / écrire 3. écrire / lire 4. motivation
5. les œuvres classiques 6. un ordinateur **Deuxième étape.** *Answers will vary.*

D. Une relation réussie. *Answers will vary.*

11.3 Ses projets d'avenir (1)

B. Le future proche et le futur simple. **Première étape.** 1. a. va lire b. lira 2. a. vont se marier b. se
marieront 3. a. va écrire b. écrira 4. c. vont partir b. partiront **Deuxième étape.** 1. a 2. b 3. b 4. b

C. Personnages historiques. 1. ouvrirai, Marcel Marceau 2. quitterons, les Acadiens 3. travaillerai, Yves Saint
Laurent 4. inventerons, les frères Lumière 5. mettrai, Auguste Rodin 6. vivrons, Louis XVI et Marie-Antoinette

D. *Tu ou vous?* 1. Quels cours est-ce que vous donnerez le semestre prochain? 2. Est-ce que tu repartiras à Avignon
en automne? 3. Quand présenterez-vous votre exposé? 4. Où est-ce que tu habiteras l'année prochaine? 5. Comment
est-ce que vous vous rendrez à la gare? 6. Pourquoi est-ce que tu ne resteras pas plus longtemps?

11.4 Ses projets d'avenir (2)

B. Régulier ou irrégulier? 1. valoir, vaudra 2. envoyer, enverront 3. voir, verrai 4. mourir, mourra
5. obtenir, obtiendrez 6. devenir, deviendrons 7. recevoir, recevras

C. L'année prochaine. **Première étape.** 1. ir- 2. aur- 3. devr- 4. ser- 5. fer- 6. pourr- 7. saur- 8. voudr-
Deuxième étape. *Answers will vary.*

D. Mes projets d'avenir. *Answers will vary.*

Culture en direct

Le coin lecture

Avant de lire

Commençons par le début! 1. Vous devez accepter de vivre différemment. 2. Il est essentiel de vous renseigner
sur le pays. 3. Il ne faut pas aller vous enfermer dans votre chambre. 4. Trouvez des associations près de chez vous.

Après la lecture

A. Avez-vous compris? 1. faux 2. faux 3. vrai 4. faux 5. vrai 6. vrai

B. Pour aller plus loin. *Answers will vary.*

Chez les Français / Chez les francophones

1. vrai 2. faux: national 3. vrai 4. faux: 3 ans 5. faux: commun 6. vrai 7. faux: La Tunisie 8. vrai

Le coin écriture

Answers will vary.

CHAPITRE 12　En ville
Communication en direct

B. Au centre de Paris.　1. l'arc de Triomphe　2. l'obélisque de Louxor　3. le parc de Monceau　4. le Petit Palais
5. la station de métro George V　6. l'église de la Madeleine

Vocabulaire interactif

La vie urbaine

B. Synonymes (ou quasi-synonymes).　1. g　2. f　3. d　4. a　5. e　6. c　7. b

C. La visite de Paris.　1. tour　2. musée　3. avenue　4. pont　5. cathédrale　6. quartier　7. rond-point　8. métro

E. La vie à Genève.　Première étape.　1. le lac　2. le port　3. des esplanades　4. des pistes cyclables
5. une fontaine　6. des bâtiments　7. de gratte-ciel　8. la circulation　9. la pollution　10. le tramway　11. les auberges
Deuxième étape.　*Answers will vary.*

Prononcez bien!

Le e instable [ə] dans les monosyllabes

A. Essayons!　Première étape.　1. ce, ne　2. le, je　3. te, me　4. de, que

B. Un pas en avant.　1. n', de, ne, d'　2. m', ce, me, c'　3. t', d', je, de

C. Dictée.　Première étape.　1. de la France, se trouve, les rives de la　2. J'aime, ce gratte-ciel, le plus grand
3. Qu'est-ce que, du nouveau parc, je trouve que　4. Je prends, le métro, je suis, ce quartier

Grammaire interactive

12.1 Tu connais bien le quartier?

A. Mes connaissances.　1. connais　2. connaît　3. connaissons　4. connaissent　5. connais　6. connaissez

C. Villes francophones.　Deuxième étape.　1. la médina, Tunis　2. le château Frontenac, Québec
3. la Grand-Place, Bruxelles　4. le palais présidentiel, Port-au-Prince　5. l'hôtel de ville, Papeete

D. *Savoir et connaître*.　Première étape.　1. Je connais *or* Je ne connais pas　2. Je connais *or* Je ne connais pas
3. Je sais *or* Je ne sais pas　4. Je connais *or* Je ne connais pas　5. Je sais *or* Je ne sais pas　**Deuxième étape.**
Answers will vary.

12.2 La ville que je connais le mieux

B. Plus ou moins?　Première étape.　1. f　2. a　3. d　4. b　5. e　6. c　**Deuxième étape.**　*Answers will vary.*

C. Le bien et le mal.　Première étape.　+: mieux, pire; –: moins bien, moins mal　**Deuxième étape.**
1. moins bien… que　2. pire que / moins bien que　3. mieux que　4. mieux… que

D. Dans sa ville universitaire. *Answers will vary.*

E. Ma ville, aujourd'hui et dans le passé. **Première étape.** 1. plus de 2. autant d' 3. moins d' 4. plus de 5. autant d' 6. plus de 7. moins de **Deuxième étape.** *Answers will vary.*

12.3 On y va?

A. On y va! 1. en 2. les 3. y 4. leur 5. les 6. la 7. en 8. lui

C. À Port-au-Prince. 1. l' 2. y 3. leur 4. lui 5. en 6. les 7. le

D. Au contraire! 1. Ils leur posent beaucoup de questions. 2. Tu nous enverras ton adresse tout de suite. 3. Ils t'expliquent l'intrigue du film. 4. Elle lui cède sa place. 5. Il vous parle trop! 6. Il peut te prêter son studio pendant les vacances!

E. Je compte y aller un jour. *Answers will vary.*

12.4 Vous l'avez déjà vu(e)?

A. Au village d'Y. 1. y habite 2. comptent y aller 3. va y habiter 4. y passerons 5. y travaillait 6. y a fait 7. y suis

C. L'accord. 1. –s 2. – 3. – 4. -es 5. -es 6. – 7. – 8. -e

D. Un monde spectaculaire. 1. Oui, je l'ai déjà vue. / Non, je ne l'ai pas encore vue. 2. Oui, j'en ai déjà vu. / Non, je n'en ai pas encore vu. 3. Oui, je l'ai déjà vue. / Non, je ne l'ai pas encore vue. 4. Oui, j'en ai déjà vu. / Non, je n'en ai pas encore vu. 5. Oui, je l'ai déjà vu. / Non, je ne l'ai pas encore vu. 6. Oui, je les ai déjà vues. / Non, je ne les ai pas encore vues. 7. Oui, j'en ai déjà vu une. / Non, je n'en ai pas encore vu.

Culture en direct

Le coin lecture

Avant de lire

Commençons par le début! 1. d 2. a 3. e 4. b 5. c

Après la lecture

A. Avez-vous compris? 1. faux: Le métro dessert tous les coins de Paris. 2. faux: Elles datent du début du vingtième siècle. 3. vrai 4. faux: L'EMA est le nom de la carte de musicien. 5. faux: Il faut obtenir une carte de musicien. 6. vrai

B. Pour aller plus loin. *Answers will vary.*

Chez les Français / Chez les francophones

1. vrai 2. faux: Victor Hugo 3. vrai 4. faux: ouvertes 5. vrai 6. vrai 7. faux: francophone 8. faux: d'Haïti 9. faux: en Amérique du Sud 10. vrai

Le coin écriture

Answers will vary.

CHAPITRE 13 Bonnes vacances!

Communication en direct

A. Les Français à l'étranger. 1. d 2. f 3. e 4. a 5. b 6. c

Vocabulaire interactif

En vacances!

A. Des excursions. 1. de la planche à voile 2. de la plongée 3. du ski de fond 4. du saut à l'élastique 5. de la luge 6. de l'escalade 7. du VTT / du vélo

B. La météo. Deuxième étape. *Answers will vary.*

D. Faire ses économies. 1. payons 2. Versons 3. achetons 4. Retirons 5. Réglons 6. économisons

Prononcez bien!

Synthèse: La syllabation et l'enchaînement

B. Un pas en avant. 1. quelle ✓ est 2. autocar ✓ à 3. semaine ✓ au 4. surf ✓ en 5. luge ✓ ici 6. Cet ✓ après-midi, faire ✓ une

C. Dictée. Première étape. 1. Le ciel est couvert ce matin. 2. La plage est à deux kilomètres d'ici. 3. C'est dans le parc à côté de l'hôtel. 4. Je cherche un bel hôtel pour ce week-end 5. Je ne veux pas y aller cet automne.

Grammaire interactive

13.1 Qui va conduire?

A. Tout le monde conduit!

	présent	imparfait	futur simple
je	conduis	conduisais	conduirai
tu	conduis	conduisais	conduiras
il/elle/on	conduit	conduisait	conduira
nous	conduisons	conduisions	conduirons
vous	conduisez	conduisiez	conduirez
ils/elles	conduisent	conduisaient	conduiront

C. Fais gaffe! 1. conduit 2. s'approche 3. quitte 4. ne s'arrête pas 5. traversent 6. va; **C'est imprudent!** 1, 4, 6

D. Les transports. 1. un taxi 2. à vélo 3. sa moto 4. le bus 5. à cheval 6. le métro 7. en bateau 8. à pied

E. Déplacements. 1. a. conduire b. aller en voiture 2. a. aller à pied b. marcher 3. a. courir b. en courant 4. a. rentrer b. revenir

13.2 Où iriez-vous en vacances?

B. Une question de politesse. 1. Pourriez-vous ... 2. Je prendrais ... 3. Nous aimerions ... 4. Tu voudrais ... 5. Il devrait ... 6. Ils pourraient ...

C. Le loto. *Answers will vary.*

D. À sa place. *Answers will vary.*

13.3 Allons-y!

C. Le guide perd patience. 1. lui 2. y 3. y 4. moi 5. en 6. les 7. vous 8. le

D. Sur la route. 1. Donne, au péagiste 2. Suis, l'autoroute 3. Achètes, une carte routière 4. perds, les clés de la voiture 5. bois, du café 6. va, les toilettes 7. Dis, aux policiers

Culture en direct

Le coin lecture

Avant de lire

Commençons par le début! Avant de conclure 4, Ensuite 3, Tout d'abord 1, Deuxièmement 2, En conclusion 5

Après la lecture

A. Avez-vous compris? Première étape. 1. débutez 2. après avoir visité, puis 3. enfin, finir par, après **Deuxième étape.** 3 a, 4 b, 1 c, 5 d, 6 e, 2 f

B. Pour aller plus loin. *Answers will vary.*

Chez les Français / Chez les francophones

1. faux: les pays latins (l'Espagne et l'Italie) 2. vrai 3. vrai 4. faux: les Alpes 5. vrai 6. vrai 7. faux: 18 ans 8. faux: (seulement) au feu vert 9. vrai 10. vrai

Le coin écriture

Answers will vary.

CHAPITRE 14   Ici on parle français!

Communication en direct

A. À votre avis. 1. affirmative 2. affirmative 3. négative 4. affirmative 5. indifférente 6. indifférente

Vocabulaire interactif

La langue française—du passé à l'avenir

A. La terminologie. 1. c 2. e 3. d 4. a 5. f 6. b

C. Familles de mots. **Horizontalement:** 3. défense 5. découverte 6. protection 9. religion 10. victoire 11. conquête **Verticalement:** 1. territoire 2. région 4. empire 6. perte 7. loi 8. mort

D. L'histoire américaine. **Première étape.** 1. découverte 2. colonie 3. Constitution 4. esclavage 5. territoire 6. premier **Deuxième étape.** 1. quinzième 2. dix-septième 3. dix-huitième 4. dix-neuvième 5. vingtième 6. vingt et unième

Prononcez bien!

Synthèse: voyelles orales et nasales

C. Dictée. **Première étape.** 1. roi, dynastie 2. monarchie, siècle 3. colonies, pays 4. diplomatie, conflit 5. dialecte, Amérique 6. linguistes, régionale

Grammaire interactive

14.1 Apprendre à parler français

B. L'étude d'une langue étrangère. 1. – 2. à 3. à 4. de 5. d' 6. de 7. de 8. –

C. L'Académie française. 1. à 2. à 3. à 4. par 5. de 6. de 7. à 8. de 9. de 10. à 11. par

D. Pour connaître une autre culture. *Answers will vary.*

14.2 Toute la francophonie

A. Il y en a plusieurs! **Deuxième étape.** 1. diverses 2. divers 3. divers 4. diverses 5. certains 6. certaines 7. certaines 8. certains

C. Sondage. 1. Tous les étudiants ont visité Paris. 2. Certains étudiants ont visité Genève/Tunis. 3. De nombreux étudiants ont visité Bruxelles. 4. Un seul étudiant a visité Québec.

D. Les DROM. 1. seule 2. Plusieurs 3. chaque 4. Toutes 5. Diverses 6. Certaines

14.3 Au 21ᵉ siècle

A. La même forme? 1. sortes 2. finisses 3. – 4. apprennes 5. comprennes 6. – 7. attendes 8. –

C. Avant de quitter la maison. 1. rangent un peu le salon 2. prenne une douche 3. sorte les poubelles 4. mette ses nouvelles bottes 5. disent au revoir aux voisins 6. ferme la porte à clé

D. Pour voyager utilement. 1. Il faut que vous appreniez un peu l'histoire du pays. 2. Il ne faut pas que vous jugiez sur l'apparence. 3. Il ne faut pas que vous restiez dans la plus grande ville. 4. Il faut que vous essayiez les plats traditionnels. 5. Il ne faut pas que vous oubliiez que c'est *vous*, "l'étranger". 6. Il faut que vous écriviez vos expériences dans un journal intime.

Culture en direct

Le coin lecture

Avant de lire

Commençons par le début! 1. la gratitude 2. la spiritualité 3. l'homme 4. l'esclavage 5. la race 6. la mythologie

Après la lecture

A. Avez-vous compris? **Première étape.** 1. a 2. b 3. a 4. b 5. b 6. a **Deuxième étape.**
Les personnages. 1. la tête 2. blanc 3. Christ 4. Monde 5. Dieu 6. la France

B. Pour aller plus loin. *Answers will vary.*

Chez les Français / Chez les francophones

1. faux: forme d'argot 2. vrai 3. vrai 4. faux: néerlandais (*or* flamand) 5. vrai 6. vrai 7. faux: a une seule langue officielle (le français) 8. faux: Certaines (*or* Plusieurs *or* Trois)

Le coin écriture

Answers will vary.

CHAPITRE 15   Engagez-vous!

Communication en direct

B. Sentiments *Answers will vary.*

Vocabulaire interactif

Vive la différence!

B. Les gros titres. 1. lutte 2. sans-papiers 3. conscription 4. Fermes 5. réchauffement 6. soins de santé 7. forces armées

C. Chassez l'intrus. **Première étape.** 1. un produit agricole 2. le terrorisme 3. une HLM 4. une maladie 5. le SIDA **Deuxième étape.** a. 4 b. 5 c. 1 d. 2 e. 3

D. Devinettes. 1. l'immigré(e) 2. la ferme 3. l'enseignement 4. l'énergie éolienne 5. le chômage 6. la grève 7. l'échec scolaire 8. la retraite

E. Quelques opinions. 1. interdire 2. manifester, faire grève 3. soutenir, subventionner 4. lutter

Prononcez bien!

Synthèse: La liaison obligatoire et interdite

A. Essayons! **Première étape.** 1. [z] 2. [n] 3. – 4. [t] 5. – 6. [z] 7. – 8. [n] 9. – 10. [t]

C. Dictée. **Première étape.** 1. Vont-ils, cet octobre, nouveaux impôts 2. les années, son identité, des États-Unis 3. Les huit, foulard islamique 4. immigration illégale, et aussi

Grammaire interactive

15.1 Ce n'est pas évident!

B. Est-ce que tout le monde le fait? **Première étape.** 1. sache 2. baissent 3. recyclions 4. fasse 5. installent 6. puissions **Deuxième étape.** a. 6 b. 3 c. 4 d. 5 e. 1 f. 2

C. Vous et vos amis. *Answers will vary.*

D. Tout est possible. *Answers will vary.*

15.2 Qu'on soit plus tolérant!

B. Les formes des verbes.

	aller	avoir	être
... que je (j')	aille	aie	sois
... que tu	ailles	aies	sois
... qu'il/elle/on	aille	ait	soit
... que nous	allions	ayons	soyons
... que vous	alliez	ayez	soyez
... qu'ils/elles	aillent	aient	soient

Deuxième étape. 1. soient 2. aies 3. soit 4. ayez 5. allions 6. aille

C. La culture contemporaine. *Answers will vary but will include (for the second blank):* 1. ait 2. soit 3. fassent 4. interdise 5. aille

D. Se vanter de son enfant. *Answers will vary.*

15.3 Vouloir, c'est pouvoir

B. Six conseils pour une vie plus saine.   **Première étape.**   1. faire   2. dormir   3. manger   4. fumer
5. gérer   6. voir   **Deuxième étape.**   *Answers will vary.*

C. En séquence logique.   1. Il dit au revoir à ses parents avant qu'ils (ne) partent en vacances.   2. Il achète un bouquet avant de l'offrir à sa grand-mère.   3. Il retire de l'argent avant d'aller en boite.   4. Il met la table avant que ses amis (ne) viennent dîner chez lui.

D. De bons amis.   *Answers will vary.*

Culture en direct

Le coin lecture

Avant de lire

Commençons par le début!   **Deuxième étape.**   1. c   2. d   3. a   4. b   5. b, c

Après la lecture

A. Avez-vous compris?   **Première étape.**   1. vrai   2. vrai   3. faux: Il était triste.   4. faux: Franz trouve la leçon de français très facile.   5. vrai   6. faux: Ils doivent quitter le pays pour toujours.   **Deuxième étape.**   1. fier
2. pays / culture   3. menacé   4. triste   5. enthousiasme

B. Pour aller plus loin.   *Answers will vary.*

Chez les Français / Chez les francophones

1. vrai   2. faux: belge   3. vrai   4. faux: 5 ans   5. vrai   6. faux: la Révolution (française)   7. faux: le premier ministre
8. vrai

Le coin écriture

Answers will vary.

CHAPITRE 16   Une célébration des arts

Communication en direct

B. Qu'est-ce qu'on dit?   1. Salut, les filles!   2. Bon voyage!   3. Bonne chance! / Bon courage!   4. Vous êtes (Soyez) les bienvenus! / Bienvenue!   5. Au revoir! / Salut! / À plus! / Ciao!   6. Bon travail! / Bon courage!   7. Merci! Bonne année à vous!

Vocabulaire interactif

Les «sept arts»

A. C'est quel domaine?   1. un vitrail   2. en marbre 3. une toile, une fresque, un coup de pinceau   4. un compositeur 5. un recueil   6. sur pointes   7. le tournage, sous-titré

C. Professions artistiques.   Horizontalement: 1. réalisatrice   3. peintre   6. architecte   8. musicienne; **Verticalement:**   2. ténor   3. poète   4. danseuse   5. sculpteur   7. actrice

D. La vie de George Sand (1804–1876).   Deuxième étape.   1. b   2. a   3. b   4. a   5. c   6. c

Prononcez bien!

Les virelangues

A. Essayons!   Première étape.   1. ces   2. bouche   3. le mur   4. sans   5. ravissante   6. jaune

C. Dictée.   Première étape.   1. bonne, femme, homme   2. trois mois, boit, toi   3. petit, prends, prendre, poissons 4. treize fraises fraîches

Grammaire interactive

Rappel: Infinitives, verb groups, and irregular verbs

A. Pour parler de l'art.   Deuxième étape.   verbes en -*er*: acheter, chercher; **verbes en -*ir/-iss*:** choisir; **verbes en -*ir*:** sortir; **verbes en -*re*:** attendre, vendre; **verbes irréguliers:** mettre, aller

B. Paris: ville historique, ville culturelle, ville moderne.   1. continue à   2. sais, se trouve   3. reçoit 4. vit   5. ne visite jamais, ne connaît pas   6. traversent   7. prennent 8. n'est pas   9. peut   10. a, font

C. Mon côté original.   Première étape.   1. prends   2. ai   3. écris   4. vis   5. sais   6. joue; *Answers in the second column will vary.*   **Deuxième étape.**   *Answers will vary.*

Rappel: Question formation

A. Une réponse courte.   1. b   2. a   3. c   4. c   5. c   6. c

C. La question à ta réponse.   1. Qui a peint *Impression, soleil levant*?   2. Avec qui est-ce qu'Arthur Rimbaud a vécu? / Avec qui Arthur Rimbaud a-t-il vécu?   3. Combien de tableaux est-ce que Van Gogh a peints pendant sa vie? / Combien de tableaux Van Gogh a-t-il peints pendant sa vie?   4. Où Van Gogh a-t-il peint beaucoup de tableaux? / Où est-ce que Van Gogh a peint beaucoup de tableaux? / Où Van Gogh a-t-il peint beaucoup de tableaux?   5. Pourquoi est-ce que Napoléon III a censuré *Les Fleurs du mal*? / Pourquoi Napoléon III a-t-il censuré *Les Fleurs du mal*?   6. De quoi est-ce que les conférenciers parlent? / De quoi les conférenciers parlent-ils?   7. Qu'est-ce que vous admirez? / Qu'admirez-vous?   8. À qui est-ce que George Sand a écrit des lettres? / À qui George Sand a-t-elle écrit des lettres?

Rappel: Subject and object pronouns

A. Qui l'a dit?   1. l'architecte/le réalisateur   2. l'architecte   3. le réalisateur   4. le compositeur   5. l'architecte 6. l'architecte   7. le réalisateur   8. le compositeur

B. Des goûts artistiques.   1. lui   2. le   3. y   4. l'   5. leur   6. t'   7. en   8. y

C. La vie d'une artiste.   **Deuxième étape.**   3. Elle les prend avant de partir.   4. Elle la préfère.   5. Elle n'en voit pas beaucoup aujourd'hui. 6. Elle ne leur en pose pas.   7. Il lui plaît.

Rappel: Past-tense forms

A. Des participes passés.   **Première étape.**   1. attendre, avoir   2. faire, avoir   3. finir, avoir   4. mourir, être   5. partir, être   6. prendre, avoir   7. pouvoir, avoir   8. rester, être   9. venir, être   **Deuxième étape.**   1. est allée   2. avons eu   3. ont choisi   4. as compris   5. avez dû   6. est monté   7. sont nées 8. a ouvert   9. ai su

C. Cambriolage au musée!   *Answers may vary.* Il faisait nuit. Le voleur s'est caché. Il était nerveux. Le gardien ne l'a pas vu. Le voleur entrait par la fenêtre quand il a laissé tomber son sac par terre. Il portait un vêtement et un masque noirs. Il avait peur. Il décrochait les tableaux quand il a entendu sonner l'alarme. Il a cherché son pinceau et sa palette. Il s'est dépêché. Il a mis un tablier. Les policiers sont arrivés. Ils avaient l'air paniqué. Le voleur était sur le point de peindre par-dessus un tableau.

Culture en direct

Le coin lecture

Avant de lire

Commençons par le début!   **Première étape.**   1. a   2. d   3. c   4. d   **Deuxième étape.**   c

Après la lecture

A. Avez-vous compris?   1. faux   2. vrai   3. faux   4. vrai   5. vrai   6. faux

B. Pour aller plus loin.   *Answers will vary.*

Le coin écriture

Answers will vary.

Par la suite

CHAPITRE 1

1.1 Gender

A. Des abréviations.   1. une photo   2. un prof   3. une biblio / une bibli   4. un appart   5. un ciné

C. Masculin ou féminin?   **Masculin:** un dictionnaire / un compartiment / un organisme / un triage   **Féminin:** une publicité / une abréviation / une lecture

1.2 Number

A. Au pluriel. 1. a. des carnavals b. des journaux   2. a. des travaux b. des murailles   3. a. des trous b. des choux   4. a. des pailles b. des vitraux   5. a. des chevaux b. des festivals

CHAPITRE 2

2.1 The verb *avoir*

A. La vie d'Ibrahim. 1. Il a raison. 2. Il a chaud. 3. Il a de la chance. 4. Il a sommeil. 5. Il a froid. 6. Il a tort.

B. Au contraire! 1. Ils ont très froid. 2. Nous avons tort. 3. Tu as peur. 4. Vous avez sommeil. 5. J'ai de la chance dans la vie. 6. Le chien a l'air sympa.

2.3 Adjective agreement

A. La forme des adjectifs. **Première étape.** **Row 1:** douce / douces; **Row 2:** fraîche / fraîches; **Row 3:** public / publics; **Row 4:** long / longs **Deuxième étape.** 1. douce 2. fraîches / longues 3. public 4. longs

B. C'est Claude. **Première étape.** 1. un homme 2. une femme 3. un homme 4. une femme **Deuxième étape.** 1. discrète 2. fier 3. folle 4. gentil

C. Au singulier et au pluriel. **Première étape.** 1. Les poèmes sont banals. 2. Les conditions sont idéales. 3. Les poisons sont fatals. 4. Les décisions sont finales! **Deuxième étape.** 1. La mélodie est banale. 2. Le site web est idéal. 3. L'infection est fatale. 4. L'échange est final.

CHAPITRE 3

3.1 Regular *-er* verbs

B. La forme des verbes. **Première étape.** **acheter:** è, è, è, e, e, è; **appeler:** ll, ll, ll, l, l, ll; **espérer:** è, è, è, é, é, è; **payer:** i, i, i, y, y, i **Deuxième étape.** 1. célébrer, préférer, répéter 2. envoyer, employer, essayer

C. Questions.
Première étape. *Answers will vary but will include:* 1. achètes; Oui, j'achète… / Non, je n'achète pas… 2. préfères; Je préfère… 3. espères; Oui (Non), j'espère… **Deuxième étape.** *Answers will vary but will include:* 1. essayez; Oui, nous essayons… / Non, nous n'essayons pas… 2. répétez; Oui, nous répétons… / Non, nous ne répétons pas… 3. appelez; Oui, nous appelons le prof par son prénom. / Non, nous n'appelons pas le prof par son prénom. / Nous appelons le prof…

3.3 Information questions

B. Les loisirs. **Première étape.** 1. fait-il 2. font-ils 3. fait-elle 4. font-elles **Deuxième étape.** 1. aime-t-il faire 2. aiment-ils faire 3. aime-t-elle faire 4. aiment-elles faire

C. Tâches ménagères. 1. Pourquoi Grégoire ne fait-il pas la vaisselle tous les jours? 2. Pourquoi Luc et son colocataire Jules ne font-ils pas souvent les courses? 3. Pourquoi Stéphanie et sa colocataire Audrey ne font-elles pas la lessive toutes les semaines?

3.4 Adjective position

A. Les paraphrases.   1. b   2. a   3. a   4. b   5. b

B. Les descriptions.   1. ancien président   2. chers compatriotes   3. ville propre   4. quartiers pauvres
5. grand musée

CHAPITRE 4

4.3 Prepositions

B. Bienvenue!   1. à   2. en (parfois: à)   3. aux   4. en   5. dans le   6. dans le   7. en   8. en   9. en   10. en
11. en   12. au

C. Ils viennent d'où?   1. Il vient du Mississippi.   2. Elle vient d'Ukraine.   3. Ils viennent de Taïwan.
4. Ils viennent des Landes.

D. D'origine française.   1. dans le Vermont   2. dans l'Indiana / en Indiana   3. en Californie   4. dans l'État de
New York   5. au Texas   6. dans le Wisconsin   7. en Louisiane

4.4 Situating events in time

B. Juste avant de...   1. Hélène parle à son patron (juste) avant d'envoyer les documents.   2. Le prof achète un café
(juste) avant d'aller en cours.   3. Nous téléphonons à Louise (juste) avant de faire nos devoirs.   4. Marc ferme la porte de
son bureau (juste) avant de rentrer à la maison.

C. Pendant la journée.   1. Les Beaumont sont en train de jouer aux cartes.   2. Marc et Stéphanie vont passer leurs
vacances en France.   3. Nathalie est sur le point de faire une scène.   4. Benoît vient d'acheter un ordinateur portable.

CHAPITRE 5

5.4 Negation

A. Sociable ou solitaire?   1. à personne   2. sur personne   3. à rien   4. rien   5. à personne   6. personne
7. de personne

B. Chacun ses goûts.   **Première étape.**   1. mange et une salade et un yaourt.   2. achète ou un éclair ou un
croissant   3. bois ou du vin rouge ou du café   4. n'aime que le saumon   **Deuxième étape.**   1. ne mange ni sandwich ni
frites   2. n'achète ni tartelette ni biscuits   3. ne bois ni jus d'orange ni eau minérale   4. elle n'aime ni le poulet ni
l'agneau (le gigot d'agneau)

CHAPITRE 6

6.1 Demonstrative articles

B. Commentaires.   1. Celui   2. Celles   3. Celles   4. Celui   5. Celle   6. Ceux

6.3 The interrogative *quel*(le)s

B. Qu'est-ce qu'il porte? 1. Lesquelles / Les bottes à talons hauts. 2. Lequel / Le pull à col roulé. 3. Laquelle / La chemise rayée. 4. Lesquels / Les gants bruns (marron).

CHAPITRE 7

7.1 Modal verbs

B. On doit combien? 1. doivent 39 € 2. devez 360 € 3. devons 31 € 40 4. devez 7 € 5. dois 13 €

C. Les «devoirs». *Answers will vary.*

7.4 Auxiliary verbs

A. Ça dépend du sens. 1. a. ont descendu 1. b. sont descendues 2. a. est passé 2. b. a passé 3. a. sont sortis 3. b. ont sorti 4. a. est montée 4. b. a monté

B. Un vendredi soir. 1. est passée 2. ont décidé 3. sont descendus 4. ont acheté 5. est entrée 6. sont restés 7. est sortie 8. a sorti 9. est montée 10. avez passé

CHAPITRE 8

8.1 Pronominal verbs

A. Ça se fait en France? 1. fait (vrai) 2. parle (faux) 3. joue (faux) 4. prennent (vrai) 5. boit (faux) 6. vendent (vrai) 7. voient (vrai) 8. fument (vrai)

B. Ça ne se fait pas chez vous? *Answers will vary, but may include:* 1. Oui, chez moi on prend une douche une fois par jour. / Non, chez moi, on (ne) prend (pas)… 2. Oui, chez moi, on fait les tâches ménagères toutes les semaines… / Non, chez moi, on (ne) fait (pas)… 3. Oui, chez moi, on regarde la télé du matin au soir… / Non, chez moi, on (ne) regarde (pas)… 4. Oui, chez moi, on boit souvent du vin au cours du repas. / Non, chez moi, on (ne) boit (pas) 5. Oui, chez moi, on prend des vacances en Floride. / Non, chez moi, on (ne) prend (pas)…

CHAPITRE 9

9.1 The comparative and superlative of adjectives

B. La personne en question. 1. Lui 2. moi 3. Eux 4. toi 5. Elle 6. vous 7. Elles

C. À chacun sa tâche! 1. nous-mêmes 2. elle-même 3. eux-mêmes 4. lui-même 5. vous-même 6. toi-même 7. elles-mêmes 8. soi-même

9.4 Past-tense distinctions

A. Lucas et le chien. Deuxième étape. 1. étaient… partis 2. avaient demandé 3. avais… vu 4. avions pris 5. était allé 6. s'était endormi

B. Avant et après.   1. Elle était déjà montée au premier étage quand son mari est entré dans l'immeuble.   2. Nous avions déjà préparé le repas quand nos invités sont arrivés.   3. Les enfants s'étaient déjà couchés quand leur père est rentré du travail.   4. Ils avaient déjà refait la salle de séjour quand les Durand ont acheté leur maison.

CHAPITRE 10

10.2 Relative clauses

B. Des remplacements.   1. Je n'ai pas trouvé le restaurant dont ils parlaient.   2. Qu'est-ce que tu penses du cadeau qu'il a envoyé à Emma?   3. Il lui a offert le joli bracelet dont elle avait envie.   4. Où se trouve le masque dont elle avait besoin pour le bal?   5. Elles ont beaucoup aimé le sapin que vous avez décoré.

C. À la messe.   1. dont le mari ne vient jamais à la messe!   2. dont le copain habite en Espagne!   3. dont l'ami est footballeur professionnel!   4. dont le chien terrorise tout le quartier!

D. Le meilleur cadeau.   Première étape.   1. ce dont   2. ce qui   3. ce qu'   4. ce dont   5. ce que   6. ce dont
Deuxième étape.   *Answers will vary.*

CHAPITRE 11

11.3 The future tense (1)

B. La forme des verbes.   Première étape.   acheter: è/è; **célébrer:** é/é; **payer:** i/i; **appeler:** ll/ll
Deuxième étape.   *Answers may vary but will include:*   1. J'achèterai…   2. Je célébrerai…   3. Nous paierons…
4. Nous appellerons…

11.4 The future tense (2)

A. Les projets de Patrick.   Deuxième étape.   1. sera allé   2. aura passé   3. se sera… renseigné

B. Avant la fin de l'année scolaire.   1. aurai écrit   2. serai allé(e)   3. aurai lu   4. aurai revu   5. aurai parlé
6. me serai occupé(e)

C. Un mariage traditionnel.   1. Oui, ils auront déjà acheté des alliances.   2. Non, ils n'auront pas encore envoyé de cartes de remerciement.   3. Non, ils ne seront pas encore partis en voyage de noces.   4. Oui, ils auront déjà choisi un gâteau de mariage.   5. Non, ils n'auront pas encore ouvert leurs cadeaux.   6. Oui, ils auront déjà trouvé une salle de réception.

CHAPITRE 12

12.3 Object pronouns

A. Je te le dis!   Deuxième étape.   1. Non, je ne la lui envoie pas.   2. Non, je ne leur en parle pas.   3. Non, je n'y en achète pas.   4. Non, je ne vais pas te la donner.   5. Non, je ne vous en offre pas.

B. Connaissez-vous ces villes francophones?   1. Oui, il s'y trouve.   2. Non, il ne s'y trouve pas. (Il se trouve à Paris.)   3. Oui, il s'y trouve.   4. Non, elle ne s'y trouve pas. (Elle se trouve à Casablanca.)   5. Non, elle ne s'y trouve pas. (Elle se trouve à Montréal.)   6. Non, il ne s'y trouve pas. (Il se trouve à Genève.)

C. Bienvenue à Paris! **Première étape.** 1. Elle leur en donne. 2. Elle le lui offre. 3. Elle la lui passe.
4. Elle le leur rend. **Deuxième étape.** 1. Elle vient de leur en donner. Elle leur en donnera. 2. Elle le lui a offert. Elle le lui offrait. 3. Elle la lui passera. Elle va la lui passer. 4. Elle le leur rendait. Elle vient de le leur rendre.

CHAPITRE 13

13.1 The verb *conduire*

B. Familles de mots. **Première étape.** **Horizontalement:** 3. reproduire 4. séduire 6. traduire 7. produire; **Verticalement:** 1. construire 2. conduire 5. réduire **Deuxième étape.** 1. réduisent 2. traduit 3. produit 4. séduisent 5. construit 6. reproduisent

C. À vous! *Answers will vary.*

13.2 The conditional

A. La forme des verbes. **Première étape.** **faire:** tu aurais fait; **aller:** je serais allé(e), il/elle/on serait allé(e) **Deuxième étape.** **prendre:** vous auriez pris; **partir:** nous serions parti(e)s, ils/elles seraient parti(e)s **Troisième étape.** 1. aurions fait 2. auriez… fait 3. seraient allés 4. seraient allées 5. aurais pris 6. aurais pris 7. serait parti 8. aurait été

B. Des vacances décevantes. **Deuxième étape.** 1. c 2. a

C. Mauvaises décisions. *Answers will vary.*

13.3 Object pronouns with the imperative

B. À qui? 1. les-moi / m'en 2. les-lui / lui-en 3. les-nous / nous-en 4. les-leur 5. leur-en

C. Allez-y! 1. Parlez-lui-en! 2. Offrons-la-leur! 3. Envoyez- les-moi! 4. Donnez-la-leur! 5. Mettons-les-y! 6. Laissez-lui-en!

CHAPITRE 14

14.2 Quantifiers

B. Combien d'entre eux? 1. Quelques-uns des étudiants parlent français. 2. Aucune des lycéennes ne fait ses devoirs. 3. Aucun des hommes d'état ne répond à la question. 4. Quelques-unes des colocataires lisent un livre. 5. Chacun des linguistes écoute l'enregistrement.

14.3 The present subjunctive

A. La forme des verbes. **Première étape.** **acheter:** è / e; **appeler:** ll / l; **répéter:** è / é; **essayer:** i / y **Deuxième étape.** 1. achète 2. appelle 3. répétions 4. essayions

B. À votre avis. **Première étape.** *Answers will vary but will include:* 1. achète 2. essaie 3. appelle 4. célèbre **Deuxième étape.** *Answers will vary.*

CHAPITRE 15

15.1 Use of the subjunctive with expressions of possibility and doubt

A. Qu'en pensez-vous? 1. prennent 2. cherche 3. doive 4. fasse 5. aillent 6. sachions
Answers will vary for **oui/non.**

B. Certitudes et incertitudes. Première étape. 1. s'intéressent / comprennent 2. puisse / fait
3. essaie / réussisse 4. représentent / sachent **Deuxième étape.** *Answers will vary.*

15.2 Use of the subjunctive to express a wish or a desire

A. Les formes du verbe. Première étape. L'indicatif: veux / veut / voulez / veulent; **Le subjonctif:** veuille /
veuille / voulions / veuillent **Deuxième étape.** 1. faille 2. voulez 3. vaut 4. faut 5. veuilles 6. vaille

B. Le temps qu'il fait. *Answers may vary but will include:* 1. … qu'il neige 2. … qu'il pleuve 3. … que le ciel
soit couvert 4. … qu'il y ait du vent 5. … qu'il fasse chaud

15.3 Use of the subjunctive versus an infinitive

A. Au travail! Deuxième étape. 1. M. Dubois parle au directeur avant de signer le contrat. 2. Tout le monde revient
du déjeuner avant qu'il ne se mette à pleuvoir. 3. Le patron fait passer des entretiens aux candidats avant que le comptable
ne quitte son poste. 4. Quelques jeunes font un stage de formation avant d'être embauchés. 5. Le patron essaie de faire
des concessions avant que les employés ne fassent grève.

C. La vie d'une femme politique. 1. Après avoir mis un tailleur 2. Après être montée dans le TGV pour aller à
Bordeaux 3. Après avoir parlé à la presse 4. Après être rentrée chez elle

D. Le jour de l'élection. 1. Son mari regarde la télé avant qu'elle (ne) téléphone à son directeur de campagne. / Elle
téléphone à son directeur de campagne après que son mari regarde la télé. 2. Elle quitte la maison avant que son mari (n')
aille voter. / Son mari va voter après qu'elle quitte la maison. 3. Elle arrive au rassemblement après que son mari achète
un bouquet de fleurs. / Son mari achète un bouquet de fleurs avant qu'elle (n')arrive au rassemblement. 4. Elle gagne
l'élection avant que son mari (ne) l'embrasse. / Son mari l'embrasse après qu'elle gagne l'élection.

CHAPITRE 16

Rappel: Present tense verbs

A. La simultanéité. Deuxième étape. 2. L'artiste écoute du jazz en faisant un tableau. 3. Le poète boit du vin en
écrivant ses poèmes. 4. Le comédien danse en chantant. 5. L'architecte dessine son plan en attendant un client.

B. Comment faire? Première étape. 2. achetant 3. appelant 4. commençant 5. étant 6. essayant
7. répétant 8. sachant 9. voyageant **Deuxième étape.** 1. ayant 2. sachant 3. voyageant 4. répétant 5. achetant

Credits

Text Credits

Chapter 1
Page 16: © Les Calèches du Saut du Doubs.

Chapter 3
Page 56 (chart): From Insee - [Comptes nationaux – 2005].

Chapter 4
Page 77 (text): Adapted from *Francoscopie 2007*, Gérard Mermet, Paris, Larousse, 2006.

Chapter 5
Page 98: © Fromagerie Jean Perrin.

Chapter 7
Page 140 (cartoon): Agrippine: 3 - Les Combats d'Agrippine © DARGAUD 1993, by Brétecher. www.dargaud.com. All rights reserved.

Chapter 13
Page 252 (lottery ticket): © La Française des Jeux.

Chapter 14
Page 273 (poem): Bernard Dadié, "Je vous remercie mon Dieu" in *Légendes et poèmes* © Nouvelles Éditions Ivoiriennes.

Chapter 15
Page 292: Alphonse Daudet, 1875.

Chapter 16
Page 313 (movie synopsis): From premiere.fr.

Photo Credits

Design Elements
Prononcez bien: © Tetra Images/Getty Images RF; Le coin lecture, Le coin écriture: © McGraw-Hill Education. Mark Dierker, photographer.

Chapter 2
Page 29: © Blaine Harrington III/Alamy; p. 34: © Jacques Brinon/AP Photo; p. 35: © Joel Robine/AFP/Getty Images; p. 37: © Stockbyte/PunchStock RF.

Chapter 3
Page 52: © Michael Laughlin/Sun Sentinel/MCT via Getty Images.

Chapter 4
Page 64: © DALMAS/SIPA/Newscom.

Chapter 5
Page 91: © Image Source/PictureQuest RF; p. 94: © Goodshoot/PunchStock RF.

Chapter 6
Page 118: © Paule Seux/SuperStock.

Chapter 7

Page 125: © 1997 IMS Communications Ltd/Capstone Design RF.

Chapter 8

Page 154: © Max Alexander/Getty Images; p. 160: © PhotosIndia.com/Glow Images RF.

Chapter 9

Page 173: © McGraw-Hill Education/Klic Video Productions; p. 180: LACMA - Los Angeles County Museum of Art.

Chapter 11

Page 212: © Royalty-Free/Corbis.

Chapter 12

Page 223 (1): © Boris Horvat/AFP/Getty Images; p. 223 (2): © Photov.com/SuperStock RF; p. 223 (3): © Goodshoot/PunchStock RF; p. 223 (4): © Bruno De Hogues/Getty Images; p. 224 (5): © Photov.com/agefotostock RF; p. 224 (6): © Lonely Planet Images/Getty Images; p. 224 (7): © Boris Horvat/AFP/Getty Images; p. 224 (8): © Andrew Ward/Life File/Getty Images RF; p. 225: © Digital Vision/PunchStock RF; p. 229a: © Royalty-Free/Corbis; p. 229b: © Iconotec/Alamer and Cali, photographers RF; p. 229c: © Perry Mastrovito/Creatas/PictureQuest RF; p. 229d: © eye35.com/Alamy; p. 229e: © Imagestate Media Partners Limited - Impact Photos/Alamy; p. 229f: ©McGraw-Hill Education/Klic Video Productions; p. 237: © Les. Ladbury/Alamy; p. 240: © Goodshoot/PunchStock RF.

Chapter 13

Page 256: © Photodisc/PunchStock RF.

Chapter 14

Page 266: © McGraw-Hill Education/Klic Video Productions; p. 267: © Erica Simone Leeds; p. 269: © Medioimages/Photodisc/Getty Images RF.

Chapter 15

Page 287: © McGraw-Hill Education/Klic Video Productions.

Chapter 16

Page 299: © APIC/Getty Images; p. 311: © National Geographic Image Collection/Alamy RF.